ハイパー・インフレの人類学

ジンバブエ「危機」下の多元的貨幣経済

早川真悠

Mayu Hayakawa

人文書院

ハラレ郊外の住宅街（ローデンシティ，ハイランズ）（DADA提供）。

ハラレ中心部，サモラ・マシェル通りにある中央銀行（奥の高層ビル）。

ジャガランダの花（DADA提供）。

2008年8月から2009年1月にかけてジンバブエで発行された紙幣

以上，2008年9月発行。ただし1,000ZD札は，その前年に用意されていたため，製造年が2007年となっている。

2008年10月発行。

以上，2008年8月のデノミと同時に発行された。当初，デノミを前年におこなう予定で紙幣が用意されていたため，製造年が2007年となっている。

このほか50 million ZD札も発行されている。

2008年11月発行。

以下，2008年12月発行。

以上，2009年1月16日発行されたが，お釣り（小額紙幣）不足により，複数通貨制開始以前に駆逐された（第6章第3節）。

以上，2009年1月12日発行。50 billion（500億）ZD札は「3兆ZD」の束として，1月末の複数通貨制移行以降も使われ続けた（第6章第1節）。

目次

ハイパー・インフレの人類学

はじめに

本書は、近年ジンバブエ共和国で起こったハイパー・インフレーション（以下、ハイパー・インフレ）に関する民族誌である。

南部アフリカの内陸に位置するジンバブエは、とりわけ政府が急進的土地改革（Fast Track Land Reform：FTLR）をおこなった二〇〇〇年以降、欧米諸国との関係が悪化し、深刻な政治・経済危機に陥った。現地通貨ジンバブエ・ドル（以下、ZD）の価値は急激に下落し、二〇〇七年三月には公式インフレ率が月率五〇％を超えるハイパー・インフレに突入した。二〇〇八年七月には、公式インフレ率が月率二六〇〇％、年率二億三一〇〇％にまで達し、その後は中央統計局（Central Statistical Office：CSO）が正確な物価を把握できず、公式インフレ率の発表を停止した。その後も物価上昇は続き、二〇〇八年一二月半ばには、行列に並んでいるあいだにパンの値段が二倍になり、ある店では商品価格の表示を取り替えるために一日に三度もシャッターが閉められた。二〇〇九年一月には、一〇〇兆ZD札が発行されたが、その紙幣で買えるものは何ひとつなかった。使いものにならなくなった古い紙幣が道端のあちこちに落ちていたが、そんなものにかまう人は誰もいなかった。最終的に二〇〇九年一月末、政府は国内すべての経済取引を米ドルや南アフリカのランドなど外貨でおこなうことを合法化した（＝複数通貨制［multi-currency］）。これによりZDは実質的に使用停止となり、ハイパー・インフレは終息した。

本書は、このジンバブエのハイパー・インフレについて、とりわけその後期から最末期にあたる二〇〇八年から二〇〇九年初頭にかけての人びとの貨幣使用に焦点を当て、現地調査で得られた一次資料にもとづいて詳細を記述し、人類学的に理解する。ハイパー・インフレを人類学的に理解するというのには、ここではふたつの意味がある。ひとつは、ハイパー・インフレを、渦中に生きる人びとの視点から理解するということである。もうひとつは、経済学の研究対象とされがちなハイパー・インフレを、経済学ではなく人類学の枠組みで理解するということである。このような人類学的アプローチをとることで、これまでおもに「異常」「混沌」「経済の解体」などと理解されてきたハイパー・インフレを、そこで生きる人びとの語りと実践、経験と理解にもとづき、日常との連続性や何らかの秩序があるものとして提示できると考えている。

日常の中のハイパー・インフレ

山積みのお札を手押し車で運ぶ人。燃料代わりにお札を燃やして暖を取る人。道に散逸したお札を落ち葉掃除のようにほうきでかき集める清掃員……。私たちが住む世界では誰もが疑問なく大切にあつかうお金が、まるで紙屑と化してしまう。ハイパー・インフレと聞いて真っ先に思い浮かぶのは、私たちにとっての常識がもはやまったく通用しない、狂乱した世界というイメージなのではないだろうか。第一次大戦後のドイツやオーストリアのハイパー・インフレについて、その経緯を克明に描いたアダム・ファーガソンの『ハイパーインフレの悪夢』にも、そうした「狂乱」を思わす記述をいくつも見つけることができる。「この世は狂気、悪夢、絶望、混沌でした」(ファーガソン 二〇一一：二一五)。「家族のなかに売春婦がいるほうが、赤ん坊のなきがらがあるよりもよかった。餓死するより盗むほうがましだった。名誉より暖房のほうが心地よく、民主主義より衣類のほうが不可欠で、自由よりも食べ物のほうが必要とされていた」(ファーガソン 二〇一一：三〇八)。

しかし、そのように狂乱して見える世界でも、じっさいそこには人が住み、生活を営んでいる。第一次世界大戦後のオーストリアでハイパー・インフレを経験したシュテファン・ツヴァイクは、当時を次のように回顧する(cf. 森 二〇一二)。

論理的にいうと、あの時代をともに体験しなかった外国人は、〔……〕きっと女たちは髪をふり乱して気違いのように街路を走ったであろうとか、誰ももう何も買えないので店は荒廃していただろうとか、〔……〕想像しないではおられぬであろう。ところが驚くべきことに、事情は全く正反対であった。〔……〕財政的渾沌の真直中で、日常生活はほとんど乱されないままでつづいていった。（ツヴァイク 一九九九：四三六―四三七）

最も奇妙なことは、今日どうやってみても、私どもがこれらの歳月にどうやって家計を立てていったのか、一体どこから次々とオーストリアでは一千クローネ、一万クローネを、またドイツでは百万マルクを手に入れたのか、もはや一向に思い出せないことである。しかし、不可思議きわまることに、人々はそのような金額を持っていたのである。人々は渾沌に慣れ、それに適応した。（ツヴァイク 一九九九：四三六）

あの略奪し尽された、貧しい、不幸なオーストリアが一体どうやって生命を保ち続け得たかを説明せよと言われるならば、私は当惑するであろう。（ツヴァイク 一九九九：四三九）

ツヴァイクのこの記述からは、じっさいのハイパー・インフレ下には、「狂乱」「異常」というより、むしろ日常生活との連続性や何らかの経済秩序があったことがうかがえる。混乱した状況のなかでも、人びとは何らかの方法で生活世界を維持し、自分たちの置かれた状況に意味と秩序を与えようとする。本書はこうした可能性に注意しながら、ハイパー・インフレを「異常」や「無秩序」ではなく、「混沌」のなかに「秩序」を見いだそうとする人びとの試みとして描く。

ハイパー・インフレと「貨幣の論理」

先に挙げたファーガソンの『ハイパーインフレの悪夢』のなかには、ハンガリーでハイパー・インフレを経験した人物が次のように語る。

わたしの親族と友人はみんな、愚かすぎた。インフレの意味がわかっていなかった。急いで現金を処分しなかったのだ〔……〕。（ファーガソン 二〇一一：二八二）

経済学的に考えれば、ハイパー・インフレ下では通貨の減価による損失をなるべく回避することが、「合理的で賢く正しい」選択になる。またハイパー・インフレという切迫した経済状況下では、人びとが通常以上に利己的なふるまいをするのは当然だろうと想像されがちである。しかし、そもそも私たちの日常における経済活動や貨幣のやり取りは、経済学的な視点からのみ解釈できるものではない。もしハイパー・インフレの世界に少しでも日常との連続性があるのなら、そこに生きる人びとの実践も、経済学的視点からだけでなく幅広い視点から解釈されるべきだろう。

経済学者の岩井克人はかつて、R・L・スティーヴンスンの短編「瓶の妖鬼」の物語をハイパー・インフレの寓話として読み解いたことがある（『朝日新聞』二〇〇二年二月六日夕刊〔小馬 二〇〇二a：七―八に引用〕）。この物語には、呪いのかかったひとつの小瓶が登場する。小瓶のなかには小鬼が住んでおり、その持ち主の願いは永遠の生命を得ること以外なら何でも叶えてくれる。しかし、死ぬまでその小瓶を持ったままでいると、持ち主の魂は小鬼によって地獄へと引きずり降ろされてしまう。そのため、小瓶の持ち主は、自分が生きているうちにべつの誰かに小瓶を売り渡す必要がある。ただし、小瓶を売り渡すとき、持ち主は小瓶を得たときの買値よりも安い値段で相手に売らなければならない。

岩井は、この物語のなかの小瓶は貨幣を象徴するもので、小瓶にはもともとハイパー・インフレが仕組まれていたのだという。小瓶をめぐって人びとがおこなう交換は「貨幣の論理」、つまり自分の私欲を満たすことと不利益を他人に押しつけることの連続である。ところが主人公たちが、愛する人のために自らを顧みず小瓶を手に入れようとすると、土壇場で奇跡が起き、物語はめでたく幕を閉じる。純愛と自己犠牲の精神が、貨幣の論理を超越し利己的交換の連鎖を断ち切る奇跡を起こしたのだと岩井は言う。

この経済学的解釈に対し、人類学者の小馬徹は別の見解を述べている（小馬 二〇〇二a：八―九、二〇〇二b：二八一―二八三；cf. 関根 二〇〇九：二二三―二二五）。小馬は、小瓶がシルビオ・ゲゼルの提唱した「マイナス利子」の貨幣の象徴である可能性を指摘する。「マイナス利子」の貨幣とは、一定の期間ごとに有料のスタンプを貼りつけなければ使えなくなる貨幣のことである。つまり、この貨幣は長く保有しているとその価値が減価していくため、財の蓄積の手段ではなく、人びとのあいだの交換と社会関係の生成をうながすための貨幣である。このように小瓶をとらえなおせば、「瓶の妖鬼」は、「貨幣の論理」とそれを超越する愛と奇跡の物語ではなく、むしろ貨幣を独占し交換を滞らせる資産家や資本家を、市井に生きる人びとの目線から批判したものとして読みとれる。

ハイパー・インフレで通貨が減価していくとき、人びとはその減価を回避することもあれば、受け容れたり、度外視したりすることもある。けれども、私たちはなぜか後者の可能性については見落とし、あるいは「愚かな失敗」だと性急に判断を下してしまう。たしかに、通貨の減価は人びとの生計に大きな打撃を与える深刻な問題である。しかし、小馬が指摘するように、貨幣には経済学が取りあげないさまざまな意味や機能がある。じっさいに私がハイパー・インフレ下のジンバブエに滞在していたとき、「現地通貨は減価する」ということだけをただ念頭においてお金を使っていても、必ずしも現地の人たちとのやり取りが円滑にいくというわけではなかった。本書では、ゲゼルの「マイナス利子の貨幣」に限らず経済人類学等で論じられてきた多様な貨幣のあり方をふまえながら、市井に生きる人びとがハイパー・インフレ下でどのように貨幣を使うのかについて考察したい。

偶然からの調査

ジンバブエのハイパー・インフレ期とちょうど重なる二〇〇七年二月から二〇〇九年三月まで、私はジンバブエ大学（University of Zimbabwe）にリサーチ・アソシエイトとして留学し、文化人類学の現地調査をおこなうためにおもに首都ハラレに滞在していた[1]。当初は、まさか自分がハイパー・インフレについて研究することになるなどとは、まったく想像もしていなかった。

当時私は日本の大学院の博士後期課程を休学し、修士課程の研究テーマだったジンバブエのあるポピュラー音楽の研究を継続するつもりで長期調査を開始した。しかし、それ以前の段階から、ジンバブエを訪れるたびに国内やハラレのようすが荒廃し、人びとの生活が目に見えて悪化していくことが気になっていた。そうした状況で音楽についての研究をすることに少し違和感をおぼえていた。長期調査を開始してから三カ月ほど経ったとき、私は研究テーマを「都市生活者の窮状」に変えた。研究計画を書きなおし、現地の指導教員も変更した。しかし、ジンバブエの現実は私の理解をはるかに超えていた。とくに長期調査後半、つまりハイパー・インフレの後期にあたる二〇〇八年の状況は、「窮状」などという言葉で簡単に言い表せるものではなかった。理解に苦しむことが次々と起こり、私は目の前の状況を十分に消化できぬまま、ただ受動的に日々流動する事態を追うだけで精いっぱいだった。前年に書きなおした研究計画は使いものにならず、結果として調査助手を雇うことも構造的インタビューをすることもほとんどせぬまま調査期間は終了してしまった。正直なところ、私はこの調査期間が終わってからも、自分が何を調査していたのか正確に理解できていなかった。

フィールドでの反省

ハイパー・インフレを人類学的に理解するという本書の目的には、(わけも分からずおこなっていた)現地調査での個人的な反省が根底にある。

ジンバブエ滞在中、私は現地の人たちとともにさまざまな試行錯誤を重ね、いろいろなことを学びながら生活していた。断水の時はどこで水を入手するか。停電の時はどうやって料理するか。店の棚に商品が並んでいない時はどうやって欲しいモノを手に入れるか。そうしたなかでも私にとって厄介だったのが、現地通貨ZDの使い方だった。

ハイパー・インフレを起こしているZDを「普通に」使うには、急速に変化しつづける商品価格や紙幣の額面単位、支払う紙幣の枚数の多さなどにまず慣れ、またそれらについての最新情報をつねに把握しておく必要がある。

しかし本当の問題は、そうした目に見える量や数の問題ではなく、もっと質的な問題だった。私と現地の人とでは、ZDに対する見方がどことなく違うのだ。日本から外貨（米ドル）を持ってやってきた私の頭のなかには、つねに闇両替レートが入っており、ZD建ての商品価格を見ると、すぐにそれが米ドル換算ではいくらに相当するのか、自動的に計算していた。私はあらゆる価格を手当たり次第に、頭のなかで米ドル換算した。そうやって、不安定なZD建ての価格を米ドル建てに直せば、ある程度は価格の数値が安定し、揺れ動くジンバブエの経済が少しでも理解しやすくなるだろうと考えていたのだ。そして、現地の人たちも、口にこそ出さないが、皆そうやって外貨を基準にジンバブエの物価状況を把握しているものだと、内心、思っていた。また、友人や知り合いからZDを外貨と交換してくれと頼まれるたびに、現地の人たちは皆、つねに外貨を求めているのだろうとも思っていた。さらには、国内に外貨が確実に流入してくるようすを見ながら、ZDは間もなく姿を消す通貨なのだと確信していた。要するに私は、ジンバブエの経済状況について、外貨（米ドル）を通してしか理解しようとしていなかったのだ。

しかし調査期間がすすむにつれ、このような私の「外貨中心主義」「外貨絶対主義」は浅薄な空論となっていった。調査期間後半の二〇〇八年、ZD建ての商品価格と外貨の闇両替レートは各々のペースで上昇し、商品価格を米ドル換算しても、その日その日でランダムな数値が得られるだけだった。滞在費として日本から「きちんと」計算して持参したはずの私の米ドルは、予想を裏切る低いパフォーマンスを見せ、調査期間終了前に底を尽くことが確実だった。そして私が間もなく消滅するだろうと見ていたZDは、二〇〇八年後半になっても依然として人びとに使われつづけていた。

自分の誤りを決定的に確信したのは、調査期間も残り二カ月となった二〇〇九年一月初め、ハイパー・インフレが最終局面を迎えたころのことだった。私は家の近所の道端で、いつものようにひとりの露天商（＝ババ・タナカ。後述）と話をしていた。ひとつだけ違うのは、彼がこの日から商売を「外貨化」したことだった。この月から携帯通信会社が通話料をすべて米ドル建てにしたため、携帯電話のプリペイド・カードを売る露天商は、ほかの露天商たちよりもひと足早く商売を「外貨化」することになったのだ。

「先月までは何百億という金額のＺＤを稼いでいたのに、今ではたった一米ドルを稼ぐのに必死だ」とその露天商は言い、次のように続けた。「だけど、たった一米ドルって言ったって、これはけっこうな稼ぎなんだ」。彼はそう言いながら、稼ぎの一米ドルをその日の闇両替レートを使ってＺＤに換算してみせようとした。露天商はあくまでＺＤを基準に、米ドルの利益の価値や経済事情を理解していたのだ。

この露天商が特別に外貨に疎いわけではなかった。彼は半年ほど前から外貨を所持するようになり、米ドルの闇両替レートについては私より詳しいほどだった。それにハイパー・インフレ最終局面の当時は、すでにほとんどの商品が事実上外貨で売られていた。当時ＺＤで買えるのは路上で売られる果物や駄菓子ぐらいで、それらの商品価格も毎日かなりの勢いで上昇していた。

そんな状況下で米ドルの稼ぎをＺＤ建てに換算して何が分かるのか。この露天商にとって外貨（化）にはどんな意味があるのか。そして何より、彼はどのようにハイパー・インフレを理解し、経験していたのか。私にはまったく分からなかった。ただ分かったことは、それまで自分が理解しているつもりだった物事が、根本から見当違いだったということである。取り返しのつかないことをしてしまった。その日から、私はフィールドノートを読み返し、これまで周囲の人たちと交わした会話をできるだけ思い出そうとした。

それから一カ月後、ジンバブエの経済が全国的に公式に外貨化され、一年と一一カ月続いたジンバブエのハイパー・インフレは終息した。それからさらに約一カ月後、私は日本に帰国した。自分の「外貨中心主義」を振り払い、現地の人びととの経験と理解に少しでも近づくことが、私にとってひとつの大きな宿題になってしまった。

本書の構成

本書の構成は、次のとおりである。

本書の理論部分にあたる序章では、ハイパー・インフレを人類学的に考察する枠組みについて、経済学と経済人類学の研究を比較しながら検討する。経済学においてハイパー・インフレは「経済の解体」と考えられてきた。その理由は、近代経済の基礎をなす貨幣が信用を失うからである。この命題を疑うことが本書全体のひとつのテーマである。そのために、経済人類学の議論をもちいて多様な貨幣のあり方を呈示し、経済学の対象があくまで「近代経済」「近代貨幣」であること、そしてそれらは人間の経済活動全体から見て「部分的」ないし「理論的」なものに過ぎないことを論じる。さらに、こうした経済人類学における多元的貨幣論とハイパー・インフレとを、「複数通貨の併存」(ひとつの市場でふたつ以上の通貨が併用されること)と「減価する通貨の非消滅性」(ハイパー・インフレを起こしている通貨が市場から完全に消滅しないこと)とに着目しながら結びつけ、ハイパー・インフレがあくまで「近代貨幣」の衰退した、「もうひとつの」経済と考えられることを提起する。

第1章と第2章は、本書の背景部分にあたる。第1章は、ジンバブエのハイパー・インフレに関する歴史的・経済的背景を述べる。冒頭でも述べたとおり、二〇〇〇年以降、ジンバブエは深刻な政治・経済危機に直面していた。ハイパー・インフレは、このジンバブエ「危機」末期に、この国が抱えていた数多くの緊急課題のうちのひとつとして存在した。ジンバブエ「危機」については、メディアや研究者たちのあいだでも議論され論争が展開されてきた。しかし、実証的研究は十分に進められず、とくに「危機」末期における現地の複雑な経済状況については、あまり明らかにされていない。この第1章では政府の経済政策、人びとの生活戦略、経済状況の具体的変化を見ながら、「危機」末期におけるジンバブエの経済がどのように複雑であったのか概観する。第2章は、本書のもとになった調査の背景について述べる。調査地であるジンバブエの首都ハラレの都市空間やインフラ事情を説明した後、本書に登場するインフォーマントたちを紹介する。

第3章から第6章は、事例部分である。序章で指摘するとおり、ハイパー・インフレ下では、「複数通貨の併存」と「減価する通貨の非消滅性」という特徴的な貨幣状況がよく見られる。このことはジンバブエのハラレの場合も例外ではなかった。ハラレの場合、こうした貨幣状況は、現地通貨ZDの現金、ZDの銀行預金、外貨(おもに米ドル)、そしてZDの高額紙幣と小額紙幣という、複数の通貨と通貨形態をとおしてあらわれた。事例部分の各章では、これらの通貨および通貨形態に焦点を当て、それぞれがどのように異なる意味や機能を付与され人びとに使われるのか、私がハラレで直接見聞きし、体験した具体的な事例を示しながら明らかにしていく。

第3章は「現金」である。この章で問題になるのは「減価する通貨の非消滅性」である。ハイパー・インフレを起こしていた現地通貨ZD（現金）は、年間二億%を超える段階になってもまだ、半ば当然のように人びとに使われつづけていた。これはどのように可能だったのか。また人びとはそうした状況をどのように語っていたのか。露天商の商法やZDの貸し借りなどの事例を紹介しながら、ZDの急激な「減価」をめぐる人びとの対応について考察する。

第4章は銀行に預け入れられた、ZDの「預金」に焦点を当てる。「預金」と「現金」とを分けるのは、当時（二〇〇八年六月ごろから一〇月ごろまで）ハラレの非公式市場では、同じ金額のZDでも「現金」が「預金」よりも高い貨幣価値をもっていたからである。この複雑な状況は、第3章で見たZD現金が人びとに使われつづけていたひとつの理由になっている。この事態の直接的な引き金となったのは、ハイパー・インフレというよりも、ZDの現金供給不足と「預金封鎖」だった。こうした異例の事態に人びとがどのように対応したのか。こうした事態を利用したあらたな「預金」の活用法とそれらにまつわる倫理的問題などを紹介しながら考察する。

第5章は「外貨」である。この章で問う問題は、なぜ外貨が全面的にZDに取って替わらないのかである。インフレと現金不足の問題が深刻化するなかで、外貨は急速に人びとの日常経済にも流入するようになっていった。しかし、日常的取引を外貨でおこなおうとすると、そこではさまざまな問題が生じた。ハイパー・インフレ下で外貨を使用することは、一見すると合理的で自明の手段と思えるが、じつはそれはそれほど簡単なことではなかったのである。

第6章は、ZD現金の「小額紙幣」と「高額紙幣」に焦点を当てる。この章は、第3章「現金」の続きにあたる。第3章ではZDがハイパー・インフレにもかかわらず使われつづけることを中心に論じるのに対し、この第6章ではZDがハイパー・インフレ最終局面において、いよいよ使われなくなっていくというその末路を描く。しかし、じつはZDは完全に使われなくなるわけではなかった。全国レベルの公式外貨化である複数通貨制が開始され、ZDが事実上廃貨となった後も、一部のZDは非公式な交換・支払い媒体として市場に残りつづけたのである。この奇妙な現象の鍵となったのが、紙幣の額面単位の問題だった。

結章は、本書全体のまとめと結論部分である。事例部分で示した内容と「はじめに」および序章で提起した問題とを結びつけ、改めてジンバブエのハイパー・インフレ下における貨幣状況と人びとの経験について考察し、検討する。「おわりに」は付論である。本論を補強するために、事例部分で取り上げられなかったハイパー・インフレ最終局面の混乱と複数通貨制後のようすについて、手短に述べている。

なお、本書の中心的関心である「貨幣」にまつわる用語のおおまかな使い分けについて説明しておく。「貨幣」は特定の通貨ではなく、制度や使用法を含めた通貨の一般的な総称としてもちいている。「通貨」は一般総称としての貨幣（制度）を具現化するものであり、それぞれの国や地域で発行されたり、具体的に人びとのあいだでやりとりされたりするものを指している。預金は物理的形状をもたないが、本書ではひとつの「通貨」と見なしている。「お金」と「カネ」は、会話などでもちいられる日常的な存在としての貨幣を指しており、このうちとくに「カネ」は現地語ショナ語の俗語である「カネを焼く（*kupisa mari*：異常に高いレートで両替すること）」の訳などとしておもに用いている。

また、本書で両替レートを示す際、とくに断りがないかぎり、公定レートではなく「闇両替レート」のうちの「現金レート」（第4章参照）を記している。

研究の限界と可能性

先に述べたとおり、本書は二〇〇七年二月～二〇〇九年三月までの約二年間にわたり、ジンバブエの首都ハラレを拠点におこなった長期現地調査にもとづいている。

そのなかでも、本書で紹介する事例の多くは、二〇〇八年後半から二〇〇九年一月頃までの約半年の期間に集められたものである。この時期に集められたデータはとくに、私がそのとき偶然居合わせた場所で、直接見聞きし経験しながら得られたものが多い。本書は、受動的に収集した雑多な情報を寄せ集め、貨幣使用に特化した出来事を事後的に解釈して書かれている。

私の長期現地調査中、ジンバブエはハイパー・インフレなどの経済問題だけでなく、政治や医療などあらゆる分野に緊急課題をかかえていた。とくに二〇〇八年は大統領選挙を含む統一選挙をめぐり与野党が激しく対立し、政治情勢が緊迫していた。この年、私はハイデンシティ（元黒人居住区：第2章参照）をひとりで自由に歩きまわることはなるべく控え、農村部へも一度も行かなかった。制約されたなかでいろいろと試してはみたのだが、結果的にはルームメイトや身近にいる人たちが、私の主要なインフォーマントになった。インフォーマントが限られた交友関係にもとづくこと、データに不足や偏りがあること、そして当時のジンバブエの切迫した状況をあまりに楽観的に描き過ぎていることは、本書の大きな限界である。

本書は、政治暴力の犠牲者やコレラ患者たちをはじめ、生活必需品の闇取引やダイヤモンドの違法採掘などで一獲千金を果たした人たち、国内の状況に耐えきれず国外移住する人たちなど、「危機」的状況を際立って示す事例をほとんど取りあげていない。本書で取りあげる内容は、研究のために収集した情報というよりも、むしろ私自身が現地で生活していくために必要だったものである。私はジンバブエのハイパー・インフレ期、調査者であると同時にひとりの生活者として、現地の人たちと当時の状況に当惑しながら現実に関与していた。たしかに外国から外貨を持ち込んでいた私は、ZDが日々減価していくという不安を結局は身をもって知ることができなかった。そう意味では、私はハイパー・インフレの外部にいたのかもしれない。けれども、ハイパー・インフレの状況下で、立場の異なる人びとがさまざまに結びつき、何かを共有して生きていたこともひとつの事実である。

第一次大戦後のドイツでインフレの混乱を経験したエリアス・カネッティは、「インフレーション群衆」について次のように記している。[2]

> この過程［＝インフレーション］は、普段は物質的な利害において甚だしい格差のある人間たちを無差別にまきこんでしまう。賃金生活者も金利生活者も同じように打撃を受ける。人びとは、銀行に安全に保管されていると信

じていたものの大部分あるいは全部を一夜にして失うこともある。インフレーションは〔……〕人間たちのあいだの差別を廃し、以前には通りで会っても会釈をかわすことなどはほとんどなかった人びとを、同じインフレーション群衆に糾合するのである。（カネッティ 一九七一：二七二）

ハイパー・インフレ下で、いくら外貨を持とうとも、周囲の人たちとの会話、彼らが与えてくれる情報や助言がなければ、私は生きていくことができなかった。本書はこうした私自身の生きられた経験を基盤にし、ハイパー・インフレを生活者の視点から記述し分析した民族誌である。

序章　ハイパー・インフレーションの人類学的研究

1　経済学のハイパー・インフレ

インフレーションとハイパー・インフレ

物価全般がある期間にわたって持続的に上昇することを、インフレーション（以下、インフレ）と言う（原田・神田二〇〇八：八六）。ある期間におけるインフレの程度、つまり物価上昇の速度を変化率として示したものを、インフレ率（＝物価上昇率）と言う。インフレ率は次のように計算される。Δｐ／１００（ｐは以前の物価指数、Δｐは現在の物価指数から以前の物価指数を引いた差）。

インフレ率はおもに、年次、月次の周期で算出され、Δｐを前年比とすれば年間インフレ率、Δｐを前月比とすれば月間インフレ率が算出できる。一年間に物価が二倍になるとインフレ率は年率一〇〇％、一カ月間に物価の変動がなければインフレ率は月率〇％となる。

インフレが加速度的に昂進しつづけることを、ハイパー・インフレと言う。ハイパー・インフレの要因はさまざま考えられるが、おもにある国が何らかの理由で深刻な財政難に陥ったとき、政府が過度に自国通貨を発行し対処することで起きる。ハイパー・インフレの水準の目安として、経済学ではフィリップ・ケーガンの定義がよく参照される

（例えば フリードマン 一九九三：二二七：岩井 一九九八：二二九）。ケーガンは、ハイパー・インフレをインフレ率が月率五〇％を超える状態と定義した[1]（Cagan 1956：25-27）。この定義にしたがえば、世界初のハイパー・インフレはフランス革命時にアシニア紙幣で起きた。また、二〇世紀にはさまざまな国で二〇～三〇例ほどのハイパー・インフレが起きている。たとえば、第一次世界大戦の敗戦国ドイツ、オーストリア、第二次世界大戦敗戦後のギリシャ、中国、ハンガリー、八〇年代から九〇年代に累積債務を抱えたアルゼンチンやブラジルなどのラテンアメリカ諸国、九〇年代初頭から半ばにかけてソ連崩壊後に経済体制を転換したアルメニアやウクライナなどの旧社会主義諸国、九〇年代半ばに内戦や政情不安にあったアンゴラ、コンゴ民主共和国などである（Fischer et al. 2002；Bernholz 2003）。

基本的に本書で「ハイパー・インフレ」というときは、ケーガンの定義に便宜的に従い、およそ月率五〇％以上のものを指している。たとえ通常よりかなり高いレベルのインフレでも明らかに月率五〇％に満たない場合は、「高インフレ」としている。数字から具体的に想像するのは難しいかもしれないが、月率五〇％のインフレというのは相当に深刻なレベルで、目に見えて混乱が生じているような末期的状態だと言える。日本でも戦後すぐに高インフレが起きたが、当時のインフレでもこの月率五〇％のレベルにまでは一度も達しなかった。

しかし、じっさいのところ、ハイパー・インフレと通常のインフレとを明確に区別する方法は明らかではない（貝塚ほか 二〇〇〇：三七―三八）。ハイパー・インフレとインフレを単純にインフレ率の数値で機械的に線引きすることは困難で、また、あまり意味がない。高度なインフレが起きている状況では正確な一般物価を把握することが難しく、信頼のできる物価指数やインフレ率を計算すること自体が困難である。じっさいにジンバブエでは、正確な物価が分からないという理由で、二〇〇八年八月から一二月まで公式インフレ率が公表されなかった。

経済の解体？

明確な数値的定義は定かではないものの、ハイパー・インフレと通常のインフレは峻別して理解されるべきである。なぜなら、ハイパー・インフレは、通常の慢性的インフレとは比べものにならないほど、人びとの生活のうえに深刻な経済的被害をもたらすからである。

たとえば、クルーグマンは、年率一〇％ほどのインフレでは税制改革や会計基準の修正によってほとんど経済に実害がないとする。しかし、年率何千％の「ハイパー・インフレ」下では、毎時間のように貨幣価値が目減りし、物々交換や外貨使用などでお金が使われなくなり、「現代経済はまちがいなくおかしくなる」としている（クルーグマン一九九八：八七―九九）（強調引用者）。

岩井克人は、何らかの理由でインフレが生じたとき、その後の展開にはふたつのシナリオがあり、ひとつを（単なる）インフレ、もうひとつをハイパー・インフレとしている。前者はインフレが自然に終息する場合であり、結果的に好況と見なすことができる。一方、後者はインフレが止まらなくなる場合である。岩井によると、ふたつを分けるのは、人びとがインフレを一時的なものだと判断するか、あるいは将来ますます加速化していくと考えるかという予想の違いである。岩井は、ハイパー・インフレを「貨幣からの遁走（flight from the money）」、つまり、インフレ加速化の予想が人びとの流動性選好（モノや債券などよりも現金・貨幣を好んで入手・保有すること）を縮小させ、その流動性選好の縮小がインフレをさらに加速化するという悪循環としてとらえ[2]、貨幣に対する信用を崩壊させ、資本主義の解体を引き起こす危機的状況としている（岩井 一九九八：一九一―二三七）。

近代経済の経済領域

それでは、ハイパー・インフレによって経済が「解体」すると、何が起こるのだろうか。クルーグマンと岩井はともに、その行き着く先として「物々交換」を挙げている。ここで分かることは、まず彼らが議論している「経済」のなかには、物々交換などの非貨幣経済が含まれていないということである。また、彼らの議論には、一種類の通貨しか想定されていない。岩井が一種類の通貨しか想定しないのは、彼の分析が純粋に理論的なものだからである。岩井によれば、この理論と合致した純粋な市場経済は、グローバル市場経済の進展によってすでに現実となっていると言う。

われわれがここで分析の対象としているのは、あくまでも価値の錨としてはたらく外部をすべて捨象した純粋に理論的なハイパー・インフレーションのことである。その現実世界における対応物を見いだすとするならば、それはおそらく世界貨幣そのものをめぐるハイパー・インフレーションだろう。（岩井 一九九八：二〇九）

もちろん、地球がひとつの市場経済になったといっても、地域と地域のあいだの賃金の格差が消え去ってしまうことはないだろうし、国と国とのあいだの価格の差異は残りつづけていくだろう。いや、一部のひとびとは、グローバル化から避難するためのニッチ（棲み分け空間）として、自給自足的な地域共同体を意識的に作りはじめさえするだろう。〔……〕しかしながら、重要なことは、このような格差や差異やニッチや攪乱は、すべてグローバル市場経済の「内部」における格差や差異やニッチや攪乱でしかないということである。〔……グローバル市場経済には〕「外部」はもはや存在しない。それは、人類が歴史上はじめて経験するまさに「純粋な市場経済」にほかならないのである。（岩井 二〇〇六：八二―八三）

ふたつの経済

岩井の言うように、すべてがグローバル市場経済の「内部」にあるのだとすれば、あらゆる格差や差異やニッチや攪乱は、ひとつの価格体系（たとえば、米ドル）のなかに序列化されることになる。このように経済学は、ただひとつの世界通貨を想定し一元的な経済領域を措定しがちである。

しかし、経済のあり方は、必ずしも経済学が想定するようなものだけではない。たとえばポランニーは、「経済」という語にはふたつの意味があると言う。ひとつは「形式的な意味」、もうひとつは「実体的な意味」である。

経済の形式的意味は、手段と目的との関係にある論理的な性質に由来する。たとえば「経済的（economical）」とか、「経済化（economizing）」といった言葉で表されているものである。それは、選択をめぐる特定の状況のことを指す。つまり、もちいることのできる手段が限られているために、それらのうちから手段を選択して活用しなければならないという状況である。

〔……〕

〔これに対して、〕経済の実体的な意味は、人間が自身の生活を自然とその仲間たちに依存していることに由来する。それは、自然環境と社会環境の相互交換を意味し、結果的には人間の物質的欲求を充たすための手段を与えるものでなくてはならない。（Polanyi 1992 [1957] : 29）

岩井が展開するハイパー・インフレの議論は、ポランニーの言う形式経済学を前提にしている。この意味での経済は、経済合理主義の原理にもとづく経済であり、またそのような合理主義的経済原理で説明できる範囲がその経済領域の全体となる。

しかしポランニーは、こうした形式経済学はあくまで論理から派生したものであり、実体から派生したものではないと言う。実体経済学は、人間が自然や仲間に依存しながら、持続的に欲求をみたすための制度と過程を経済の対象とする。そのパターンにはおもに「（市場）交換」、「互酬」、「再分配」の三つがあり[3]、このうち「交換」は組織化された対外交易などに限られており、経済全体において占める割合は小さかった（ポランニー 二〇〇三）。

経済を形式経済学的な狭い意味でとらえれば、ハイパー・インフレは貨幣システムを崩壊させ、経済を解体させるものとなるだろう。ただし、そこで解体するのはあくまで「近代貨幣」や「近代経済」に限られる。しかし、経済を広く捉え、近代貨幣や市場交換を経済全体の一部だと見なせば、ハイパー・インフレは必ずしも経済を解体させるものだとは言えなくなる。このように考えればハイパー・インフレは、近代経済とは異なる、別のかたちの経済ととらえられるだろう。

2　経済人類学による近代貨幣論——貨幣の一元化論

経済学が一元的な経済を想定するのとは対照的に、経済人類学では多元的経済が提唱されてきた。経済人類学の先行研究は、さまざまな地域の交換や経済活動の事例にもとづき、近代貨幣や市場交換の存在が経済全体のなかのごく一部であることを示している。

ただし、経済人類学の議論にもさまざまなものがある。とくに近代貨幣をどのようにとらえるか、古典的研究と近年の研究とのあいだでは大きく異なっている。二〇世紀半ばの古典的経済人類学では、近代貨幣は、経済の多様性を消し去るもの、つまり社会や経済の多様な要素を均質化し、ひとつに統合するものという考え方が主流だった。こうした議論をここでは、貨幣の「一元化論」[4]と呼ぶことにする。これに対し、八〇年代以降の経済人類学では、このような「一元化論」が批判されるようになってきた。

以下では、まず、経済人類学の古典的研究の内容を確認し、これらの研究がどのように近代貨幣による経済の「一元化」を論じていたのかを確認する。

貨幣の一元化論

まず、古典的経済人類学における貨幣の「一元化論」の代表として、ポランニーの議論を確認する。ポランニーは、近代経済は「貨幣、市場、交易」という経済の三要素が不可分なかたちでひとつに統合され、市場システムと化したという（ポランニー 二〇〇三：三七三―三八六）。経済が市場システムと化していく過程のうち、貨幣がその契機になったのは、（1）対外貨幣の内部化と、（2）限定目的貨幣の全目的化（交換機能の本質化）である。

（1）ポランニーによれば、経済はもともと外的経済と内的経済とに明確に区別されていた（ポランニー 一九八〇b：五五六―五五七）[5]。外的経済とは、共同体間でおこなわれる対外交易で、そこでおこなわれていたのは市場交換である。一方、内的経済は共同体内部の経済であり、「互酬」や「再分配」といった非市場交換が重視されていた。外的経済と内的経済とでは、使用される貨幣も区別された（対内貨幣と対外貨幣）（ポランニー 一九八〇b：五七一―五七四）。対外貨幣は、対外交易における交換手段として発展した。一方、対内貨幣は、おもに支払い手段として使用された。近代経済は、「内と外の差異をほとんど消し去」り、外的経済の原理を内部化してしまった（ポランニー 一九八〇b：五五六―五五七）。その結果、対内貨幣も対外貨幣に取って替わられた。近代貨幣が、内と外との区別なく統合されているのは、内的経済における対内貨幣が、外的経済でもちいられていた対外貨幣に取って替わられたためである。

（2）ポランニーによれば、交換機能を貨幣のもっとも本質的な機能と考えるのは、経済を市場システムとみなす近代主義的な想定にもとづいた誤りであるという（ポランニー 一九八〇a：一九九）。貨幣の交換機能はもともと多様な経済活動のうちの一部である、組織化された交易や市場に限定して発達したものだった。そもそも、制度の初期的段階で貨幣は「限定目的貨幣」[6]であり、ひとつの社会には、支払い手段、交換手段、貯蔵手段、価値尺度（計算手段）の四機能のうちどれかを担う「限定目的貨幣」が併存する状況にあった。貨幣制度が組織化し、とくに市場システムとして統一化された近代経済では、さまざまな機能をもつ貨幣のうち、交換手段となっていた貨幣がその他の機能を代替しはじめた。その結果、近代貨幣は貨幣の四機能すべてを担う「全目的貨幣」となった（ポランニー 一九八〇a：一八六―二二七）。

ポランニーが挙げるこれらのふたつのほかに、貨幣の「一元化」の議論にはもうひとつ重要なものがある。（3）貨幣による価値の「標準化」である。近代貨幣はあらゆるモノの価値を客観的数値で表し、序列化する。この貨幣の「価値尺度」機能は、貨幣や経済ばかりでなく、社会全体の一元化、均質化をもおよぼすとされ、「ジンメルなどの影響力のある思想家たちの議論の前提ともなってきた」（中川［理］二〇〇六：七七）。

貨幣なるものは、可分的な交換客体であって、しかもその単位はたとえどのように不可分な交換客体の価値に対しても通約可能なことが明らかであり、このことによってかかる客体のうちにある抽象的価値をその具体的＝特殊

的内容の束縛から解放することを容易にし、あるいはまた、これを前提するものなのである。（ジンメル 一九九四：一四九）

人類学者のポール・ボハナンは、ナイジェリアのティヴ社会に植民地政府の西洋貨幣（全目的貨幣）が導入されたことで、伝統的多元的経済（multi-centric economy）が崩壊したと論じている。ティヴの社会において、財は三つのカテゴリー、すなわち日常財（食べ物、香辛料、台所用品、農具、小家畜など）、威信財（奴隷、牛、儀礼職［ritual offices］、大きな白い布、薬と呪術、金属棒など）、そして女性と子どもに対する権利に分類される。何か財を獲得したいときは、通常、同じカテゴリーの財と交換する。また、交換原理も、カテゴリーごとに異なった。[7] さらに、これらのカテゴリーは階層化され、カテゴリー内の交換は「運搬（conveyance）」、カテゴリー間の交換は「転換（conversion）」と呼ばれて明確に区別されていた。[8] 前者の「運搬」は、日常的におこなわれ、道徳的に中立である。一方、後者の「転換」には道徳的評価がともない、下位の財を上位の財と交換すれば、威信や名声が得られた（Bohannan 1959: 491-499）。つまり、ティヴの社会には三つの異なる「交換領域（sphere of exchange）」が別々に存在していた。

しかし、このようなティヴの多元的経済は、西洋貨幣の導入によって破壊された。なぜなら、西洋の貨幣が全目的貨幣としてティヴ経済に入り込み、[9] 西洋貨幣はすべての財を単一の尺度で標準化し、共約不可能だった三領域をひとつに統一してしまったためである。ティヴの人びとは西洋貨幣を四番目の交換カテゴリーに組み入れようと試みたが、それはうまくいかなかった。西洋貨幣は、村内の生産者と消費者との関係をはるかに超えた広範囲の領域を、ひとつの市場として統合した。このように、ティヴの多元的経済は西洋貨幣によって一元化されたうえ、「世界経済の一部になってしまった」（Bohannan 1959 : 502-503）。

以上のように、（1）対外貨幣の内部化、（2）限定目的貨幣の全目的化（交換機能の本質化）により、貨幣は全領域を流通し得る「近代貨幣」となった。また、（3）「近代貨幣」はあらゆる財の価値を客観的で抽象的な数字で表し、一元的に序列化する。経済人類学の古典的研究では、「近代貨幣」にはこうした特徴が本質的にそなわっており、社会や経済を一元化すると考えられてきた。しかし、このように古典的研究で前提とされてきた貨幣の「一元化論」は、八〇年代以降の研究において批判される。

3　経済人類学における一元化論批判

一九八〇年代以降の新しい経済人類学的研究は、たとえある社会に近代貨幣が流入しても、複数の経済領域や交換原理は維持されると主張した。近代貨幣を含むさまざまな通貨などが、ひとつの地域に「共約不可能（incommensurable）」[10]なかたちで並存しうるというのである。

意味の区別

近年の経済人類学の先行研究の多くは、個々の社会が貨幣に対して付与する「意味」の区分に注目し、貨幣の「一元化論」を批判してきた（ex. Parry and Bloch 1989 ; Shipton 1989 ; Hutchinson 1992 ; 野元 二〇〇五）。数量的な経済資源としての貨幣が、人びとの主体的な解釈や実践をつうじて非数量的な社会的象徴へと読み替えられ、貨幣が脱資源化・脱商品化されるという議論は、経済人類学における貨幣論の中心となってきた（春日 二〇〇七）。

たとえばパリーとブロック（Parry and Bloch 1989）は、個々の社会には「短期サイクルの領域（市場経済の領域）」と「長期サイクルの領域（贈与経済の領域）」というふたつの交換領域が存在するという。短期サイクルには、個人的消費や競争と関係し、商売や賃金労働による他人（stranger）との取引や個人的支出、戦争などの競争活動、個人的娯楽などにともなう交換が含まれる。これに対して、長期サイクルは、社会的・宇宙的秩序の維持と再生産にかかわる交換である。[11]

中川敏は、パリーとブロックの議論を応用し、貨幣の文脈が「資本主義」から「(伝統経済のなかの)市場主義」へと転換されるようすを描いている(中川[敏]二〇〇七)。中川の調査地インドネシア・エンデの伝統経済は、「威信経済、市場経済、自給経済」の三領域からなる。このうち「伝統経済の市場経済」は、「厳格な互酬性にもとづく等価交換」がおこなわれる「村内」の取引である。これに対し、「資本主義」は、村の境界の「外部」でおこなわれる市場交換で、「社会から離床した」経済である。[12]「伝統経済の市場経済」と「資本主義」との区別は、エンデの人たちによる区別にもとづいている。

中川(敏)は、あるひと組の夫婦が、一見すると「金づく」でおこなわれるエンデの現代の家づくりをなんとかして伝統経済の領域のなかに落とし込み、「資本主義」に取り込まれないようにするようすを描く。かつて、エンデでは家づくりに関わる交換はすべて伝統経済の領域でおこなわれていた。[13]しかし、現在の家づくりの様子はすっかり変わってしまっている。セメントやトタン、チェーンソーで切り出す木材、すべてを町で現金で購入しなければならない。それでも、夫婦の家づくりは伝統経済のなかでおこなわれた。まず、家づくりを仕切る熟練者「ングス」を引き受けてくれた親族男性は、お金の受け取りを拒否した(実際には「タバコ代」として受け取った)。木材は知り合いが分けてくれた(ただし、チェーンソーによる製材代の支払いを頼まれた)。そして、建材の調達には、「ボウ・ギジ」を利用した。「ボウ・ギジ」とは、頼母子講の一種だが、お金ではなく決められたモノを持ち合うものである。「ボウ・ギジ」は、厳格な互酬性にもとづく等価交換であるが、交換に参加するメンバーは村人に限られる。

こうして、夫婦は、「資本主義」から「(伝統的)市場経済」へ、厳密に数えられる貨幣取引から知り合いどうしのモノの貸し借りへ、村の外部の取引を内部の交換へと、貨幣取引の文脈と意味を転換することに成功したのである。[14]

中川(敏)の議論は、近代貨幣が浸透しても、対内貨幣と対外貨幣とが観念的に区別され、経済の領域は伝統の領域と資本主義の領域とに観念的に分かれることを示している。区別が「観念的」であるというのは、社会に埋め込まれ象徴的価値を帯びた貨幣を、じっさいには数量的に計算することができるからである。家づくりには「じっさい計算してみれば、〔……〕数千万ルピアの金が使われた」(中川[敏]二〇〇七:二四九)。

しかし、経済領域や貨幣の区別が表れるのは観念的な次元にとどまらない。ここからは、近代貨幣の脱資源化・非数量化ではなく、市場交換で見られる価格相場や交換レートの齟齬から具体的に見える経済の多様性を見ていきたい。

数量化の多元性

市場交換の場において、一般的に決められた価格相場や交換レートが守られず、計量的不整合や経済的に非合理といえる交換がおきることがある。こうした事例は一見すると、ただ貨幣経済化の不完全さや市場経済化の未熟さを露呈しているだけのように見える。しかしここでは、こうした事例を、難点や不具合としてではなく、むしろ交換の多様性と共約不可能性が具体的に目に見える数字として表れたものとして肯定的にとらえたい。

モノと貨幣（物々交換と貨幣経済）

ザイール（現コンゴ民主共和国）・イトゥリ地方を調査した市川光雄は、狩猟採集民ムブティと農耕民とがおこなう複数の交換にみられる計量的不整合について報告している（市川 一九九一）。市川によると、一九八〇年代の当時、ムブティと農耕民とのあいだでは、三つの交換すなわち贈与交換と物々交換、現金取引が併存しておこなわれていた。[15] しかし、同一のモノやサービスが複数の交換によって取引され、また、それぞれの交換体系にはそれぞれの交換レートがあったため、財の数量的価値が三領域をつうじて整合性をもたなかった。

たとえば、市川は、次のような事例を挙げている。ムブティが農耕民たちの農作業を手伝うとき、一日の賃金（一九八七年当時）は、三〇から五〇ザイール（通貨単位）だった。ただし、じっさいには、ムブティが農耕民から現金で支払いを受けることはまれであり、男性はバナナ酒（約四リットル）、女性はキャッサバ一〇～一五キログラムなどの食物支給を受けることが多かった。このような労働に対する食物支給を「パラジュル」という。バナナ酒四リットルを現金換算すると約五〇ザイールになり、現金支給の金額と一致する。いっぽう、キャッサバ一〇～一五キログラムの相場は、市(いち)でも畑でも一〇〇～一五〇ザイールであり、現金支給の二～三倍もする。ある日、ムブティの女性が、

①≠②≠③

① 労働報酬＝現金30〜50ザイール（現金取引）

② 労働報酬＝キャッサバ10〜15キログラム（物々交換）

③ キャッサバ10〜15キログラム＝現金100〜150ザイール（現金取引）

市でキャッサバ一二キログラムを一〇〇ザイールで売った。市川によれば、このキャッサバは明らかに、女性が前日に農耕民の農作業を手伝って得た（＝「パラジュル」）ものだった。しかし、この女性はそのことを否定し、「これは私が市で売るようにといってもらってきたものだ」と主張した。市川には、彼女の言葉が「パラジュルと市、すなわち物々交換と現金取引を結び付けることに強い抵抗を示すものと思われた」（市川 一九九一：六二）。

もし、すべての交換がマルクスの言うような等価交換の連続だとすれば、このようなレートの齟齬は起こりえない。「労働力とキャッサバがいずれも商品化され、現金と交換されるにもかかわらず、このような不斉（ママ）合が存在することは、ムブティの労働力がひとつの交換体系のなかで交換されていないことを意味している」（市川 一九九一：六一）。

市川が示唆するように、この不整合は次のように説明できるだろう。つまり、「商品」の交換体系と「物々交換」をおこなう交換体系とでは、労働力やキャッサバなどの財の数量的価値比率が異なるのである。おそらく、現金をもちいる①③が外的な取引であるのにたいし、物々交換（食物支給）の②は、内的取引である。ポランニーが言うように、まったく別の起源から発展した内外の経済（ポランニー 一九八〇b：五五六—五五七）が統合されぬまま存在しているのである。[16]

家畜と貨幣

アフリカの牧畜社会における家畜は、現代社会における貨幣と類似するものとしてとらえられてきた（太田 二〇〇二：二二四—二二六：湖中 二〇〇六：二二九）。たとえば、東アフリカで調査をした経済人類学者シュナイダーは、家畜が貨幣の四機能を果たし、固定レートにもとづいていろいろなモノと交換されるため、現代社会の市場経済と同じような経済システムを形成していると論じている（Schneider 1968［太田 二〇〇二に引用］）。

しかしその一方で、家畜と貨幣とが単純に置き換えられないということは、多くの研究者が報告している（Hutchinson 1992 : Comaroff and Comaroff 1990 : 太田 二〇〇二 : 湖中 二〇〇六）。たとえば、人類学者の湖中真哉は、家畜と貨幣との物理的・機能的相違点を次のようにまとめている。（1）対象限定性（交換可能なものが限定されている）。（2）分割不可能性（砂糖やトウモロコシなどを測る価値尺度として家畜は大きすぎる）。（3）非恒常性（家畜は死んでしまう）。（4）非均質性（成長段階や健康状態などに関して、個体間にさまざまな違いがある）。さらに湖中は、家畜には貨幣にない社会的意義、すなわち（1）生計維持の基盤、（2）社会的交換財、（3）象徴的媒体、（4）社会的幸福の実現、をもつという側面があるとしている（湖中 二〇〇六 : 二三九—二四七）。

家畜と貨幣とをめぐる交換では、こうした家畜と貨幣との相違から、貨幣に対する非合理的態度、通常の商品取引から逸脱したあつかわれ方が見られることがある。[17]

たとえば、レソトを調査したジェームズ・ファーガソンは、非合理とも思えるソト人の「牛選好」について論じている（Ferguson 1985）。ファーガソンは、インフォーマントに次のような仮想の設定について質問をする。「家畜市のオークションで三〇〇マロチ（現地通貨単位）か四〇〇マロチで売れる雄牛一頭と、現金一〇〇マロチ、もらえるとしたら、どちらを選ぶか。」人びとは現金を選ぶ。現金の金額を五〇マロチに引き下げても、現金を選ぶ者もいる。ファーガソンは彼らに自分の疑問をぶつける。「雄牛をもらって、それをオークションで売り、もっとたくさんお金を手に入れればいいのではないか？」すると、一人のインフォーマントが答える。「オークションの値段は不確実だ。それに牛は、死んだり盗まれたりするかもしれない。」ファーガソンは質問を続ける。「何らかの理由で、とにかく雄牛をもらえたとしたら、その雄牛を売るか、売らないか。」ほとんどすべてのインフォーマントが、「売らない」と言う。たとえその牛を二〇〇マロチか三〇〇マロチで買ってくれる買い手がいるとしても、売らないのだと言う（Ferguson 1985 : 653-654）。

自生貨幣と法定貨幣

パプアニューギニア・トーライ社会における自生貨幣（以下、貝貨）「タブ」の使われ方を調査した深田淳太郎は、貝貨による支払いと法定通貨（以下、現金）「キナ」による支払いとでは、商品価格の比率が異なることがあると報告している（深田 二〇〇六：三九六―三九七）。たとえば、ある村の交換レートは貝貨八〇パラタブ＝現金一キナであるとき、露天で売られる揚げ菓子の価格は貝貨四〇パラタブまたは現金〇・二キナ、スナック菓子は貝貨八〇パラタブまたは現金〇・七キナである。つまり、揚げ菓子とスナック菓子の価格比率が貝貨では一対二、現金では一対三・五となり、ずれている。そのうえ貝貨と現金の交換レートも、守られていない。深田はこのような不整合が起こる理由として、貝貨による売買では価格交渉の余地があること、また貝貨はその形状的特徴から数えるときに現金ほど厳密にならないことを挙げている。ただし、だからといって、貝貨をもちいればかならず取引があいまいに、寛容になるというわけではない。たとえば、両替所などでは、貝貨がひとつひとつ厳格に数えられ、交換レートの整合性が守られる。

深田は、このような交換レートの整合・不整合は、貨幣や価格体系に対して人びとがどのような態度と実践をとるかによって「実演・生成」されるものだと言う（中野・深田 二〇一〇：五；深田 二〇一〇）。換言すれば、貨幣の標準化機能は、一元的経済領域を想定しそれを実現させようとする人びとの態度と実践をとおしてはじめて実現する。反対に、そのような想定と態度がない場合には、複数の経済領域における数量的価値体系が不整合のまま放置される。

小額面と高額面

貨幣制度の歴史を研究する黒田明伸は、交換レートが不整合のまま複数の通貨が錯綜しつつ流通することを「通貨の競存」と呼んでいる。黒田によれば、「通貨の競存」は、歴史的にも世界的にも頻繁に起こっている。むしろ複数の通貨がひとつの交換レートで両替され一律に合算されるほうがめずらしいほどだった。

二〇世紀はじめの中国の揚子江流域についてのある報告は、つぎのような記事を載せている。この地域の農民は、自分たちの生産物を売却するときに、買い手である商人が当時の相場で銅銭一三〇〇文相当の一元銀貨一枚を渡そうとすると、銅貨で一〇〇〇文を要求するというのである。（黒田 二〇〇三：一）

ここでは、銀貨と銅銭との交換レートに対する評価が商人と農民とで異なり、複数の基準が併存している。これは、商人と農民とでは、おもに使用する貨幣が異なっていたためである。

農民が交易する定期市などで交わされたのはもっぱら銅貨であった。したがって、彼らが、銀貨に対して、都市の両替相場よりもはるかに低い評価を与えていたとしても、何ら不思議はなかったのである。（黒田 二〇〇三：九）

都市と農村とで流通する貨幣が異なる理由は、貨幣の意味や計量に対する態度が、商人と農民とで違うからではない。黒田はこの点について、「手交貨幣（預金や信用ではなく、物理的にやりとりされる貨幣）は還流しない[18]」という特質を挙げ、貨幣そのものやそれが流通する空間の物理的条件が引き起こす、自然の成り行きとして説明している。

近代貨幣の相対化

ここまで、近代貨幣がある社会に浸透しているにもかかわらず、それが部分的にのみ流通し、また一元的に数量化されたはずの一般的な市場交換レートから逸脱するようなかたちでもちいられる事例を確認した。本来、経済や社会の価値体系をひとつの尺度で一元化すると考えられていた「近代貨幣」が、これほど変則的にもちいられるとなると、近代貨幣とはそもそも何なのだろうか。

西アフリカの経済を歴史的・人類学的に研究するジェーン・ガイヤー（Guyer 1995a）は、ある貨幣が「近代貨幣」であるかどうかは、相対的な基準によるものだとしている。ガイヤーは、西洋貨幣（植民地貨幣）を全目的貨幣とみなすことは誤りであると言う。植民地通貨は現地社会を均質化し、安定をもたらすことなどなかった。植民地通貨はまったく「近代的」ではなく、[19]むしろ西アフリカにおける多元的な通貨制度と一貫性なく結びつき、不安定な通貨の状況を生み出した（Guyer 1995b）。

ガイヤーによれば、近代貨幣を現実化させるには近代システム、とくに「賃金‐価格‐税」の一貫した結びつき（wage-price-tax nexus）が整った環境が必要である。[20]この結びつきは、西欧社会においては妥当に働き、フォーマルな経済活動を現実として成立させる（Guyer 2007）。その一方で、アフリカにおいて近代システムは「期待（expectation）」（Ferguson 1999）でしか存在しない。アフリカにおいて植民地政府は「賃金‐価格‐税」という構想（idea）だけはもたらしたが、それらの結びつきはちぐはぐで一貫性がほとんどなかった（Guyer 2007：193-196）。

ガイヤーによれば、アフリカにおいて「近代貨幣」が実現されるような場面は限られており、こうした環境下では、近代貨幣は本来の「構想」とは異なったインフォーマルな使われ方をする。こうしたインフォーマルな貨幣の使われ方は、とくに現地通貨の現金取引において顕著である。たとえば、ナイジェリアでは発行された通貨のうち少なくとも六〇％が二度と銀行に預け入れられることなく、取引のほとんどが実際の現金のやり取りを通しておこなわれる（Guyer 2004：3-4）。取引の現場では、対面的なやり取りがあり、商品の量を人が測り、状況に応じて価格が決められ、商品や現金が人の間を移動する。こうした具体的にやり取りをする文脈のなかで、交換にバリエーションや微妙な不均衡が生まれる（Guyer 2004）。フォーマルな経済領域が支配的でない環境では、近代貨幣をとおした交換も、一般的な市場交換とはズレたものになる。

4　ハイパー・インフレ下の多元的貨幣状況

ここまで、経済人類学のさまざまな事例をとおして、近代貨幣が浸透するなかでも多元的経済が維持されることを確認した。しかし、これだけではこうした事例が示す多元的経済と、通貨が急激に価値を失っていくというハイパー・インフレとがどのように結びつくのか分かりにくいかもしれない。ここからは、じっさいに高インフレ状況について調査した人類学の先行研究の報告を見ながら、ハイパー・インフレと多元的貨幣経済とのかかわりを示す。

経済学で未解決の問題

そのまえに、まず、ふたつのことを確認しておきたい。第一に、じっさいのハイパー・インフレとは、ある通貨が完全に信用を失い市場から消滅した時点のことではなく、あくまで通貨が信用を失っていく「過程」だということである。つまり、ハイパー・インフレは、ある通貨が信用を大きく失いながらも、その通貨を受け取る人がまだどこかにいるという「境界的」な状態である。第二に、現実の世界でハイパー・インフレが起きるのはあくまでひとつの通貨に限られており、貨幣全体の信用がなくなるわけではない。そのため、じっさいのハイパー・インフレ下では、経済学では「通貨代替」と呼ばれる現象が生じる。通貨代替とは、法定通貨はひとつであるにもかかわらず、何らかの理由でひとつの経済に複数の通貨が流通している経済現象をいう（酒井　一九九五：二四六）。現実の世界でハイパー・インフレが起きた場合、インフレを起こしていない他国の通貨（通常は米ドル）が市場に流入し、ふたつ以上の通貨が市場に併存することになる。

経済学において、じっさいのハイパー・インフレに関して「未解決の問題」とされるものがある。それは通貨代替を研究する経済学者ジョバンニーニとトゥルテルボームが、「超インフレが生じている通貨の非消滅性（the non-disappearance of hyperinflating currencies）」と呼んだ、次の問題である（Giovannini and Turtelboom 1994；酒井　一九九五参照）。つまり、ハイパー・インフレ下で、

（1）価値が下落しつつある自国通貨とともに、自然発生的に海外通貨（通常は米ドル）が流通するようになる。
（2）しかし、海外通貨が流通しているにもかかわらず、自国通貨は完全には消滅しない。

ジョバンニーニとトゥルテルボームはこの問題を「未解決の問題」とし、「その解決の手がかりとして自国通貨に対する何らかの法的な強制（legal enforcement）、あるいはある種の履歴現象（hysteresis-type phenomena）にあるのではないかと推察」した（Giovannini and Turtelboom 1994：409：酒井 一九九五：二四七）。

ジョバンニーニとトゥルテルボームが挙げるポイントのうち（1）を「複数通貨の併存」、（2）を「減価する通貨の非消滅性」と、本書では呼ぶことにする。じっさいのハイパー・インフレの貨幣現象を解明するには少なくとも、経済学的には説明しにくいこれらふたつの問題を解かなければならない。

高インフレと多元的貨幣状況

人類学の先行研究を見てみると、高インフレの経済状況下ではこの「複数通貨の併存」と「減価する通貨の非消滅性」が、多かれ少なかれ起きていることが見てとれる。たとえば、ソビエト崩壊後の一九九〇年代ロシアで調査をしたアラニア・レモン（Lemon 1998）は、モスクワにおける米ドルの流入について論じている。それによれば、モスクワにおいて米ドルは、とくにその色やかたちをとおして安定性や違法性といった両義的イメージを付与され、単なる経済的価値だけでなく社会的価値を帯びながら、現地通貨ルーブルとは質的に異なる通貨として人びとに受け入れられていた。

また高インフレ（ギャロッピング・インフレ[21]）下にあった一九八〇年代のイスラエルを調査した、ヴァージニア・ドミンゲス（Dominguez 1990）によれば、現地通貨シェケルではなく米ドルが「真の」価値尺度として暗にもちいられ、ときには米ドル自体が直接的な支払い手段としてもちいられた。ただし、シェケルが市場から完全に消滅するわけではなく、小口あるいは短期の取引の場合には、人びとは減価のリスクを覚悟のうえでシェケルをそのまま使いつづけた（Dominguez 1990：39）。

同じく高インフレにあった一九九〇年代末のロシアにある田舎町を調査したダグラス・ロジャース（Rogers 2005）は、ルーブルと米ドルとの併用について報告している。ロジャースによると、彼の調査地では、ルーブルと米ドルとには流動性と貨幣機能の違いがあった。米ドルはルーブルに比べて流動性（liquidity）が低く、交換手段としてもちいられることがあまりなかった。ここでいう流動性とは現金そのものではなく、あるモノや貨幣が容易にほかの財に交換できる交換可能性を意味する。米ドルの流動性がルーブルに比べて低かった理由のひとつは、町内の店の商品がどれもほとんど一米ドル以下で、現地の価格帯と米ドル紙幣（denomination）とが適合しないためだった。そのため、米ドルは支払い手段にはならず、おもに保蔵手段としてもちいられた（Rogers 2005：74）。ロジャースはこのように、複数の通貨のあいだで流動性の違いが生じ、それぞれが別々の機能を果たしながら併存しているようすを、「流動性の政治（politics of liquidity）」と呼んでいる（Rogers 2005：64）。

貨幣と並んで食べ物やモノが交換・支払い手段として使われる場合もある。先ほどのロジャースの調査地では、密造酒（*samogon*）も支払い手段の一種としてもちいられていた（Rogers 2005）。ロシアと同じく一九九〇年代末に高インフレ下にあったブルガリアの農村部で調査したバーバラ・セラリウス（Cellarius 2000）は、調査地ではジャガイモが交換手段となり、ワイン用のブドウ、野菜、食用油や砂糖など、ある程度決まった交換レートにしたがって、ほとんど何とでも交換できるようになっていたと述べている。これらの事例は、一見すると貨幣取引が物々交換に置き換えられるという、単純な「非貨幣化（non-monetization）」「貨幣システムの衰退」を示しているように見える。しかし、興味深いことにセラリウスは、ハンフリーとヒュー＝ジョーンズ（Humphrey and Hugh-Jones 1992）が示した物々交換の特性をふまえながら、物々交換を商品（貨幣）取引と贈与交換とのあいだ、ないしその両方の性格をもつものとして位置づけ（Cellarius 2000：74-76）、ジャガイモと通貨を連続的に論じている。このようにモノを「通貨のようなもの」と見なし、現地通貨とともに流通していると見なせば、彼らの調査地にもやはり「減価する通貨の非消滅性」と「複数通貨の併存」を確認することができるだろう。

インフレが高度に進んだ状況では、このように現地通貨が衰退し国民経済が迷走するなかで、グローバルからローカルにいたるさまざまな経済要素が、流動性や保蔵機能を付与されて利用され、多種多様な通貨（のようなもの）として流通し、活用される。そこでは、インフレによって機能不全を起こしている現地通貨も、使えるかぎりは使われつづける。こうして高インフレやハイパー・インフレの状況下では、複数の通貨（モノを含む）が「共約不可能性」や「流動性の政治」を鍵に、それぞれの機能や意味を差異化させながら併存するのである。

5　おわりに

本章で論じてきたことは、ハイパー・インフレは「経済の解体」ではないということである。経済学では、ハイパー・インフレでは貨幣に対する信用がなくなり、経済が成り立たなくなると考えられてきた。しかし、経済学のこのような議論では、「近代貨幣」（全目的的で全領域的な一元的貨幣）が前提とされている。

経済人類学では、このような一元的な貨幣や経済はあくまで経済全体の一部を構成するものだと考えられている。また、近年の経済人類学の議論では、たとえ西洋貨幣や植民地通貨が流入しても、土着の社会がもつ経済の多元性が失われることはないと論じられてきた。このように貨幣や経済を多元的にとらえれば、ハイパー・インフレは必ずしも経済の解体ではなく、一元的貨幣が著しく衰退し、多元的な貨幣状況が顕著にたち現れる状況だと考えることができる。

じっさいに、高インフレに関する人類学の先行研究を見てみると、インフレを起こしている通貨が市場に残りつづけ（「減価する通貨の非消滅性」）、同時に自国通貨を補うかたちで他国通貨やモノが市場に流入している（「複数通貨の併存」）ことがわかる。このように、ハイパー・インフレ下で見られる多元的貨幣状況を手掛かりに、ハイパー・インフレを近代経済とは異なる「もうひとつの」経済としてとらえ考察していくことは可能だろう。

次章からは、具体的にジンバブエの状況について見ていくことにする。

第1章　ジンバブエ「危機」――歴史背景と経済状況

前章で紹介したケーガンによるハイパー・インフレの定義（＝月率五〇％以上）にしたがえば、ジンバブエのハイパー・インフレは、二〇〇七年三月から二〇〇九年一月までの一年一一カ月間続いたことになる。この期間は、この国が二〇〇〇年前後から陥っていた深刻な政治・経済危機、ジンバブエ「危機」[1]の末期にあてはまる。一九八〇年の独立当初、ジンバブエはアフリカの穀物庫を誇り、高水準の教育と医療を達成し、白人と黒人の人種的融和を実現したと国として国際的に高く評価されていた。ところが二〇〇〇年以降になると、この国は深刻な政治暴力、外貨や物資、燃料の不足、極度のインフレと高い失業率、人口流出、公共サービスの質の低下など数々の問題を抱え、「破綻国家」「独裁国家」として知られるほどになった。

ジンバブエ「危機」とは何なのか、なぜこの国がこうした「危機」に陥ったのかについてはさまざまな見解がある。大きく見ればそれらの見解は、インターナショナル派とナショナル派とのふたつに分けられる（Moyo and Yeros 2007；Chiumbu and Musemwa 2012：xi）。ジンバブエ「危機」に関しては、これらふたつの対極的な見解が、ジンバブエ国内の野党と与党、欧米諸国とジンバブエ政府、また立場の異なる研究者たちのあいだで対立し、論争が繰り広げられてきた（cf. Jacobs and Mundy 2009；早川　二〇一二）。

インターナショナル派は、この国の問題をガヴァナンスの問題としてとらえ、ムガベ政権の独裁性や非民主的性格をそのおもな原因だと考える。こうした見方は、国内最大野党の民主変革運動（Movement of Democratic Change：

MDC）ばかりでなく、ＢＢＣやＣＮＮなど欧米系の国際メディアを通じて強力に流布されてきた（ex. Power 2003）。

これに対してもう一方のナショナル派は、ガヴァナンスの問題よりもむしろ土地の問題を重視する。ジンバブエには、植民地時代に築き上げられた白人優位の社会・経済構造が独立後も温存されてきた。とりわけその中核にあるのが不平等な土地配分である。ジンバブエ政府や政府系メディアは、植民地化の負の歴史について宗主国の責任を厳しく問いながら、政府の政策を繰り返し正当化してきた。また一部の研究者も、とりわけ二〇〇〇年の「急進的土地改革（Fast Track Land Reform：FTLR）」については、構造的不平等を是正するという意味で、ある種の民主化としての側面があると指摘してきた（吉國 二〇〇八、二〇〇九：Moyo and Yeros 2005：Mamdani 2009〔2008〕）。

ジンバブエ全域

しかしこうした論争のなかで示される対極的な解釈からは、どちらの立場にせよ、じっさいの現場で起きている複雑な状況を十分にとらえきれないことがある。そもそもジンバブエ「危機」については、当初からその複雑さが指摘されていた。たとえば、ハマーとラフトポウロスは二〇〇三年の論文のなかで、「危機」には複数の起源があり、少なくとも「土地と資源の分配の政治」、「国と国民の再構築」、「国家と法の再創造」といった諸問題が複雑に折り重なっていると述べている（Hammar and Raftopoulos 2003：5）。「危機」がさらに進行し、とくに本書で中心的にあつかう「危機」末期の二〇〇八年ごろには、日常生活自体がままならないほど問題が山積し、状況はよりいっそう説明困難で複雑になっていった。さきほどのハマーは、二〇一四年に出版したその後の論文集のなかで、二〇〇〇年代（後半）のジンバブエの状況をどう定義づければよいか、ふさわしい名前を見つけることは難しいと述べている[2]（Hammar

2014a : 3)。

ジンバブエ「危機」について、とくに本書があつかう二〇〇八年前後の「危機」末期について理解するには、まず当時の状況の複雑さを知る必要がある。そして言葉で言い表しにくい、その複雑な状況をどのような枠組みでとらえ、名づけ、説明するかが重要な課題となる。

こうした研究の背景をふまえ、以下では、ジンバブエ「危機」の歴史的背景と、「危機」下における政府の経済政策、「危機」末期の経済状況と人びとの生活戦略、「危機」末期の具体的な状況の推移について確認し、ハイパー・インフレの背景であるジンバブエ「危機」について概観する。

1 「危機」までの歴史

ジンバブエは、アフリカ南部に位置する内陸国である。南北をふたつの川にはさまれ、南はリンポポ川、北はザンベジ川が、それぞれ南アフリカ共和国とザンビアとの国境線となっている。また、西側はボツワナ、ナミビア、東側はモザンビークと国境を接している。国土面積はおよそ三九万平方キロメートル、人口は約一二〇〇万人[3]、人口全体のうち三五％が都市居住者とされる（CSO 2004 ; ZIMSTAT 2012）。農業、鉱業、製造業、サービス業と、産業が比較的バランスよく発達し、二〇〇九年のGDP比率は、流通販売業・ホテル業・飲食業（一四・八％）、運輸・情報通信業（一三・二％）、製造業（一三・一％）、農林水産業（一二・七％）となっている（ZIMSTAT 2013 : 2）。

国内の民族構成はアフリカ系黒人が九九％と大半を占め、ヨーロッパ系白人は一％足らずである（CSO 2002a ; ZIMSTAT 2012）。ジンバブエの白人入植者の比率は一貫して少なく、その数がもっとも多かった一九六〇年ごろでさえ六％、独立後の一九八二年には一・九％、九二年は〇・八％とさらに減少している（吉國二〇〇八 : 一三）。

アフリカ系黒人は言語によって細かい民族集団に分かれる。そのうち、とくに人口の多いものはショナ（Shona）

とンデベレ（Ndebele）である。ショナはジンバブエ人口全体の約八〇%、ンデベレは約一五%を占めている。ショナはもともと東アフリカ大湖地域から南下してきたバンツー系農耕民が、少なくとも紀元四〇〇年ごろまでにこの地に定住したのを起源としている（吉國 一九九九：三〇—三一）。いっぽうンデベレは、南アフリカのクワズール・ナタール出身者が、一九世紀初めにズールー人の襲撃から逃げるため、リンポポ川以南からこの土地へと北上し定住したのを起源としている（吉國 一九九九：一八三—一九〇）。現在、ショナ語は首都ハラレを中心に国内の広い地域で話され、ンデベレ語は第二の都市ブラワヨを中心に国の西南部で話される。これらの二大多数派民族集団のほか、少数派民族集団としてトンガ（Tonga）、ヴェンダ（Venda）などがいる。さらにショナ語には、ゼズル（Zezuru）語、カランガ（Karanga）語、マニカ（Manyika）語、コレコレ（Korekore）語、カランガ[4]（Kalanga）語などの方言があり、ショナはこれらの方言を基盤とした小グループに分けることもできる[5]。このように細かく説明すると複雑に聞こえるが、ジンバブエでは基本的にショナ語を覚えれば首都を含む国内の広い地域で通用する。こうした言語の状況は他のアフリカ諸国と比べてとてもシンプルである。

植民地化と独立——人種の隔離と対立

植民地化が始まる以前、現在のジンバブエにあたる地域は南西部のンデベレ国、北東部のショナ国、東部のマニカ国に分かれていた[6]。

この地で植民地化が始まったのは、一八九〇年のことである。南アフリカ・ケープ植民地の政治家だったセシル・ローズは、一八八八年、マタベレ国の王から武器弾薬と引き換えに鉱山採掘権を獲得した（ラッド協定）。その後、ローズは、ヴィクトリア女王からこの地を所有・開発・統治する権限を認める特許状を得て、「イギリス南アフリカ会社」を設立し、南アフリカから人員を募った白人遠征隊（「パイオニア・コラム」）を組織して植民地化を進めた。一八九〇年には現ハラレの地に砦（とりで）をつくりショナ国を占領し、その後マニカ国、一八九三年にはンデベレ国を植民地に組み入れた。こうしてイギリス南アフリカ会社は、ザンベジ川以南の地域（現ジンバブエ）、およびザンベジ川以北のれぞれの領土を南ローデシア、北ローデシアとした。

地域（現ザンビア）を統治した。ローズはこの地を「ローデシア（ローズの家）」と名づけ、ザンベジ川をはさんだそれぞれの領土を南ローデシア、北ローデシアとした。

イギリス南アフリカ会社による支配に不満をもったショナ人とンデベレ人たちは、一八九六年から九八年にかけて、武装蜂起をした。「第一次チムレンガ（first *Chimurenga*）」と呼ばれるこの戦いは、歴史学者テレンス・レンジャーらの研究によってよく知られている（ex. Ranger 1967：チャナイワ 一九八八）。黒人たちによるこの反乱は、イギリス帝国軍や義勇軍、南アフリカのアフリカ系黒人兵たちの援軍を得たイギリス南アフリカ会社によって鎮圧された。

ショナ人とンデベレ人による反乱を鎮圧すると、白人たちは本格的に植民地化をすすめた。その基本政策は南アフリカ連邦でおこなわれた人種隔離政策と同様のものだった。一九三一年には「土地配分法（Land Apportionment Act）」が施行され、国内の土地が人種別に配分された。こうして、国土の約半分にあたる農業に適した肥沃な土地を人口の一割にも満たない白人が所有し、人口の九割以上を占める黒人は土地の痩せた地方の原住民居留地（Native Reserves）、もしくは都市のアフリカ系黒人居住区（Location）に住まわされるという、不平等な土地構造が生まれた。（ただし、国土の一部には黒人が土地を購入できる原住民購入地域（Native Purchase Land）もあった。）

一九二三年、南アフリカ会社による統治が終了し、南ローデシアの統治権は「イギリス領南ローデシア自治政府」に移された。その後、一九五三年から六三年にかけて北ローデシア（現ザンビア）とニヤサランド（現マラウイ）と統合され「イギリス領ローデシア＝ニヤサランド連邦」となった。ローデシア＝ニヤサランド連邦は一九六四年に解体され、北ローデシアとニヤサランドが、それぞれザンビア、マラウイとして独立した。

一九六〇年代にはアフリカ諸国が続々と独立を果たしたが、南ローデシアには人種差別主義政策を掲げる政党「ローデシア戦線（Rhodesian Front：RF）」が誕生し、政権をとった。ローデシア戦線政権のイアン・スミス首相は、白人少数支配体制を維持したまま独立することを宗主国イギリスに認めさせようとした。イギリスがこの要求を拒むと、スミス首相は、一九六五年、白人少数支配体制を維持したまま「ローデシア」として独立させると一方的に宣言した（「一方的独立宣言（Unilateral Declaration of Independence：UDI）」）。しかし、イギリスをはじめ諸外国はこの独立を認めず、国連は「ローデシア」に対し経済制裁を課した。

ローデシア国内では、黒人ナショナリストたちが白人少数支配体制の打倒を目指して解放闘争を展開した。当時、国内にはふたつの解放組織があった。ひとつはショナを基盤とする「ジンバブエ・アフリカ民族同盟（Zimbabwe African National Union：ZANU）」、もうひとつはンデベレを基盤とする「ジンバブエ・アフリカ人民同盟（Zimbabwe African People's Union：ZAPU）」である。ZANUはおもに中国から、ZAPUはおもにソ連から支援を受けた。ZANUはザンビアとモザンビークに基地を置き、国境付近の農村部に住む小農たちと連携しながらゲリラ活動をおこなった（cf. Lan 1985）。この解放闘争は、一九世紀末の白人侵略者たちに対する初期抵抗になぞらえて「第二次チムレンガ（second *Chimurenga*）」と呼ばれた。ZANUとZAPUはのちに「愛国戦線（Patriotic Front：PF）」を結成し、統一の解放組織として政府勢力に対する武力行使をおこなった。

一九七〇年代半ばから解放闘争が激化するなか、ローデシアの独立問題はその後もイギリスだけでなくアメリカや近隣アフリカ諸国（「フロントライン諸国」）も交えて交渉が続けられた[7]。最終的に一九七九年九月、イギリスのランカスター・ハウスでの会議で和平協定が結ばれ、一三年間つづいた解放闘争が終わった。このときイギリスは、黒人多数派支配体制による独立と土地改革のための資金提供を確約した。それと同時に、白人の財産や権利を保護する規定を新憲法に盛り込み、愛国戦線側に受け入れさせた。具体的には、下院議員一〇〇議席数のうち二〇議席が白人議席として固定された。また、土地改革については独立後一〇年間、政府による土地の強制接収は許されず、土地の売却希望者と購入希望者（willing buyer, willing seller）とのあいだの市場取引を原則に進めると定められた。

一九八〇年二月におこなわれた下院選挙で、黒人八〇議席のうちジンバブエ・アフリカ民族同盟愛国戦線（ZANU－PF）が五七議席、愛国戦線ジンバブエ・アフリカ人民同盟（PF－ZAPU）が二七議席を獲得した[8]。これによりZANU－PF党首ロバート・ムガベを首相とする新政府が発足し、一九八〇年四月一八日、黒人多数派支配体制の国「ジンバブエ共和国」が誕生した。

独立以降――成長と低迷

独立から今日（二〇一四年）まで三〇年以上のあいだ、この国の実権を握るのは、ZANU－PF党首ロバート・ムガベである。彼は、当初は首相として一九八七年からは大統領として、一貫して政権の座にありつづけてきた。

独立後のジンバブエ政治・経済史は簡潔に次のようにまとめられる。人種の融和と経済成長、福祉の向上を目指した「希望」の八〇年代、構造調整計画の導入により貧富の格差が拡大した「痛み」の九〇年代、そして深刻な政治・経済危機に陥った「危機」の二〇〇〇年代である。

独立当初ムガベは、理念としては社会主義を掲げつつも急進的な変革はおこなわず、現実的な路線に沿って内戦後の社会再建を目指した。当初の基本政策となったのは「公平と成長（growth with equity）」という五年計画である。これは、それまで白人入植者が築いた大規模農業や鉱業を柱に資本主義経済を維持しつつ、土地収用（購入）と再入植、初等教育の無料化、福利厚生サービスの充実、公務員の黒人化、賃金の底上げなどにより、富を黒人に再分配し福祉の向上などを図るものである（吉國 二〇〇八：八六）。この計画は、とくに初めの二年間にはかなりの成功を収めた。たとえば、ユネスコは、一九八〇年から九〇年のあいだに小学校（primary school）と中等・高等学校（secondary school）の数が八〇％増加したと評価している。またWHOは、病院と診療所の建設、平均寿命の向上、子どもの予防接種の普及、母子死亡率の削減を達成したことなどを称賛した（Mlambo 2008：11）。

しかし、八〇年代末になると国は次第に財政難に陥り、一九九一年から九五年にかけては、IMFと世界銀行による経済構造調整計画（Economic Structural Adjustment Programme：ESAP）が実施された。ESAPは、市場経済を積極的に導入し、競争原理を利用して公共部門の合理化などを図るものである。しかし、他のアフリカ諸国でもそうであったように、ESAPは経済効果よりもむしろ負の影響が大きかった。政府補助金の廃止、準国営企業（Parastatal）の民営化、公務員のリストラ、価格統制の廃止、公共料金の値上げや受益者負担制度の導入などをした結果、インフレや不法居住者の急増、失業率と治安の悪化といった問題が生じ、都市部・農村部を問わず人びとの生活に大きな打撃を与えた（井上 二〇〇一：三一八―三一九）。なかでも都市貧困層は、公共サービスへの依存度が比較的高く、とくに深刻な影響を受けた。人びとの不満は募り、九〇年代後半には都市部を中心に、暴動やストライキが多発した（井上 二〇〇一：三三四―三四〇）。

とくにジンバブエの場合、ESAPでリストラされた公務員のなかには、かつて解放闘争で戦った元解放戦士たちが多数含まれていた[9]。ムガベ政権にとって重要な固定支持層である元解放戦士たちは、一九九七年七月から八月にかけて、恩給給付の遅滞について政府に激しく抗議した（吉國 二〇〇八：二〇）。一九九七年一一月、ムガベ政権は元解放戦士に対する恩給増加を決定した[10]。さらに一九九八年には、コンゴ民主共和国で起こった内戦に介入し、ルワンダから支援を受ける反政府勢力に脅かされたカビラ政権を支えるために一万人規模の軍隊を派遣するが、この派兵は、すでに逼迫していた国家財政をさらに苦しめた。これらのふたつの政策は、国内外からムガベ政権に対する不信を招くこととなった。元解放戦士たちに対する恩給給付が決定した直後、一九九七年一一月一四日、ZDの通貨価値が四時間で七四％下落した。この日は「黒い金曜日（Black Friday）」と呼ばれ、その後のインフレの始まりだと言われている（ex. Bond 2007 ; Raftopoulos and Mlambo 2009 : 219）。

「危機」の始まり

一九九七年から、ムガベ政権はそれまで棚上げにしてきた土地改革に本腰を入れる。ジンバブエの土地配分は、不平等な構造が温存されたまま、独立後二〇年間ほとんど改革されてこなかった[11]。独立直後の一〇年間は、先述のランカスター・ハウス協定により土地改革が市場原理に委ねられ、政府による土地の収用（購入）が十分には進まなかった。この一〇年が過ぎると、政府が白人農地を収用できるよう憲法が修正されたが、今度は土地改革に対するイギリスからの資金提供が滞った。九七年のブレア政権以降、イギリス政府は、ジンバブエ政府の税金浪費や政府高官らの蓄財を理由に、資金援助を停止した[12]。

二〇〇〇年二月、ジンバブエ政府は新憲法案を作成し、その是非を国民投票にかける。この新憲法案には、大統領の権限拡大、宗主国イギリスによる土地改革の資金提供、ジンバブエ政府による土地無償収用に関する項目が盛り込まれていた。

しかし、新憲法案は国民投票で否決された。この新憲法案について大々的に反対キャンペーンをおこなったのが、新政党のＭＤＣ（民主変革運動）である。ＭＤＣは一九九九年九月に誕生した政党で、労働組合や白人、学生らが中心となって結成された。ＭＤＣは新憲法案を否決にもちこむと、その後二〇〇〇年六月の国会議員選挙では議席数五七議席（四七％）を獲得し、与党ＺＡＮＵ－ＰＦの存在を脅かすほど有力な野党となった。このＭＤＣの誕生と大躍進を機に、国内政治は与野党間の争いが激化した（平野 二〇〇〇：壽賀 二〇〇一）。

一方、新憲法案の否決直後、元解放戦士たちはこの結果を不服とし、白人の所有する農地へ不法侵入した。しかし、ムガベ政権は、元解放戦士たちによるこの農地占拠を放任した。二〇〇〇年七月にはついに、急進的土地改革（ＦＴＬＲ）を決行し、白人大規模農場の土地を強制収用した。政府発表によれば、このＦＴＬＲで二〇〇〇年七月から二〇〇二年八月のあいだに、一一〇〇万ヘクタールの土地が、三五万戸の小規模農家と五万四〇〇〇戸余りの商業農家に分配された[13]（吉國 二〇〇八：六）。

イギリスをはじめとする欧米諸国は、ＦＴＬＲを所有権や人権を無視した非人道的政策だとして強く批判した。二〇〇二年、ＥＵ、アメリカ、オーストラリアはジンバブエに対して制裁（政府要人の渡航禁止、資産凍結）を課した。また、イギリス連邦は同年三月に行われた大統領選挙で不正行為が見られたことを理由にジンバブエを一年間の資格停止処分にした。二〇〇五年には、アメリカがジンバブエを「圧政の拠点（outposts of tyranny）」に指定した。

一方、ムガベやジンバブエ政府は、欧米諸国の反応を「植民地主義」「帝国主義」として非難し、対立姿勢を貫いた。二〇〇三年にはイギリス連邦を脱退し、中国、イラン、キューバなどと国交を深めていった。国内の治安や政治・経済状況はみるみる悪化した[14]。ＦＴＬＲ後、それまでの農業構造の解体と干ばつの影響で、農業生産高が落ち込み、食糧を他国から輸入するようになった。また欧米諸国からの訪問客が半減、近隣のアフリカ諸国からの訪問も七八％減少し（Mlambo 2008：18-19）、重要な外貨獲得手段であった観光業もダメージを受けた。しかし財政難のなかでも、政府は銀行や民間会社への融資を続け、ジンバブエ準備銀行（Reserve Bank of Zimbabwe：RBZ：以下、中央銀行）に紙幣を刷らせてこの資金をまかなったため、インフレは加速度的に昂進した。

「危機」がピークに達したのは、二〇〇八年から二〇〇九年初めにかけてのことだった。この時期はちょうど私がジンバブエに滞在し、長期調査をおこなっていた期間の後半にあたる。そのおもなきっかけは、二〇〇八年三月二九日におこなわれた大統領選、上下院選、地方選の統一選挙である。上下両院の議員選挙では、野党MDCが過半数を取り、はじめて与党ZANU－PFに勝利した。大統領選挙でも、MDC（－T）[15]候補モーガン・ツャンギライが票率四七・九％を獲得し、ZANU－PF候補ムガベの四三・二％を上回った。[16]しかし候補者全員が得票率五一％を上回らなかったため、大統領選は決選投票にもちこまれた。六月二七日の決選投票では、ムガベが八五・五％と飛躍的な得票率の伸ばし方で圧勝し、五期目の大統領に再選された。対立候補のツャンギライが、支持者に対する政治暴力の深刻さを懸念し、投票日直前に選挙戦を棄権していたためだ（壽賀 二〇〇九）。

イギリスをはじめとする欧米諸国は、二度の大統領選挙における不正行為を批判し、経済制裁をさらに強めた。二〇〇八年七月には、国連安全保障理事会でジンバブエに対する経済制裁の決議案が採決されたが、ロシアと中国が拒否権を行使しこれは否決された。アフリカ連合（African Union：AU）や南部アフリカ開発共同体（Southern African Development Community：SADC）は、ジンバブエに対し、与野党合同による連立政権の発足を要請し、同年九月には、与野党間で統一政府を発足することが合意された。しかし、組閣人事の決定が難航し、政府機能はついに麻痺状態に陥った。

この時点でインフレ率は年間二億％を超え、物資不足、現金不足、断水・停電が常態化していた。さらに一二月にはコレラが蔓延し一〇〇〇人以上の死者が発生した。二〇〇八年一二月三一日付の『朝日新聞』国際面に掲載された記事は、次のようないくつもの見出しで飾られている。「ジンバブエ　インフレ年二億三一〇〇万％」、「パン一斤二五億Zドル　一日で倍」、「給料紙くず　教師やめた」、「独裁政権　失政と腐敗」、「生ごみ・汚水・コレラ」。

二〇〇九年二月、「危機」はひとまずの区切りを迎える。与野党間の長い協議の末、「国民統一政府（Government

of National Unity : GNU)」が樹立され、MDC(-T)党首のツァンギライが首相に就任し、大統領との権力分担が約束されたのだ。これとほぼ同時に「複数通貨制」が導入され、国内経済が公式に外貨化されたことでハイパー・インフレは終息した。

2 「危機」下の経済秩序

公式経済と非公式経済との抗争

二〇〇〇年以降、国内の経済状況がみるみる悪化していくなか、政府は独自の政策を推し進め、「理想」の経済秩序を作ろうとした。政府は警察や軍隊を動員し、さまざまな経済資源の流通や価格を厳しく管理する。そしてその取締まりにはときに激しい暴力がともなった。

しかし、政府が「理想」とする経済体制は、一時的あるいは局部的にしか現実化しなかった。なぜなら、政府の打ち出す経済政策のほとんどは、経済合理性を伴っていなかったからである。政府が要請する合法的な経済活動では採算が取れないため、人びとは政府の取締りをかいくぐり非公式なかたちで物資を取引した。

ジンバブエ「危機」下の経済ではこのように、政府が作り上げようとする公式経済・正規市場と人びとがその外部に発生させる非公式経済・闇市場とのあいだで抗争が繰り広げられていた。以下では、こうした抗争について、①農作物、②外貨、③鉱物、④都市部インフォーマル・セクター(商業スペース)、⑤生活必需品、⑥現金(ZD)の例を見ながら確認する。

①農作物

ＦＴＬＲ後、主食となるトウモロコシと小麦の生産量が大幅に減少した。一九九〇年代の平均と比べると、国全体の生産量はもっとも低い時期で、トウモロコシ（二〇〇七～八年）が三・五割、小麦（二〇〇八～九年）は二割にも満たないほどに落ち込んだ（Scoones et al. 2010 : 148–152）。

政府はこれら農作物の生産強化を図り、中央銀行から種子と肥料の購入資金を融資した。また、これら農作物の流通・販売も政府が管理し、収穫された農作物は穀物販売公社（Grain Marketing Board : GMB : 以下、公社）によって固定価格で買い取られた。しかし、種子と肥料へのアクセスは政府高官らの関係者や村落首長など一部の人に限られた。その結果、種子と肥料は闇市場に流され、高値で売買された。また、公社による農作物の買取り価格は、種子と肥料のコストを回収できないほどに低かった。そのため、農民たちはさまざまな方法（トラック運転手への販売、農場労働者への賃金など）で農作物の公社への販売を回避し、農作物を国内外の闇市場に流通させた（Scoones et al. 2010 : 151–152）。

政府当局は、政府の方針に反する流通を厳しく監視し、とくに選挙期間中には、武装した青年たちを動員し農家から農作物を押収までした。

②外貨

政府は、外国為替相場を管理し、外貨の売買を規制した。二〇〇二年一一月には、国内すべての両替所（Bureaux de Change）を強制閉鎖し、外貨両替業務は銀行窓口のみに統一した（Mawowa and Matongo 2010 : 326）。

しかし、一般顧客が銀行窓口で外貨を買うことはできなかった。なぜなら外貨は食糧輸入などの緊急予算に優先的にまわすという名目で、政府が一般市場に流出させなかったためである。国外の金融機関でもＺＤの取り扱いは停止されており、ＺＤを国外で外貨に両替することもできなかった。

政府の定める公定レートは実勢レートと大きくかけ離れ、ＺＤが異常に高く評価されていた。たとえば、二〇〇七年二月一九日の公定レートは一米ドル＝二五〇ZD、闇両替レートは一米ドル＝五一〇〇ZDと、その間には二〇倍もの開きがあった。そのため、銀行の公定レートで外貨を両替する人はほとんどいなかった。

こうした事情から、外貨は闇市で非公式に取引されるのが一般化した。警察は、外貨の闇取引を厳しく取り締まった。二〇〇八年になると、中央銀行は五月一日から為替相場を自由化し、また一〇月からは一部の商業施設での外貨決済を認めるライセンス制外貨化を導入するなど、外貨に対する規制を急速に緩和した。しかし、外貨を銀行で購入することは依然としてできなかった。外貨の流入過程については、第五章「外貨」で詳しく述べる。

③都市部インフォーマル・セクター（商業スペース）

二〇〇五年五月、政府は警察を動員し、都市部のハイデンシティ（元アフリカ系黒人居住区）にある不法建造物や露店などを強制撤去させた[17]。この政策は、英語では「秩序回復作戦（Operation Restore Order）」、ショナ語では「ゴミ一掃作戦（Operation *Murambatsvina*）」と名づけられ、人びとのあいだでは「ツナミ（Tsunami）」という名で記憶されている。政府の説明によると、この政策は、露天商、外貨の違法取引、不法占拠地区、違法建造物を一掃し、都市部の治安、衛生、法的秩序を回復することが目的であった（Potts 2006 : Musoni 2010）[18]。

このように政府は「違法」な経済活動を取り締まったが、当時ジンバブエの失業率は非常に高く[19]、インフォーマルな経済活動は都市住民たちにとってほとんど不可欠の収入源だった。露天商や人びとは、強制撤去の被害を受けた後も、商品を隠し持ちながら路上に立ち、警察の目を逃れながら商売を再開した（Musoni 2010）。

④鉱物資源

二〇〇六年一一月、政府は鉱物資源の不法採掘者たちの厳しい取締まりをおこなった（「不法採掘終了作戦（Operation *Chikorokoza Chapera*）」）。鉱物資源は大統領の管理下にあるため、採掘するには公的な鉱業許可を取得し、環境評価書を当局に提出する必要がある。鉱区に派遣された警察が違法採掘者を逮捕し、環境評価書提出のない零細鉱業社を営業停止にした。三カ月足らずのあいだに全国で約二万八〇〇〇人が逮捕され、五億八〇〇万ZD相当の金（三一・八キロ）と二二億ZD相当のダイヤモンドが押収された（*Herald*, January 31, 2007）。しかし、その後も違法採掘は続けられた。二〇〇八年一〇月、政府はモザンビークとの国境付近に位置するダイヤモンド鉱区に軍隊を派遣した（「戻るな作戦（Operation *Hakudzokwi*）」）。

⑤生活必需品

二〇〇七年六月二五日、政府は厳格な価格統制を大々的におこない、全国の小売店・卸売店などに対し商品を一週間前（＝六月一八日）の価格、つまりおよそ半額の価格に戻すことを命じた（「値下げ作戦（Operation *Dzikisai Mitengo*）」）（cf. Jones 2010a）。警察や軍部、国税局の幹部らが価格監視団として店舗や企業本社をまわり、価格の吊り上げや売り渋りを摘発し、経営者らを逮捕した[20]。価格統制は二〇〇〇年以降、パンや砂糖など一部の生活必需品を対象におこなわれていたが、ここまで大々的におこなわれることはなかった。インフレは一時的に終息し、七月から九月までの三カ月間、月間インフレ率は五〇％を下回った。値下がりした商品を買おうと人びとが店に殺到し、店の前には入店するための順番待ちをする客が長い行列をつくるほどだった。

しかし、八月にはほとんどの商品が店頭の棚から姿を消した。明確な数字は分からないが、価格統制後、必需品の国内生産量は激減した。また、商品が生産されても国内の闇市場で売られるか、輸出されたとも言われている。いずれにせよ、従来の流通経路が大幅に変更され、必需品は大手スーパーなどの店頭にはほとんど並ばなくなった。九月には統制価格が見なおされると同時に監視体制が弱まり、店頭には輸入品を中心に商品が少しずつ戻りはじめた。しかしインフレが再発したうえに、肝心の生活必需品は依然として店頭に並ぶことはなく、必要なものがあればあちこちの店を探しまわり、人に尋ねまわって買わなければならなくなった。その後、生活必需品を南アフリカなどから輸入・販売する人びとが急増し、生活必需品の闇市場（個人の家やある程度決まった場所）がしだいに確立されていった。

2007年６月18日と６月24日の商品価格　（ZD）

	6月18日	6月24日
食パン1斤	22,000	45,000
小麦粉（膨らし粉入）２kg	66,000	120,000
トウモロコシ粉10kg(細粒)	85,000	130,000
トウモロコシ粉10kg(粗粒)	41,500	41,500
食用油２L	250,000	420,000
食用油750ml	90,000	240,000
塩２kg	86,000	180,000
グラニュー糖２kg	33,940	70,000
イースト125g	65,000	115,000
飼料５kg	97,000	200,000
タイヤ 670-14 8PR	1,134,993	2,600,000
タイヤ 900-20 14PR	3,472,781	9,000,000
トウモロコシ種子10kg	47,100	97,000
牛乳500ml	27,180	30,000
牛乳（滅菌、長期保存）	32,970	45,000
肥料50kg “AN”	500,000	1,200,000
肥料50kg “D”	450,000	1,000,000
セメント50kg	300,000	800,000
牛肉（１kg）	120,000	355,000
浴用石鹸（250g）	65,000	190,000
希釈用ジュース（２L）	120,000	600,000
ガソリン（１L）	60,000	180,000
ディーゼル（１L）	55,000	170,000
新聞（政府系日刊紙）	15,000	25,000
新聞（政府系日曜新聞）	25,000	35,000
バス運賃0〜10km	8,000	30,000
10.1〜20km	10,000	40,000
20.1〜30km	15,000	80,000
30km 以上（1kmごと）	500	2000
【参考】1米ドル闇両替レート	160,000	150,000

（*Herald*, June 26, 2007より作成。
米ドル闇両替レートは筆者挿入。）

⑥現金（預金封鎖）

二〇〇八年六月ごろから、国内では現金不足が問題となった。現金不足の問題はそれまでにも単発的に発生していたが、この二〇〇八年の場合は深刻なレベルで半年以上続いた。これは、三月におこなわれた大統領選後、ＥＵがジンバブエに対する制裁を強化した影響で、長年ＺＤを供給してきたドイツの印刷会社（Giesecke and Devrient社）がＺＤ紙幣の印刷を中止したためだとされている（cf. RBZ 2008 : *IRIN*, August 4, 2008）。それ以降、ＺＤは物資や燃料の不足するなかジンバブエ国内で印刷されるようになった。

中央銀行は個人や法人が市中銀行で一日当たりに引き出すことのできる上限金額を、（実質的に）それまでにないほど極端に低い金額に設定した（「預金封鎖」）。

給与所得を生活の基盤とする一般の公務員やサラリーマンたちは、毎日、朝から銀行前の長い行列に並び、自分の月給を小額ずつ引き出した。いっぽうで、銀行関係者らは職権をもちいて一般とは異なる非正規ルートで現金を入手した（第4章参照）。

3 「危機」末期の生活戦略

政府が規制を厳正化すればするほど、結果的に「公式経済」や「正規市場」は衰退し、国内の経済は次第に非公式経済が担うようになっていった。とくに「危機」の末期にあたる二〇〇八年には、政府による数々の経済政策によってすでに問題が折り重なっていたところに、極度のハイパー・インフレ、現金不足、選挙キャンペーンでの政治暴力、政府機能の麻痺などの問題が覆いかぶさり、経済のフォーマル部門はほぼ崩壊し、本来「まとも」とされる経済活動はほとんどできないような状態だった。

都市部と農村部

従来の経済構造が崩壊し、状況が大きく変動していた二〇〇八年頃の経済状況下において、人びとはどのように生活を成り立たせたのか。ここからは、私と同じく二〇〇八年前後にジンバブエで調査をした研究者たちの報告をもとに、当時の状況を具体的に確認したい。この時期に人びとがとった生活戦略や対処法については、いくつかの研究報告がある（ex. Moyo 2010 ; Zvikomborero and Chigora 2010 ; Mukwedeya 2012 ; Duri 2012 ; Mutami and Chazovachii 2012 ; Tawodzera 2012; Chagonda 2011）。それらのおおまかな内容は、次のようにまとめられる。

ａ．国外移住した家族からの国際送金

b．インフォーマルな経済活動（零細商売、越境貿易、副業や内職など）
c．農村部と都市部の互酬的交換（農村部からの食料提供、都市部からの送金や肥料・種子の提供など）
d．その他、都市部の空き地での農業、食事（回数）の減量、野生食物の摂取など

ここではタテンダ・ムクェデヤ（Mukwedeya 2012）によるハラレのハイデンシティに関する報告と、ジコンボレロとチゴラ（Zvikomborero and Chigora 2010）による農村部に関する報告を確認してみよう。

ムクェデヤは、二〇〇八年六月と七月にハラレ市内のハイデンシティのひとつであるグレンノラ（Glen Norah）に住む世帯の生活戦略について、とくに国際送金に注目して調査した。[21]それによると、仕送りを受領している世帯のうち六七％は二名以上の家族から国際送金を受けていた。[22]送り元は、南アフリカ（五六％）とイギリス（二七％）が大半を占める。南アフリカからは月二〇〇〜一〇〇〇ランド（当時のレートは、一ランド＝約〇・一米ドル）、イギリスを含む先進国からの平均送金額は月四〇〇米ドルだった。南アフリカからは送金額が低いが、現金より物資の仕送りが多く、平均月四〇〇〜二〇〇〇ランド相当の物資が送られていた。送金の使い道は、食料の購入がもっとも多く、そのほかは教育費、医療費、家賃などである。[23]

国際送金以外の生活戦略としては、越境貿易や国内のインフォーマルな経済活動がある。越境貿易は、そのとき国内で需要のあるさまざまな商品を、南アフリカをはじめボツワナやザンビア、モザンビークなどから仕入れて販売する。この「危機」末期にあたる二〇〇八年の時期にとくに需要が高かったものは、食用油と洗濯石けん（一キロずつ棒状になっているもの）だった。

国内のインフォーマルな経済活動には、職場での内職や零細商売、個人で請け負うさまざまな仕事などがある。零細商売は、たとえば「スプーン・ビジネス」である。[24]これは、砂糖や塩、小麦粉などを路上や玄関先で、スプーン一杯単位で売るものである。個人的に請け負う仕事では自家製ピーナッツ・バター（ジンバブエでは日常的な食べ物）を売ったり、下水道修理を個人的におこなったりする。

国際路線バス　商品運搬料（ハラレ～メッシーナ（南アフリカ国境都市））

商　品	運搬料
電子レンジ, パン焼き器, 扇風機, フライパン, 電気コンロ（2口）	R150
冷凍庫（300L以下） 冷凍庫（380L以下） 冷凍庫（380L以上）	R350 R450 R500
ダブルベッド ソファ3点セット 食卓テーブルとイス 台所4点セット 電気コンロ（4口）	R500 R650 R450 R500 R500
テレビ（21インチ以下） テレビ（21インチ以上）	R250 R350
冷蔵庫（300L以下） 冷蔵庫（380L以下） 冷蔵庫（380L以上）	R350 R450 R500
洗濯石鹸バー1箱 ジュース（24本） トウモロコシ粉（12.5kg） トウモロコシ粉（50kg） ドア枠, 窓枠	R40 R30 R20 R80 R50
往復切符R400, 荷物30kgまで無料 荷物超過料R4/kg	

（バス会社窓口の掲示書類から作成）

※バスに乗せる荷物は, 一人30kgまで無料。ただし, 荷物が重量制限以内でも, 表中の商品を運ぶ場合は, バスの運転手に指定の「運搬料」を支払わなければならない。
Rは, 南アフリカ・ランド。レートは, 1ランド＝約12円。

南アフリカで買ってきた日用品

そのほかの生活戦略として、農村部に住む親族との互酬的交換がある。都市居住者は農村部の親族に対し現金や肥料などを提供し、慣例的にその返礼として村から食料が送られる。なお、都市部でも、自宅の庭先や近所の空き地で青菜やサツマイモなどを育てている場合がある。

次に農村部の生活戦略について見てみよう。ジコンボレロとチゴラは二〇〇七年と二〇〇八年、ハラレから北東に二〇〇キロほど離れたマウント・ダーウィン（Mt. Darwin）における食料危機への対処法について調査した。この地域では、天候不良と政府の経済政策の影響（肥料不足）により、二〇〇七年から二〇〇八年にかけて農作物の収穫量が減少していた。

この農村部では食糧危機の際、まず人びとは野生の果物や植物の根や豆を非常食として摂取した。また、自宅付近に自生するこれらの食物を近隣住民に採られないよう管理を厳しくした。経済活動としては、国内での農作物や小家畜、果物、薪などの販売、越境貿易などがある。そのほか、都市部からの送金、砂金の違法採掘、売春、窃盗、食事の減量も生活戦略として挙げられている。

賭けとしての生活戦略

このように、「危機」が深刻化した二〇〇八年ごろの厳しい経済状況下において、都市部・農村部ともに多彩な生活戦略がとられていた。

しかし、このような戦略をただ挙げるだけでは、二〇〇八年の経済状況を十分に説明したことにならない。なぜなら、こうした生活戦略は、二〇〇〇年代前半の時期にも、九〇年代のＥＳＡＰの時代にも、経済的困難を乗り切るためにもちいられてきた「常套手段」だからである（ex. Muzvidziwa 2001）。

二〇〇八年の状況に関してとくに注意したいのは、常套手段であるはずのこうした生活戦略が政府の経済政策や情勢変化の影響を受け、脆弱化していたという点である。そのことは、先に確認したふたつの研究報告からも見てとれる。たとえば、ムクェデヤによるハラレの調査では、南アフリカからは現金よりも物資の仕送りが多いことが指摘されていた。これには、前年の二〇〇七年六月末の価格統制が関係している。価格統制の以前まで、海外からの仕送りは、外貨（現金）でも物資でも同じように機能していた。しかし価格統制後には国内で生活必需品が不足し、仮に十分な現金や外貨を持っていても、商品自体が見つからず入手できないことがあった。また、たとえ商品の売り手を見つけられても、闇市では必需品の価格が国外市場の二〜三倍以上の高値で取引されていたため、国内の闇市で必需品を購入するために外貨を使うのは不経済だった。外貨は国内よりも国外で使用する方がずっと意味があり、仕送りでは外貨よりもむしろ物資の方が重宝された。二〇〇八年にはこのように、ただ仕送りを受けるだけでなく、それが外貨なのか物資なのか、外貨の場合はその外貨をいかに使用するかが重要な問題となった。

またジコンボレロらが報告した農村部の事例でも、同じ農作物を栽培した場合、二〇〇七年と二〇〇八年とでは大きくその意味が異なることが指摘されている。二〇〇七年には、換金作物としての綿花栽培は十分な生計手段となり得た。しかし、二〇〇八年の場合には綿花栽培はほとんど生計の役に立たなかった。これには二〇〇八年のインフレの激化と深刻な現金不足が関係している。ある農家は綿花を売って小切手を受け取ったものの、現金不足でただちにそれを現金化することができず、右往左往しているうちに何の利益も得られなかったという（Zvikomborero and Chigora 2010 : 12）。また、インフレと現金不足の影響で都市部からの送金が難しくなる一方で、二〇〇八年六月から九月には政府によってＮＧＯの活動が停止され、村落部を中心におこなわれていた国際ＮＧＯによる食糧支援がなくなった（Zvikomborero and Chigora 2010 : 15–17）[25]。こうした都市部と農村部の状況の変化から、二〇〇七年まではうまく機能していた農村と都市とのネットワークは、二〇〇八年にはそれほど有効に機能しなかった。かわりに越境貿易や密輸などによる国際的なネットワークが重要となった（Zvikomborero and Chigora 2010 : 20）[26]。

このように、政府が新たな政策を発表し、状況が変転するたびに、それまでの生活戦略が影響を受けた。ある選択が戦略として長く機能するかどうかは不確定で、賭けのような一面があった。

4 「危機」末期の複雑さ

本章冒頭で紹介したハマーは、二〇〇〇年代後半のジンバブエの経済状況について、どう定義づければよいか、ふさわしい名前を見つけることは難しいと述べた。それは、ここまで見てきたように、通常の経済が成り立たない状況を指していると思われる。ここでもやはり、私と同じ時期にハラレで現地調査をした若手の人類学者・社会学者が、当時の状況についてどのように説明しているか、確認しておこう。

階級の崩壊と個人主義・生存主義

ジンバブエ人の社会学者タピワ・チャゴンダは、二〇〇八年のジンバブエでは、従来の社会構造が事実上崩壊し、労働者たちが「個人主義（individualism）」と「生存主義（survivalism）」にもとづいて行動するようになったとしている。チャゴンダは、二〇〇八年首都ハラレの労働者階級を対象に、彼らの労働と生活実態について調査した（Chagonda 2011）。労働者たちの生計は、雇用先からの給料ではなく、さまざまな副業やインフォーマルな経済活動に支えられていた。たとえば、公務員は休暇中ビザなしで南アフリカへ入国できたため、教師たちは休暇をとって越境貿易に出かけ、国内では入手困難な生活必需品を輸入販売した。あるいは、個人的に家庭教師をしたり、外貨の闇両替などに従事したりした。いっぽう工場労働者たちは、休み時間に携帯電話のプリペイド・カードやタバコ、野菜などを売って窮状をしのいでいた。労働者たちのなかで、この時期に給料だけで生活できたのは、現金の入手に融通の利く銀行員だけである。チャゴンダはあくまで正規雇用の労働者たちを研究対象として調査したが、彼の報告からは、その実態がいわゆる「低所得者層」や「貧困層」とほぼ変わらず、当時のジンバブエにおいて「労働者階級」というものが名ばかりだったことが分かる。九〇年代、労働者たちは経済苦境を組合主導のデモや団体交渉などをとおして乗り越えようとした。しかし、二〇〇〇年代後半には経済苦境に対する彼らの反応は「個人主義」的かつ「生存主義」的なものとなり、労働者たちの非組織化が進んだ。

キヤキヤ経済

二〇〇七年前後に、ハラレ郊外のチトゥングィザ（Chitungwiza）に住む若者たちの経済活動について調査したアメリカの人類学者ジェレミー・ジョーンズは、二〇〇八年のジンバブエ「危機」末期の経済を「キヤキヤ経済（*kukiya-kiya* economy）」と呼んでいる（Jones 2010b）。「キヤキヤ」とはもともとはショナ語のスラングで、「理想的な水準からは程遠いけれど、なんとかやっていける」、「その場しのぎ」といった意味を指す。またこの言葉は、ＥＳＡＰ下の九〇年代になると、当時女性たちのあいだで広まった、家計の足しのためにおこなうインフォーマルな零細経済活動、たとえば道端でおこなう露天商や近隣諸国を行き来する越境貿易などを指すようになった。

しかし二〇〇八年のキヤキヤ経済は単なるインフォーマル経済と同義ではない。二〇〇八年にはインフォーマルな経済活動（ときには倫理的逸脱行為を含む）は、もはや女性たちによるものでも周辺的なものでもなく、それこそが国全体にとって主要で不可欠なものとなっていた。キヤキヤ経済とは、このように経済構造が著しく変容してしまった状態であり、そのインフォーマル化の範囲や度合は、現地の人びとの目から見ても常識をはるかに超えてしまっていた。キヤキヤ経済は、たしかに「危機」を生きぬく人びとのたくましさを表すものだが、それと同時に、本来あるべき状態から「逸脱（displaced）した」（Jones 2014）状況に対する、妥協や葛藤の産物でもある。

「最近」

二〇〇六年から二〇〇八年にかけてハラレの都市貧困層について調査をおこなった人類学者のシャノン・モレイラは、ジンバブエの人びとが日常的にもちいる「最近（*mazuva ano*）」という言葉の重要性を指摘している（Morreira 2010 : 352）。ハラレの人びとは、「最近は」とよく語る。「最近は、モノが本当に高い」、「最近は、店にモノがない」、「最近は、学校に先生がいない」、「最近は、電気がある」などである。この「最近」という言葉には、その状況がそれまでの状況と異なることを示すと同時に、今後も状況が変化するかもしれないという不確実さが込められている。

5 「危機」末期の状況変化

ここまで、ジンバブエ「危機」の歴史的背景、政府の経済政策、人びとの生活戦略を確認しながら、本書で取りあげるハイパー・インフレ当時の経済状況がいかに複雑か見てきた。最後に、ジンバブエ「危機」末期およびハイパー・インフレ期を中心に、具体的な経済状況の変化を、時系列にまとめておく。詳細については本文で説明する。

二〇〇七年以前：売れ残り品を買う　インフレ率が月率五〇％を超える以前の状況では、インフレ下でも店内でうまく「売れ残り品（old stock）」を見つけられれば、安い買物ができた。売れ残り品は、商品の質に問題があるわけではなく、むしろ上質の商品がずいぶん前に付けられた「古い」価格のまま、棚の隅の方の目立たない場所に置かれている場合が多い。ある店に売れ残り品がなくても、別の店で同じ商品が売れ残り品として古い価格のまま売られていることもある。このような売れ残り品を偶然見つけると、友人は「これがジンバブエの買物の仕方だ」と幸運を自慢しながら買っていた[27]。

二〇〇七年五月：売れ残り品が消える　五月頃から、物価の上がり方が急速になり、店には「売れ残り品」が見当たらなくなった。店の商品にはつねに「新しい」（＝高い）価格がつけられ、どの店も価格差はほとんどなく、一様に高かった。

二〇〇七年六月末：価格統制　六月二五日、政府が厳しい価格統制を実施した（「値下げ作戦（Operation *Dzikisai Mitengo*）」）。小売店や卸売店は、すべての商品を約半額で販売するよう命じられた。インフレが一時的に緩和し、七月から九月までの三カ月間、月間インフレ率は五〇％を下回った。安くなった商品を買おうと、人びとが店に殺到した。

二〇〇七年七月〜八月：生活必需品、消える　商品価格が下がる一方で、店内からは商品が消えていった。食用油、米、トウモロコシ粉、肉、牛乳、マーガリン、砂糖、塩などの生活必需品がたちまち店からなくなった（二〇〇七年七月三〇日）。

二〇〇七年九月：生活必需品不足　価格統制の監視体制が弱まり、商品が少しずつ店頭に戻りだした。インフレが再発した。それでも生活必需品は、依然として店頭には並ばない。生活必需品を買うときは知人などに聞きあちこち探しまわるようになる。

二〇〇七年一一月：現金不足　闇市での生活必需品の売買が多くなり、現金不足が問題になる。銀行のATM前には長い行列ができる。一時的に、闇両替レートが現金レートと預金レートに二重化し、ZDの現金が預金よりも二倍高い価値で取引された。（後述「二〇〇八年六月」および第4章参照）。

二〇〇八年三月：現金と必需品不足の改善、統一選挙　選挙前のため、現金不足と物資不足が一時的にやや改善される。（三月二九日、大統領選、上下院選、地方選の統一選挙がおこなわれ、上下両院の議員選挙では、野党MDCが過半数を取り、大統領選は決選投票に持ち込まれた。）

二〇〇八年五月：自由為替相場制　中央銀行が為替相場制を自由化する。銀行の正規レートと闇レートの格差が一時的にほとんどなくなるが、一カ月後には再発した（第5章参照）。

二〇〇八年六月：必需品不足、現金不足と預金封鎖、大統領選決選投票　大手スーパーマーケットの棚から、ほとんど商品がなくなる。現金供給不足が深刻化し、銀行からの現金の引き出しが厳しく制限される（「預金封鎖」）。預金が通常どおり使用できなくなったため、闇両替の交換レートは、預金レートと現金レートとに分かれ、現金が預金よりも大幅に高い価値で取引された（第4章参照）。（六月二七日、大統領選決選投票でムガベが圧勝し、五期目の大統領に再選される。）

二〇〇八年八月：第二回デノミネーション　第二回デノミネーションがおこなわれ、旧通貨が一〇〇億分の一に切り下げられる（ゼロが一〇個取られる）。（第一回は、二〇〇六年八月。このときは旧通貨が一〇〇〇分の一に切り下げられた。）

二〇〇八年九月：スーパーマーケットの商品価格二重化（預金／現金）　スーパーマーケットや飲食店などで、商品価

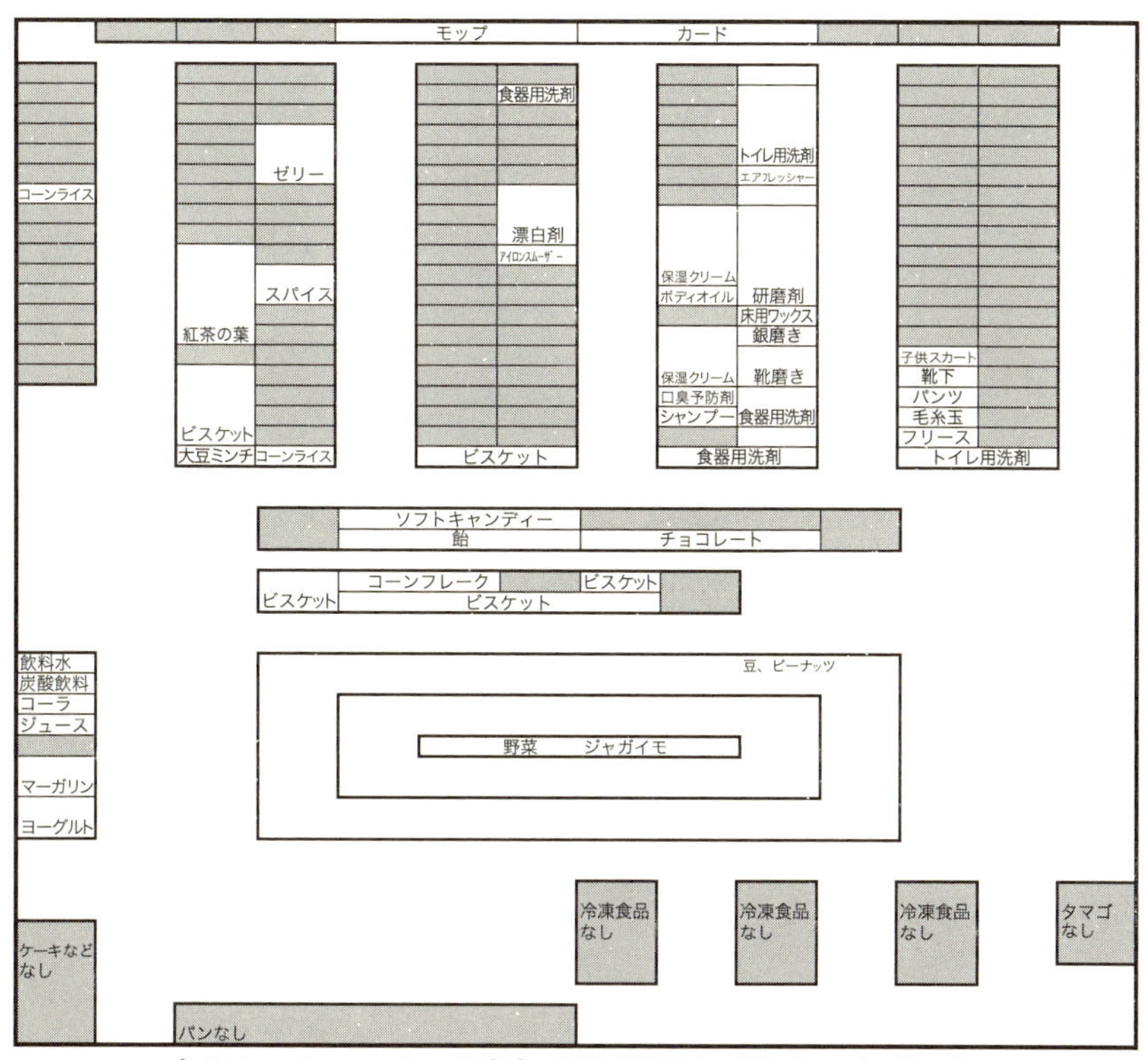

あるスーパーマーケット店内（灰色部分が空の棚）（2008年7月1日）

店内にあるもの（図内に記載できなかったもの）

つまようじ
ココア
ハム
スナック菓子
ビール
掃除用ブラシ
牛肉
消毒液

ジャム
ペットのノミよけ
ソーセージ
ミートパイ
豚肉
マカロニ
タワシ
生理用品

ロウソク
ミックスベジタブル
トイレットペーパー
アイスクリーム
ウォッカ
粉末ミルク
紙おむつ
制汗剤

ネズミ捕り
スープの素
ベーコン
シリアル
サワーミルク
ペットフード
殺虫剤

ノート
洗濯石けんバー
希釈用ジュース
歯ブラシ
インスタントコーヒー
生クリーム
ラム肉

店内にないもの（例）：食用油，砂糖，トウモロコシ粉，塩，鶏肉，小麦粉，米，歯磨き，浴用石けん，パンなど格が預金価格（デビット・カードでの支払い）と現金価格との二重になる（第4章参照）。

二〇〇八年一〇月：ライセンス制外貨化、ＲＴＧＳシステム停止　「ライセンス制外貨化」が開始され、一部の店舗で外貨による商品販売が認可される。大手スーパー、町の中規模スーパーなどを皮切りに、しだいに外貨化のライセンスを取得する店が増加していく（第5章参照）。

二〇〇八年一二月：小額紙幣不足、インフレ激化　小額紙幣（お釣り）が不足するという問題が発生する（第6章参照）。露天商の多くはこれまでにない急激な物価上昇についていけず商売に失敗し、ハラレ市内の路上販売の数は激減した（「おわりに」参照）。

二〇〇九年一月：露天商の外貨化、高額紙幣と小額紙幣の不整合、複数通貨制　露天商たちが自主的に外貨による商売を開始する。一部の露天商たちは、ＺＤを使って商売を続けていた。高額紙幣と小額紙幣との問題（お釣り不足の問題）がふたたび起こる（第6章参照）。月末には「複数通貨制」が実施され、事実上、国内経済全体が公式に外貨化された（第5章参照）。

二〇〇九年二月：第三回デノミネーション、ハイパー・インフレ終息　二月二日、第三回デノミがおこなわれ、旧通貨が一兆分の一に切り下げられる（ゼロが一二個取られる）。ＺＤは廃止されはしなかったものの実質的に使用停止となり、ジンバブエのハイパー・インフレは終息した。

第2章　首都ハラレ——調査地とインフォーマント

この章では、私の調査地である首都ハラレの町並みと居住空間について概観する。また、本書に登場する主要なインフォーマントたちを紹介する。

1　首都ハラレ

本書の舞台となる首都ハラレは、ジンバブエ北東部、標高一五〇〇メートルの地にある。年間をとおした平均気温は二〇度前後で、湿度も低く快適で過ごしやすい。四月から一〇月ごろまでは乾期、一一月から三月ごろまでは雨期になる。九月になるとジャカランダの花がいっせいに咲き誇り、町中を美しく青紫色に染める。町の中心部にはアスファルトで舗装された道路が格子状に走り、イギリス風の建築デザインの行政機関や役所、個性的なデザインの高層ビルやホテルが立ち並ぶ。芝生の植えられた大きな公園、大きなスーパーマーケットやカフェ、映画館を併設したショッピングセンター、さらには競馬場やスポーツ施設まで存在する。

かつてハラレは「サンシャイン・シティ」と称され、「アフリカでもっともきれいな町」として知られていた。しかし現在、ハラレの町を歩いてみると、近代都市としてのメンテナンスが滞っていることがすぐにうかがえる。信号

ハラレ中心部のようす
四番通り（左）と東部コピの丘から眺める中心部（右）

機が動いていない、舗装道路が陥没している、紙幣の混じったゴミが散乱し、停電や断水が頻繁に起こる。荒廃する町のようすを見ながら、ジンバブエの人たちは「昔はこんなではなかったんだ」とよく口にする。

人口と言語

ハラレには約一八九万人が住む[1]（CSO 2002b）。そのうち九八％はアフリカ系黒人でそのほとんどがショナである。とはいえ、国の行政と商業の中心であるハラレには、ンデベレ、ヨーロッパ系白人（一％）、アジア系（〇・三％）など多様な人たちが住んでいる（CSO 2002b）。ハラレでおもにもちいられる言語は、ショナ語もしくは英語である。ジンバブエでは初等教育から授業が英語でおこなわれ、ほとんどの人がある程度は英語を理解し話すことができる。とくに外資系の会社や白人がいる職場、大学のキャンパス内などでは英語が多用される。しかし、黒人どうしの日常会話では、基本的にショナ語がもちいられる。たとえばジンバブエ第二の都市ブラワヨ出身で母語がンデベレ語という人も、ハラレに来るとショナ語を覚えてショナ語で会話をするようになる。私も調査中、通訳や調査助手を雇わず、基本的に現地の人たちとの会話はショナ語でおこなった。ただし、ハラレでは日常会話のなかでもショナ語に混じって簡単な英語が使われることがある。とくに金額などを表す数字はほぼすべて英語になる。私が積極的に英語をもちいることはほとんどなかったが、現地の人がショナ語と英語を混ぜて話すことはよくあった。

ふたつの居住空間

都市としてのハラレの歴史は一八九〇年にさかのぼる。[2] この年、セシル・ローズが編成した白人遠征隊「パイオニア・コラム」が南アフリカからたどり着き、この地に砦を築いた。土地の割当てが約束されていた遠征隊の白人たちは、さっそくこの地に家を建て、店を開き、農地を物色した（星・林 一九九二：一〇二―一〇四）。翌年の一八九一年にはさっそく都市計画が作成され区画整備が進み、九二年には公衆衛生局（Salisbury Sanitary Board）が設立され下水道の設置や清掃事業が開始された（吉國 二〇〇五：第一章）。

一九八二年まで、この都市は植民地化開始当初のイギリス首相の名前をとって「ソールズベリー（Salisbury）」と呼ばれていた。しかしその後は、もっとも古くに創設された黒人居住区（現在はムバレMbareと改称）の名をとって「ハラレ」と改名された。現在のハラレには、植民地当時に築かれた都市基盤がほぼそのまま残され活用されている。その名残りをもっとも強く感じられるのは、人びとが住む居住区である。居住区は町の中心部を取り囲むように広がり、それらは「ローデンシティ」と「ハイデンシティ」とに大きくふたつに分けられる。一九〇八年「原住民都市ロケーション条例」が定められ、労働者として町中に住んでいたアフリカ系黒人たちは、市街区の外部につくられた指定地「ロケーション」に移住させられた（吉國 二〇〇五：Yoshikuni 2007）。現在のローデンシティはかつての白人居住区、ハイデンシティはかつての黒人居住区のことである。このような人種分離政策が廃止された今日、これらふたつの居住区の区分は、何ら正式な制度的意味をもたない。近年に開発された住宅地には「ミドルデンシティ」と呼ばれる地域もあり、両者の区別は不明瞭になってきている。しかし、人びとの住む場所が自由になったとはいえ、インフラや住環境のあり方は、今でもふたつの居住区のあいだに大きな差がある。そのため、ローデンシティとハイデンシティの区分は、今日でもハラレに住む人びとの生活を理解するうえで、大きな意味をもっている（八一頁地図参照）。

ローデンシティ

ローデンシティはおもにハラレ北東部の小高い土地に広がる。かつて白人入植者たちはこの地に、「原住民の野卑な笑い声」などによる「風紀紊乱(びんらん)」を排除した、秩序と格式のある閑静な居住地を創設しようとした（吉國 二〇〇五：一二）。

現在でもローデンシティの道路はほぼすべてがアスファルトで舗装され、大きな通りには信号機や歩道、自転車用の側道が整備されている。家の造りは基本的にイギリス風で、重厚なデザインの大きな屋敷や、集合住宅（長屋）、マンションなどが立ち並ぶ。電気・水道は完備され、トイレ、浴室、台所の水回りはすべて室内に設置されている。浴室にはたいてい陶器でできた大きな浴槽と、かなり年季の入った湯沸かし器がついている。台所にはステンレス製のシンク、大きなオーブンのついた電気コンロなどが備えつけられている。

敷地内には広い庭があり、大きな樹木や様々な草花が植えられている。庭の草花に水をやり、芝生を手入れし、庭木や垣根を剪定するのは住込みの庭師である。裏庭には洗濯物を干したり、家庭菜園をしたりできるスペースがあり、たいていは庭師が住み込む一部屋だけの小さなコテージがある。大きな屋敷の場合、庭師の家族が一家で十分住める二、三の部屋がついたコテージがあり、庭師の妻は家政婦として屋敷で働いている。入り口には車が出入りできる大きな門があり、外側にはたいていインターホンがついているが、今は壊れている場合も多い。門は基本的に日中も閉められている。敷地は高い塀や垣根で囲われ、隣の家のようすはうかがい知れない。

ハイデンシティ

一方、ハイデンシティは、ハラレ南西部の低地の土地に広がる。植民地化開始当初からこの地へは、南ローデシア内の各地方やニャサランド（現マラウイ）、北ローデシア（現ザンビア）、ポルトガル領モザンビークなどからアフリカ系黒人たちが出稼ぎ労働民として集まり、この人為的な「下町」に自分たちの生活空間を作り上げた（Yoshikuni

2007：53-54）。

ハイデンシティには似かよった形の平屋の建物が密集して立ち並ぶ[3]。平屋はおもにトタン屋根とブロックで作られ、標準的なつくりでは一軒にだいたい六畳から八畳ほどの部屋が三、四つある。平屋一軒を複数世帯で共有することもあれば、ひとつの平屋に一世帯のみが住むこともある。地域で差があるものの、たいていは電気が通り、上下水道もいちおう整備されている。ただし、水道は家の中までは届いておらず、トイレやシンクは屋外にある。室内で調理する場合はあらかじめポリ容器に貯めておいた水を使う。屋外に別棟で設置されたトイレは風呂場を兼ねており、お湯や水を入れたバケツを持ち込んで体を洗う。（トイレの天井に水が出る簡易シャワーがついている場合もある。）

平屋の敷地内には小さな庭があり、青菜やトマトのほかアボカドやマンゴーなどが植えられていることもある。隣家との間は、金網のフェンスで仕切られているか、何も仕切りがない。そのため、隣家のようすは外からもよく分かる。停電でない限り、近所から大音量のラジオやテレビの音が聞こえ、住民たちの明るいしゃべり声や笑い声がいつも自然に耳に入ってくる。道路はほとんど舗装されておらず、車が道を通るたびに土埃が立ち上る。日中の道路は近所の子どもたちの遊び場となり、少年たちがビニール袋を丸めて作ったお手製のボールを使ってサッカーなどを楽しむ。家の前や軒先では、大人たちが訪問客を相手に立ち話をしたり、野菜や駄菓子、タバコなどを売っていたりする。敷地内には通常、駐車スペースがなく、夜通しで車を駐車する場合は近くの空き地まで停めに行き、そこにいる夜間警備員に有料で監視を頼む。

都市の荒廃

ハラレが「サンシャイン・シティ」と呼ばれていたのは、一九八〇年から九〇年代半ばごろまでである。ジンバブエは独立が遅く、比較的近年まで「白人の国」として近代化が進められてきたため、たしかにハラレは他のアフリカ都市に比べて整然としたところがある。旧黒人居住区のハイデンシティでさえも、かなりの地域で電気が普及し上下水道が整備されている。また、二〇〇五年の「ゴミ一掃作戦（*Murambatsvina*）」が実施される以前から、不法居住区は何度も一掃され、「無秩序」な都市化が抑止されてきた（Potts 2006：280）。そのため、ハラレに限らずジンバブエには他のアフリカ諸国の大都市で見られるような、スラムや不法占拠区は存在しない（飯田 二〇〇八：五四）。

しかし「危機」の時代に入った二〇〇〇年以降、ハラレやジンバブエ国内は全域にわたり年々、確実に荒廃していった。ローデンシティ、ハイデンシティを問わず、電気と水の供給が不安定になり、地域によっては何年も停電・断水のまま放置されていた。

断水や停電が起こる頻度には地域差があったが、この偏りを人びとは、そこに住む住民の政治的背景や付近にある施設と結びつけて理解していた。たとえば、「僕の家の通りの人たちは、与党関係者ばかりだから、うちではほとんど停電が起こらない」、「近所に病院があるから、うちでは停電や断水が起こらない」などである。

しかし、私の長期調査期間の後半にあたる二〇〇八年にはこうした説明がほとんど当てはまらず、それまでは比較的安定していた地域でも、頻繁に停電・断水が起こるようになった。とくにハラレの水事情は非常事態といえた。ジンバブエ水資源公社（Zimbabwe National Water Authority：ZINWA）が水質浄化剤を入手できず、市内全域で数日間断水になることもあった。

ハイデンシティでは下水管の亀裂から下水が路面に染み出し、付近に汚臭を漂わせていることがたびたびあった。ブディリロ（Budiriro）、クワザナ（Kuwazana）、グレンビュー（Glenview）、チトゥングィザ（Chitungwiza）、ズィバレセクワ（Dzivarasekwa）などの地区ではコレラが流行するまでに至った（Musemwa 2010）。

ハラレでは九二％の世帯が水道を利用し（CSO 2002b）、九〇％の世帯が屋内または敷地内に水源をもつ。自分の家で断水が起こると、バケツやポリ容器を持って近所の知り合いの家を訪ね、水を汲ませてもらう。ローデンシティには巨大な貯水用タンクを設置している個人宅もあるが、敷地内に深井戸のある家や施設が少なからずあり、断水時には近所の人に井戸を開放してくれる場合もある。また二〇〇八年、「水を売る商売をする人がいる」という話をよく聞いたが、私はじっさいに水を人から買っているという人に出会うことはなかった。

ハラレ全域の七三％の世帯が調理に電気を使う（ただし、エプワス［Epworth］だけは一％のみと他の区域に比べて極端に低い）（CSO 2002b）。停電のときに食事の準備をする必要があるときは、屋外で薪を焚いて料理するのが基本である。なかにはガスや液体燃料のコンロ、あるいは、ガソリンや灯油をもちいる発電機が家にある場合もある。

2　インフォーマントたち

「はじめに」で書いたように、本書の調査は明確に特定できる集団や地域を対象にしていない。本書でもちいる事例やデータは、ハラレ市内のいくつかのハイデンシティ、ローデンシティ、町の中心地、大学、教会、スーパーマーケットなど、私が調査中に居合わせたさまざまな場所で得られた（それぞれの地名は八一頁地図参照）。ただ、そうしたなかでも調査中は拠点地と呼べるような場所が三つあり、それらの場所で出会う人たちが私の調査の主要なインフォーマントになっている。以下、それぞれの場所とインフォーマントについて説明する。なお、本書の登場人物の名前はすべて仮名で、彼らの年齢は二〇〇八年当時のものである。

アボンデール

ハラレの中心部の北側、ジンバブエ大学からもほど近い場所にアボンデール（Avondale）というローデンシティがある。

コリーヌ　私は長期調査開始時から、この地区のとある集合住宅にコリーヌ（二九歳）という女性と一緒に部屋を借りて住んでいた。コリーヌの職業は医師で、二〇〇六年に市内の国立病院で研修医（junior doctor）を終え、二〇〇八年八月までは同じ国立病院の救急外来科で働いていた。その後はNGOが運営するハラレ市内のある診療所に転職した。国立病院勤務当時の彼女の勤務時間は基本的に一日四時間と短かった。国立病院の給料だけでは生活できないので、彼女はよく私立病院の代理医師の夜勤アルバイトをしていた。彼女の仕事がないとき、私は彼女とよくともに行動し、彼女の友人たちや親族らを訪ねたりしていた。

私にショナ語を教えてくれたのはコリーヌの姉だった。彼女は当時中等・高等学校で英語とショナ語の教師をしていたが、給料が安いため副業で洋裁をしていた。コリーヌの母はジンバブエの土産物をあつかう商人で、いつもはハラレ市内のフリー・マーケットで販売し、ときには南アフリカや中国まで出向いていた。またコリーヌの母は、親元で暮らせない子どもを自分の家で預かり育てる活動を長年続けていた。彼女の五人の実子たちはすべて成人していたが、私の調査期間中、彼女の家では親元から預けられた一三人の子どもたちが一緒に生活していた。コリーヌは母から頼りにされており、ときどき買い得のものを見つけては、「妹」「弟」である子どもたちのためにトウモロコシ粉や砂糖、小麦粉、米などを大量に（五〇キログラムほど）買って渡していた。

ルンビとエリック　コリーヌが当時いちばん仲良くしていたのが、ルンビ（二九歳）とエリック（二九歳）の夫妻だ。ルンビはコリーヌの大学医学部時代の友人で、国立病院で医師をしながら修士号を取るために大学に通っていた。ルンビの夫エリックは、もともとはコリーヌの高校時代の友人で、銀行のシステム・エンジニアをしていた。この夫妻は、コリーヌと私の家から歩いて二〇分ほどの場所に住んでいた。停電や断水のときにはお互い家を行き来し、水や電気を使わせてもらい、食事を一緒にとった。とくに用事がないときも、暇さえあれば家をよく訪問し合う仲だった。

ルンビとエリック以外にも、コリーヌにはよく一緒に過ごす同世代の仲間が一〇人ほどいた（たとえば第4章に登場する公務員のミミ）。彼らのほとんどはコリーヌの大学時代の友人か職場の同僚、同じ教会に通う人たちで、国立病院や行政機関などで働いていた。二〇〇七年九月ごろからは週に一度はこのうちの誰かと顔を合わせていた。一〇人以上の大人数で集まることもよくあった。

私が調査中に研究テーマを変えようと思った直接のきっかけは、彼らの会話にあった。私はコリーヌと一緒に生活を始めた当初、正直なところローデンシティの生活は静か過ぎてつまらないのではないかと思っていた。しかし、コリーヌとその友人たちは、率直な意見や冗談などを尽きることなく話し合い、やかましいほど賑(にぎ)やかだった。彼らの話題は多岐にわたるが、「ジンバブエに住むこと」に関する不満はその中心だった。彼らも副業として、代理医師、結婚式のケーキ作り、職場での飴の販売、ガソリン・クーポンの販売などをしていた。

二〇〇八年末までに一〇人ほどいたこの仲間のうち六人が国外へ移住した。ルンビとエリック夫婦は、二〇〇八年七月、家賃を外貨で請求されたことをきっかけに借りていた部屋を引き払い、私たちの家から車で三〇分ほどかかるエリックの実家に引っ越した（ちょうど同じころ、彼らのあいだにひとりの息子エマソンが誕生した）。コリーヌは二〇〇八年八月からNGOの診療所に職を得て朝八時から夕方五時まで、ときには夜遅くまで仕事をするようになった。彼女の務める診療所はHIV陽性の子どもを検診する施設だったが、この診療所には入院施設がなく、必要な場合は国立病院などに子どもを転院させた。ただし転院させるといっても、当時、国立病院には医薬品や毛布、食料などがなく、十分なスタッフもいなかった。そのため、コリーヌら診療所のスタッフが、勤務時間外に物資を運ぶなどして入院患者をケアした。

こうして二〇〇八年になると、コリーヌが家にいる時間は少なくなり、また近くに住む友人たちの数も減り、彼女が仲間たちと集まる機会は減っていった。

ハイフィールドとグレンノラの教会

ハラレ中心部から南西方向に離れたところに、ハイフィールドと呼ばれるハイデンシティがある。ここは一九三〇年代に創設された、ハラレのなかでも二番目に古いハイデンシティである。

長期調査を始める以前の予備調査中、私はこの地区に住むモヨ一家の家で寝泊まりさせてもらっていた。長期調査を始めてアボンデールにコリーヌと住むようになってからも、日曜日には決まって乗合タクシーを乗り継ぎ、朝からモヨ家を訪問し、彼らが通う教会の礼拝に参加した。一家が通う教会は家から徒歩二〇分ほどの場所にあった。教会は、ハイフィールドからハラレの環状道路「ハラレ・ドライブ」を横切ってすぐのグレンノラというハイデンシティ

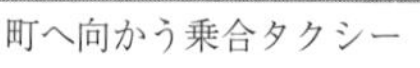

町へ向かう乗合タクシー

闇市でパンを売る

ハイフィールド

にあった。ペンテコステ派の比較的大きな教会で、礼拝には周囲の住民を中心に一〇〇〜二〇〇人ほどが集まった。

モヨ一家　当時のモヨ家は平屋一軒（寝室三つ、応接間一つ、台所一つ）に、父（七一歳）、母（六三歳）、すでに死去した長女の娘（一九歳）、三女（三五歳）とその夫（三五歳）、三女の娘（七歳）と息子（一〇歳）、五女（二二歳）の計八人が暮らしていた。もともと私は一家のなかでは四女（三三歳）と最初に知り合い、コリーヌはこの四女の幼馴染みだった。四女は私の長期調査中はジンバブエに不在だった[4]。

父は長年勤めた警備会社をすでに退職していた。母は二〇〇〇年の土地改革の際に得たある農村部の土地で、トウモロコシやピーナッツなどを耕作し、またハイフィールドの自宅近くの空き地でもトウモロコシやサツマイモを栽培していた。三女は、ハイフィールドに隣接する工業地区の印刷会社で会計士をしていた。その夫は農場を経営し、二〇〇七年からは豚の飼育をおこなっていたが、二〇〇八年は餌代が高くつき経営難に陥っていた。長女の娘は、二〇〇七年九月から首都ハラレから約四〇〇キロ離れたブラワヨの大学に通い、休暇中だけこの家に帰ってきた。五女は大学を二〇〇七年に卒業後、仕事が見つからず家で家事全般をし、ときどきボツワナに生活必需品の買い出しに行っていた。

当時一家の食事はおもに、母の畑で採れたトウモロコシやサツマイモ、三女の夫が育てる豚の内臓などでまかなわれていた。主食を自給していることはこの一家の生計にとって大きな強みだった。また、四女から国際送金で外貨の仕送りを得ること、五女がその外貨でボツワナから生活必需品を調達してくることも彼らの生計にとって有利だった。さらにこの世帯には銀行口座を持っている者が複数いたので、やや多めの現金を銀行から引き出すことが可能だった。

モヨ家では頻繁に停電が起こっていたが、そのたびに女性たちが火をおこし、きちんと食事を作っていた。停電が頻繁に起こる一方で、モヨ家では不思議なほどめったに断水が起こらなかった。モヨ家が断水になったのは私の約二年間の長期調査中わずか数日だけだった。しかし、グレンノラの教会は対照的で、ほとんど毎日が断水の状態だった。牧師はよくポリ容器を持ち込んでモヨ家で水を汲ませてもらっていた。牧師に限らず、モヨ家の父は教会仲間を中心に多くの人たちに自分の家の水を汲ませていた。

角の露天商たち

二〇〇八年七月、私はアボンデールの自宅近くの露天商の活動を参与観察させてもらうことにした。ルンビたちの引っ越しや不穏な政治情勢などで調査が行き詰まり、どうしたものかとその露天商と話をしていたら、協力してもらえることになったのである。その露天商がババ・タナカである。

ババ・タナカ（＝「タナカのお父さん」・三二歳）　ババ・タナカは通りの歩道の角で携帯電話のプリペイド・カード（以下、通話カード）や新聞を売っている。私は二〇〇七年から彼から新聞を買い、家に毎日届けてもらっていた（第3章参照）。

ババ・タナカは月曜日から土曜日、アボンデールの自分の売場まで、毎日自転車で片道一時間ほどかけて、ズィバレセクワ（Dzivarasekwa）というハイデンシティの地区から通って来ていた。ズィバレセクワはハラレ中心地から一二キロほど離れた場所にあり、ハイデンシティのなかでもあまり裕福ではない地区と言える。彼はその地区にある平屋の一室を間借りし、妻（二九歳）と三人の娘（一二歳、七歳、一歳）とともに住んでいた。間借りした一室を布で仕切り、一方を寝室、もう一方を台所兼応接間として使っていた。近くの空き地で、食事の付け合わせにする青菜を育てていた。屋外にトイレと水道があり、青菜の水やりには近くの浅井戸の水を利用した。停電の時は食事を摂るのをあきらめて、空腹のまま寝るようにしていた。

ババ・タナカがアボンデールで通話カードを売りだしたのは、二〇〇二年のことである。当時は携帯電話が世に出回りはじめたころだった。彼は、携帯通信会社が開いた講習会の第一回目に参加し、通話カード売りの露天商「第一期生」となった。以来彼は、基本的にはずっと変わらずこの場所で通話カードを売っている。

じつはババ・タナカには、露天商のほかにもうひとつ牧師（見習い）という顔がある。二〇〇八年当時、彼はズィバレセクワを拠点とするペンテコステ派のごく小さな教会で書記長（secretary-general）をしていた。彼の教会は、毎週日曜日に小学校の教室一部屋を借り、二〇人ほどが集まり礼拝を開いていた。私も何度か彼の教会の礼拝に参加したことがある。

ババ・タナカの経歴は特異だ。彼はジンバブエ南西部の南マタベレランド州の村落出身で、中等学校（secondery school の ordinary level）を卒業し一七歳のころハラレにやってきた。彼の母語はンデベレ語で、ハラレに来た当初はショナ語が分からず周りから馬鹿にされた。すぐにショナ語を覚えて一九九五年（一九歳）ごろからは、大型長距離トラック運転手のアシスタントをするようになった。「免許はないけれど、運転はできる」というのが彼の自慢だ。このころ、ズィバレセクワに住むショナ人の妻とのあいだに第一子が生まれた（ただし、婚資の支払いは二〇〇〇年になってから）。けれども彼は家に寄りつかず、お酒を飲んだりしながらブラブラとしていた。トラックの仕事で「ブラワヨに行ってくる」と妻に告げたまま、九カ月も家に帰らなかったこともある。トラック運転手のアシスタントをやめてからは、農場で働いたり、軍隊に入ったりして、仕事を転々とした。

転機になったのは、二〇〇一年に第二子が生まれたときだ。この子は病気がちで、よく体中がむくんだりしていた。ある日突然、この子が、「ジェス！（*Jesu*：ショナ語でイエス・キリストのこと）」と三回、大きな声で叫んだ。ババ・タナカは何事かと思い、周りの人に尋ねてまわった。それから、しばらく経った日、ババ・タナカが激しい頭痛とめまいを感じて家に帰ると、そこに一人の見知らぬ男性が立っていた。その男性は近所の教会の牧師で、「お祈りをさ

通話カードを売るババ・タナカ

父の仕事を手伝うアネス

角の露天商

せてください」と言ったという。牧師がババ・タナカの額に手を当ててお祈りをすると、激しかった頭痛が治ってしまった。その後、ババ・タナカはその牧師のいる教会に熱心に通うようになった。また、自分自身も夜間の神学学校に通い、牧師になるための勉強をした。それから時間を見つけては、野外で説教をしていた。

ババ・アネス（＝「アネスのお父さん」・三三歳）　ババ・アネスは、ババ・タナカの売場がある向かい側の歩道で、野菜や果物、駄菓子、タバコなどの販売をしている。ババ・タナカの売場に私が頻繁に通うようになってから、彼の商売も観察させてもらっていた。

　露天商として紹介しているが、ババ・アネスの本職は、彼の売場の裏にある集合住宅の庭師である。その集合住宅の敷地内には二部屋つきのコテージがあり、彼はそこに妻（二七歳）と娘（五歳）と住んでいた。ババ・アネスの妻は、同じ集合住宅に住む白人の家で家政婦をしていた。この白人は大農場を経営しており、ババ・アネスたちは給料の一部を脱穀したトウモロコシで支給されていた。

　ババ・アネスは二〇〇五年からこの集合住宅の庭師を始めた。それまではズィバレセクワに住み、ボロデール（Borrowdale）というローデンシティにあるスーパーマーケットの店員として、商品の棚卸しなどをしていた。しかし、スーパーマーケットの店員は給料が低く、職場へ通う交通費もかかるため、交通費のかからない住込みの庭師をすることにした。ところが庭師の仕事も、二〇〇七年にはその給料で家族を養えないほどになった。そこで庭師の仕事が暇なときには表で路上販売をさせてほしいと、雇用主に直談判して了承された。

ババ・アネスは奥さんと協力し合って二、三日に一度、路上で売る商品を仕入れるため、朝四時に起き二時間歩いてムバレ地区にある市場へ通った。ハラレでは二〇〇七年半ばから、ババ・アネスたちのように自分の仕事の合間に路上販売をする近所の家政婦や家庭内労働者たちが急増した。二〇〇七年の初めごろ、彼の家の付近には路上販売を見かけることはほとんどなかった。しかし、その後は大きな通りでも小さな通りでも角には必ず露天商がおり、野菜や果物、駄菓子などババ・アネスと似たようものを似たような価格で売るようになっていた。

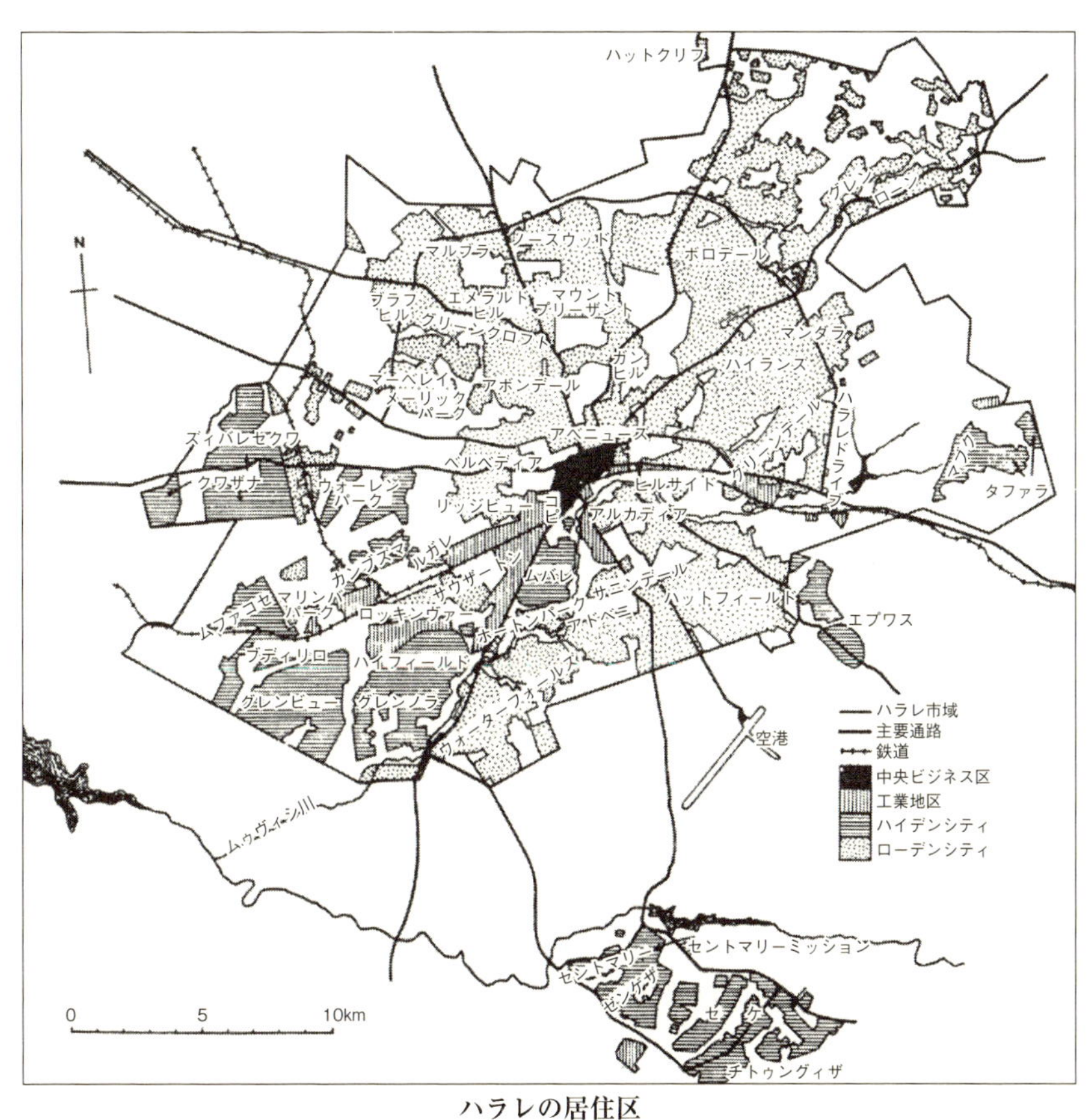

ハラレの居住区

ジニャマら（Zimanya et al. 1993）による地図を飯田（2008：50）が和訳したものに加筆・修正。地図の年代は1989年当時のもので現在は市域が広がっている。

第3章　現　金

ここまで、ジンバブエのハイパー・インフレについて理解するための理論と背景を見てきた。ここからはいよいよ事例の考察である。

序章で述べたとおり、高インフレやハイパー・インフレの状況下では、現地通貨や外貨といった複数の通貨、あるいはモノが併存して流通する。こうした複数通貨の併存状況について、ジンバブエのハラレを事例に考察するのは、現地通貨ＺＤの現金、ＺＤの銀行預金、外貨（おもに米ドル）、そしてＺＤの高額紙幣と小額紙幣である。ここから続く章では、これら多種多様な通貨および通貨形態が、それぞれに異なる意味や機能を付与され区別されながら、ハイパー・インフレ下でどのように人びとに使われるのか、私自身が見聞きし、あるいは直接体験した具体的な事例を示しながら明らかにしていく。

1　ハイパー・インフレと現地通貨ＺＤ

まず本章で焦点を当てるのは、現地通貨ＺＤの現金である。なお、本章の議論は基本的に現金に焦点が置かれているが、「ＺＤ」という言葉をもちいるとき、現金だけでなく預金を含むＺＤ全般を意味している場合もある。

ZD（現金）について考察するうえでとくに注意する点は、序章で指摘した「減価する通貨の非消滅性」の問題である。公式年間インフレ率が二億％を超えた二〇〇八年八月、あるアメリカの経済学者が「中央銀行をつぶせ（Kill Central Bank）」という論考を発表した（Hanke 2008）。これは、ジンバブエの経済回復について論じたもので、（1）経済の外貨化、（2）ZDと外貨の交換比率の固定化、（3）銀行独自の通貨発行などが必須だと述べられた。つまり、ZDを廃止するか、ZDと外貨の交換比率を固定するなどして少なくともZDの減価が経済に影響しないようにするということである。しかし結果的には、この論考が発表された後も少なくとも五カ月間、ZDはジンバブエやハラレ市内で流通しつづけたのである。

ハイパー・インフレ下でも人びとが積極的にZDを使う理由としてまず考えられるのは、次の二点である。第一に、ZDは一貫してジンバブエの法定通貨であり、警察の取締まりなどを心配しなくてよい「安全な」通貨だったこと。とくに二〇〇八年一〇月のライセンス制外貨化が始まるまでは一般に外貨決済は認められておらず、ZDは国内で唯一、流通が認められた通貨であった。第二に、二〇〇八年の場合、ZDの現金が銀行預金に比べて相対的に高い価値を帯びていたこと。そのためZDの現金を持っていると、外貨やモノへのアクセスに比較的有利だったのだ。この特異な事態については第3章「預金」で詳しく説明する。

しかしZDを使うことにこのようなメリットがあったとしても、急激な減価というデメリットがなくなるわけではない。日ごとに減価していくこの通貨を、とにかく人びとは日常的な取引に使いつづけたのである。

インフレ率と物価上昇

ここでもう一度、インフレ率と物価上昇についてまとめておく。ジンバブエがはじめてハイパー・インフレ（月率五〇％以上）に突入したのは二〇〇七年三月のことである。以来、一年一一カ月間、インフレ率は月率五〇％を超えたまま加速度的に上昇しつづけた（ただし、厳格な価格統制によって物価が無理やりに引き下げられた二〇〇七年七月から九月までを除く）。二〇〇八年七月には公式年間インフレ率が二億三一〇〇万％に達した。この数字は、物価が二週間

ハイパー・インフレ末期の価格：ババ・アネスの路上販売の場合

（2008年12月から2009年1月）（ＺＤ）

	タバコ１本	ポップコーン１袋	バナナ１本	マンゴー１個	（参考）１米ドルの闇両替レート
2008/12/4（木）	10万	80万	―	50万	180万～2,000万
12/11（木）	200万	1,000万	―	―	2,000万
12/16（火）	1,500万	5,000万	―	―	2億
12/18（木）	1,500万	5,000万	3,000万	―	3億
12/20（土）	5,000万	2億	―	1億	9億
2009/1/3（土）	10億	30億	―	―	60億
1/9（金）	10億	50億	―	―	200億
1/14（水）	50億	―	50億	50億	300億

で二倍以上になることを意味する。ちなみにハイパー・インフレの期間にジンバブエで公式インフレ率が発表されたのは、このときが最後だった。インフレ率を計算している中央統計局が物価を的確に把握できず、これ以降は公式インフレ率の発表を見送ったのである。

ジンバブエのインフレ率を独自に推算していたアメリカの私立研究機関ケイトー研究所（Cato Institute）は、公式インフレ率の発表停止後もインフレ率の算出を続けた。その数字によると二〇〇八年一一月一四日の時点で年間インフレ率は八九七垓（＝一〇の二〇乗）％に達した。この数字は、物価が五日間で二倍以上になることを意味する（ただし、この研究機関が発表するインフレ率と公式インフレ率とに連続性はない）。この研究機関も、二〇〇八年一一月一四日以降はインフレ率の計算をやめてしまった（Hanke and Kwok 2009）。

それ以降も、物価上昇はひどくなるばかりだった。一二月下旬には、パンの値段が行列に並んでいる間に二倍になり、ある小売店は一日に三回値上げをした。じっさいの価格を確認してみると、二〇〇八年の一二月の一カ月間で、週刊紙『ファイナンシャル・ガゼット（*Financial Gazette*）』一部の価格は、二五〇倍になっている（巻末の表参照）。二〇〇九年一月には、路上販売のトマトや駄菓子の価格が一〇日で五倍になっている。

紙幣の発行とデノミネーション

ＺＤ紙幣の額面単位が大きくなりすぎると、デノミネーション（以下、

デノミ）がおこなわれた。通貨を切り下げ額面の増えすぎたゼロをいくつか削除し、新たな通貨に切り替えるのである。デノミは二〇〇六年八月から二〇〇九年二月までの二年半の間に、三回実施された。通貨が切り替えられても通貨単位には一貫して「ジンバブエ・ドル」（ＺＤ）が使われた。三度のデノミがおこなわれているので、正確に言えば、「ジンバブエ・ドル」は四種類に区別されることになる。ＩＳＯ（国際標準化機構）の通貨名コードでは、この歴代のＺＤはデノミ以前のものからそれぞれ、①ＺＷＤ、②ＺＷＮ、③ＺＷＲ、④ＺＷＬと表記される。ただし、本書では煩雑さを避けるためにすべてＺＤと表記する。

第一回デノミは二〇〇六年八月一日に行われ、「一〇〇〇ＺＤ＝一ＺＤ」となった（ゼロが三個取られた）。なお、第一回デノミ以前のある時期（二〇〇三年）から二〇〇八年七月の第二回デノミ実施前月までに発行されたものは、厳密には「ベアラーチェック（bearer cheque）」または「アグロチェック（agro-cheque）」と呼ばれる使用期限付きの無記名小切手で、正式には「銀行券（紙幣）」ではない（しかし、人びとのあいだでは通常の紙幣と同様に使われた）。

750,000ZDのベアラーチェック

第二回デノミは二〇〇八年八月一日におこなわれ、「一〇〇億ＺＤ＝一ＺＤ」となった（ゼロが一〇個取られた）。これは第一回デノミからちょうど二年後のことである。この第二回デノミ以降は通常通り銀行券が発行されたが、そもそも中央銀行はこのデノミを一年前に予定していたという経緯があり、このデノミ直後に発行された紙幣には製造年が「二〇〇七年」と印刷されている（口絵参照）。また、このデノミで第一回デノミ以前に流通していた昔の硬貨が再び額面どおりの価値を与えられ、再利用された。

第三回デノミは、二〇〇九年二月二日におこなわれ、「一兆ＺＤ＝一ＺＤ」となった（ゼロが一二個取られた）。これは第二回デノミからわずか六カ月後のことである。しかし、このとき新しく発行されたＺＤが、市場に流通することはなかった。なぜなら、このデノミとほぼ同時に、「複数通貨制」が実施され、国内の経済取引がすべて公式に外貨化されたためである。

この頻繁なデノミから推察できるとおり、新たな額面の紙幣がすさまじい勢いで発行された。たとえば、第二回デノミから第三回デノミまでの六カ月間には、毎月、新しい額面の紙幣が発行され、それらは一ZD札から一〇〇兆ZD札まで、合計二七種類におよんだ（口絵参照）。

2　使われつづけるZD

ここまで見た激しい物価上昇と紙幣の乱発は、現地通貨ZDが急速に減価したことを意味する。このような通貨をどうやって「貨幣」として日常的に使うのか、普通では想像できないかもしれない。朝、起きてからじっさいに外へ出て乗合タクシーの運賃や新聞の値段を確かめるまで、自分の手持ちの現金にどれほどの価値があるのか分からない。「高額紙幣」として発行されたはずの紙幣は、一カ月もすると「小額紙幣」と見なされるようになり、やや高額の支払いをするときには何枚ものお札が必要になってくる。たしかにZDの使い方は、私たちが通常おこなうやり方とは違うところがあり、端から見れば理不尽や恐怖を感じるかもしれない。しかし、その状況下にじっさいに身を置いて生活する人びとの語りと実践を見れば、ZDはたとえ完全とは言えないまでも、あくまで日常生活のなかで使われ受け容れられていたことが分かる。

「最近」の価格、「最近」の紙幣

ZDをスムーズに使うには、まず「ここ最近（*mazuva ano*）」の商品価格や、もちいるのにふさわしい紙幣の種類（額面単位）を知っておく必要がある。

道端に捨てられるＺＤ

桁違い

ある日、路上でおばさんがミカンを売っていた。私が、「一個いくら?」と尋ねると、おばさんは、「セブン（seven）」と答えた。私が、「あぁ、七億ＺＤ?」と聞き返すと、「違うわよ！　七〇億ＺＤよ！　今日び（*mazuva ano*）、七億で何が買えるのよ!?」と、怒られてしまう。（二〇〇八年六月二五日、一米ドル＝七〇億〜二〇〇億ＺＤ）

「ボランティア作業」

ひとりの男性が道路の真ん中に座り込み、黙々と何かの作業をしていた。その男性は、手に大きな石を持ち、その石でアスファルトが剝げて道路にできた穴をただひたすら叩いていた。男性の近くには段ボールの看板が立てられ、英語で「ボランタリーワーキング　寄付をください」と書いてある。つまり、男性は道路の補修を自主的にしているふりをして、誰かからお金を恵んでもらおうとしているのだ。

そこに一台の車が現れて、「ボランティア作業」をする男性の横で減速した。車を運転するのは白人の女性だった。白人女性は運転席の窓を開け、一枚のＺＤ札を男性に手渡すとそのまま加速し去っていった。

男性は、そのＺＤ札を受け取ると、そのまま手を開いてそのＺＤ札を空中に放した。ＺＤ札は風に飛ばされ、道端に移動していった。男性はふたたび「作業」を続けた。

白人女性が渡したのは、二〇万ＺＤ札一枚だった。（二〇〇八年六月一六日、一米ドル＝三五億〜七〇億ＺＤ）

ジンバブエで新しい額面の紙幣が発行され流通しはじめると、それまで使われていた紙幣はだんだんと用無しになっていき、最終的に役目を終えて市場から姿を消していく。側溝や歩道に空いた穴の中には、そんな無価値の「古い」ZD札がよく落ちていた。

白人女性が手渡した二〇万ZD札一枚は、このとき一〇〇枚集めても一円にもならないほど価値の低いものだった。「ボランティア作業員」の男性がこの二〇万ZD札をすぐ捨てたのは、それが今となっては使えない「古い」紙幣と判断したためである。この男性の行為は当然のことで、とくに驚くことではない。

むしろ、こんな「古い」紙幣を面と向かって人に与えた白人女性の行動は、ZDを日常的に使う人の目から見れば少し常識から外れている。この女性がなぜこの紙幣を男性に渡したのかは分からない。二〇万ZD札の価値を知らずに、とにかくお金だから何かの足しになるだろうと思ったのかもしれない。あるいはその紙幣の価値がないことを知っていて、「ボランティア作業」が価値のないものだということを示したかったのかもしれない。

淡々と数える

「最近」の紙幣の種類や「最近」の価格相場を知ったうえで、じっさいに紙幣を数えるときは、動揺することなく淡々と数えることが大事である。ZDの支払いに手間を取られていると、周りとの調和が乱れる。

二〇〇八年七月、スーパーマーケットで白人の若い女性ふたり連れがレジで支払いをしようとしていた。彼女たちの買物はチューインガムか何かのようだった。

彼女たちの身のこなしは周囲と調和しておらず、不自然で目立っていた。周りの客たちが何もせずただ商品を手に持ち、レジの順番を待っているのに対し、彼女たちは落ち着きがなく、ずっと何かを面白がってけらけらと笑っていた。

支払いの順番が来ると、ひとりが顔を真っ赤にして笑いをこらえながら、たどたどしくZDを数えはじめた。数え終わるとそのお札をレジ係に渡すのではなく、扇状に広げてそのまま静止した。もうひとりが、そのようすをカメラで撮影した。撮影する彼女も笑いをこらえるのに必死だった。支払いを終えると、ふたりは爆笑しながら店を出て行った。

周囲の客もレジ係も、そのようすをただ黙って見守っていた。

このふたりの若い白人女性は、ジンバブエへ来てまだ日が浅い、旅行者か国際ボランティアか何かのようだった。彼女たちはまだZDを使うことに馴染みがなく、紙幣を数えたりすることが面白おかしくてたまらなかったのだと思う。たしかに、わずかなお菓子を買うためにいくつものゼロがついたお札を何枚も支払うのは、一般的な常識から言えば「異常」だ。しかし、もちろん当時のジンバブエでは、多額のZDを支払ってわずかなお菓子を買うことは当たり前のことで、この状況では白人女性たちの態度の方が「非常識」なのである。

とは言うものの、ZD札を現地の人のように抵抗なく淡々と数えるのは、じっさいにやってみるとそう簡単なことではない。私の場合は、ZD札が大量でかさばる場合はいつも整理して持ち歩くのが癖だった。外貨を闇両替すると、たいていZD札五〇枚か一〇〇枚ずつをひと束にして輪ゴムで止められて渡される。それを自分で一〇枚ずつに分ける。一〇枚のうち一枚を半分に折り、その折った一枚で残りの九枚を挟んでおく。こうしないと、私は手持ちの現金がいくらあるのか分からなくなり、支払いのときなどに手間取りそうで、落ち着かないのだ。

しかし、そのように几帳面に束ねた私のお札を見て、何人かの人は「それは、お爺さんのやり方だ」と指摘した。詳しい理由は分からないが、ジンバブエでは私がしていたようなお札の束ね方は、年配者の習慣を思い起こさせるようだった。よく見れば、若い乗合タクシーの車掌たちも私と同じようにお札を束ねているので、必ずしも年配者だけのやり方とは言えない。けれども、とにかく私のようにお札を束ねるのは少数派で、一般的なやり方ではなかった。

ZDを数えるとき、現地の人の身のこなしはもっと無造作で悠然としている。彼らはたいてい、たとえ枚数が多くてもお札をそのままごそっとカバンやポケットに入れて持ち運び、支払いのたびにバサッとつかんで取り出しては、落ち着いたようすでその場で紙幣を数えて支払う（あるいは、誰かに数えてもらう）。その扱い方は身体化されていて、彼らが身構えたり、戸惑ったりするようなことはめったにない。

二〇〇七年一二月、「七五万ZD札」（八六頁写真参照）が発行されたときでさえ、人びとは黙ってこの紙幣を受け容れ、淡々と数えつづけた。七五万ZD札という半端な数字の紙幣が発行されたのは、インフレが加速することを危惧した政府が一〇〇万ZD札の発行を躊躇しているからだと噂されていた。七五万ZD札は、二枚で一五〇万ZD、三枚で二二五万ZD、四枚で三〇〇万ZDと切りが悪く、非常に使いにくい。計算が苦手な私は、この紙幣に慣れることができなかった。しかし、店のレジ係たちは何の文句も言わず、この七五万ZD札を一枚一枚手で数え、支払いやお釣りなどを正確に計算した。乗合タクシーの車掌も、乗客から渡される大量の七五万ZDの札を手際よく数え、乗客ひとりひとりに的確にお釣りを返した。ちなみに、乗合タクシーの運賃の支払いは次のようにおこなわれる。車内には四人ずつ座れる座席（本来は三人掛け）が四列ある。各列の乗客がボランティアで列ごとに運賃をまとめる。このとき、できるかぎり乗客どうしでお釣りの精算を済ませる。列ごとに運賃がまとまったら、そのお金を後列から前列へ渡す。お金が最前列まで届いたら、車掌がそれを回収し、まだお釣りの精算ができていない乗客にお釣りを渡す。

新しい紙幣が発行されると、現地の人びとも初めのうちはそのまだ目新しい紙幣を物珍しげに眺めたり、ゼロの多さに呆れてみたりする。しかし、結局はその紙幣もすぐに当然のように使われるようになり、この七五万ZD札のように日常に浸透していくのだ。

新たな紙幣を受け容れる

BBCやCNNなど国外のメディアは、ジンバブエで新しいZDの高額紙幣が発行されるたびに、「異常経済」がさらに悪化したと報じた。しかしジンバブエ国内では、新たな高額紙幣の発行は、支払いの煩わしさや現金不足の問題が一時的に解消されるため、歓迎されるべき朗報とも言えた。

二〇〇八年五月、大学のある研究室で私が雑談をしていると、ひとりの若い研究者が入ってきた。彼はその日の新聞を手に持ち、一面の見出しを指さして言った。「新しい紙幣が出るぞ！」そこで私は口をはさんだ。「もうこれ以上、お金は印刷しないほうがいいんじゃないの？」それを聞いた彼は、「お金を発行しなかったら、いったい、どうするんだ？」と私に詰め寄った。私はどう答えていいか分からなかった。

私が毎週通っていたグレンノラの教会で、礼拝のときに牧師が献金について次のように説明したことがある。

ジンバブエでは毎週、お札を発行していますね。先週は、一〇〇〇万ＺＤ札が良いお金（*mari yakanaka*）でした。今週は、五〇〇〇万ＺＤ札が良いお金です。（二〇〇八年五月一八日）

献金の時間、教会は盛況な雰囲気に包まれる。テンポのよい音楽が演奏され、舞台上では聖歌隊たちが踊りだす。たくさんの人が席を立ち、会場の前方に置かれたバスケットまでそれぞれが歩いて献金しに行く。座席のあいだのすべての通路に長い列ができる。バスケットの中に次々とお金が投入される。バスケットはすぐにいっぱいになり、入りきらないお札が床の上に散らばる。色とりどりのお札が床を埋め尽くす、「景気の良い」光景が目の前に広がる。ただし、それらの紙幣のなかには、もはや「良いお金」ではなくなった「古い」紙幣も多い。

牧師の説明は、内側からとらえられるＺＤの価値をよく言い表している。彼の言うとおり、現地の人びとの視点では「先週は、一〇〇〇万ＺＤ札が良いお金」、「今週は、五〇〇〇万ＺＤ札が良いお金」なのである。こうして次々と発行される新たなＺＤ紙幣は、それまでのお金よりは「良いお金」と位置づけられ、受け容れられていく。

冷静に考えれば、先週「良いお金」だった一〇〇〇万ＺＤが今週はもはや「良いお金」でなくなっているのは、ＺＤという通貨そのものが減価しているためである。しかし、だからと言って、すべての人がＺＤを使わなくなるわけではない。たとえ一部の紙幣だけでも、あるいは一部の人びとのあいだだけでも、ＺＤには何らかの価値や機能が見いだされる。このように価値が見いだされるかぎり、ＺＤは「もう使えない貨幣」ではなく、とりあえず「まだ使える貨幣」として使われつづけるのである。

3　貯蓄と投資

しかしもちろん、ZDが急激に減価し、さまざまな支障を生むということを人びとはよく理解している。それでは、ZDの減価が人びとにとって問題と認識されるとき、彼らはどのように対処するのだろうか。

頼母子講の外貨化

ここではまず、頼母子講の事例を紹介する。頼母子講とは、民間のインフォーマルな金融システムである。典型的には何人かの人びとが集まって互助組織を作り、そのメンバーが定期的に一定の金額を出し合い、毎回回収される総額を各メンバーが順番に受け取って最終的に全員がお金を受領する。頼母子講は、都市貧困層の代表的な生活戦略となってきた（松田 一九九六：野元 二〇〇五）。

しかし、一定額の貨幣を一定の時間をかけてメンバー間で融通し合うこの金融システムは、時間の経過とともに貨幣そのものが急速に減価するインフレ下にあっては、とても危ういものになる。私が調査していた当時、ハラレでは頼母子講をしているという人がほとんど見当たらなかった。皆、頼母子講についてはよく知っているが、実際にやっているという人はなかなかおらず、「昔はよくやっていた」と言う人ばかりだった。手当たり次第に人に尋ね、結局、頼母子講をしているという六〇代の女性がひとりだけ見つかった。この女性は、ローデンシティや町中の集合住宅で家政婦をしながら生計を立てている。[1] 彼女はハラレ郊外のエプワスに住み、同じ地区に住む近所同士の仲間たちと頼母子講をしていた。

以前はZDを使っていたんだけど、最近はランド（南アフリカの現地通貨）を使うの。だってZDを使ったら、最後の人がお金を受け取るときには、もうそのお金は使えなくなってるから。わたしたちのグループ四人がランドを使いはじめてから、講はもう五周目に入っている。だから、ランドに切り替えてから一年と半年になる。毎月集める金額は一カ月ひとり一〇〇ランド（＝約一〇米ドル）ずつ。ランドに切り替える前は、お金を受け取る順番を変えていた。今回最後にお金を受け取った人は、次回は一番初めに受け取るというように。（二〇〇八年四月一一日）

この女性の頼母子講がZDからランドに切り替わったのは、二〇〇六年一〇月ごろということになる。私のフィールドノートによれば、二〇〇六年八月から二〇〇七年二月の六カ月のあいだに、物価は約一〇倍になっている。単純に計算すると、この時期の物価は一カ月に約一・五倍程度の速度で上昇していたことになる。彼女たちの頼母子講は四人で構成されているので、一番初めの人がお金を受け取ってからその三カ月後に最後の人まで順番が回ってくるころには、受領金の価値は当初の三の一程度になってしまう。（このような事態になるまで、お金を受け取る順番を変えたりしながら、ZDを使いつづけていたというのも驚きである。）

このときを境に、彼女たちの頼母子講は使用する貨幣をZDからランドに切り替えた。メンバーがもらう受領金の貨幣価値に不平等がないようにするためだ。彼女たちが採った方法は、本章冒頭で紹介した経済学者の提唱、（1）経済の外貨化と同じだ。しかし、けっきょく、この女性から話を聞いた二カ月後の二〇〇八年六月には、メンバー個々人の経済状況が厳しくなり、彼女たちの頼母子講は活動そのものを停止した。一〇米ドル相当の外貨を毎月用意し、滞りなく払うというのは、経済状況が非常に不安定だった二〇〇八年にはかなり難しいことだった。

このように、ZDの減価の問題を解消するために、使う通貨をZDから外貨に切り替えるというのは、一見すると当然で、また唯一の方法に思えるかもしれない。しかし、それまでZDに慣れ親しんでいた人が、ZDの代わりに外貨を使うのは、じつは決して簡単なことではない。外貨を使用するときのさまざまな困難については、第5章で詳しく考察する。

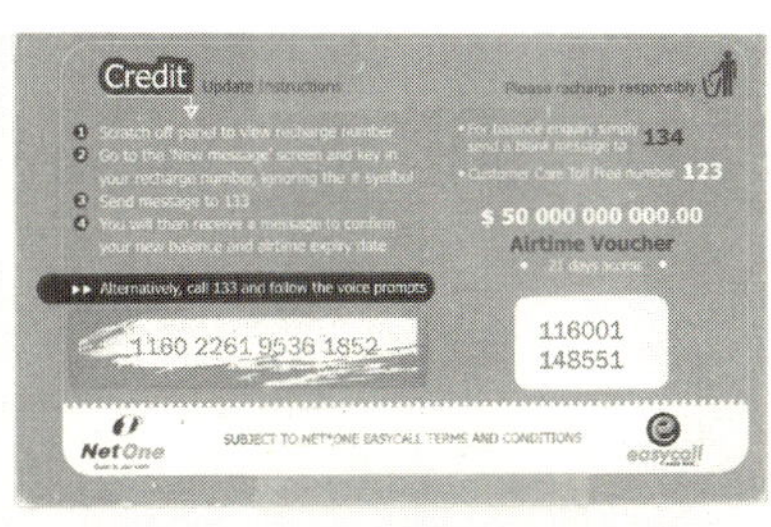

通話カードの例（右は裏面）

現金をモノに替える

ＺＤの減価が経済活動に支障をきたす場合でも、ＺＤを外貨に切り替えず、あくまでＺＤ（とモノ）を使いつづける方法がある。露天商ババ・タナカの商売方法を見てみよう。

ババ・タナカは、私が住んでいたアボンデールの通りの一角で新聞と携帯電話のプリペイド・カード（以下、通話カード）を売る露天商である。この通話カードは通話料を買うためのもので、通話時間を買うものではない。通話カードには、通話料を示す数字がＺＤ建てではっきりと印刷されており、この数字が定価（正規の小売価格）になる。町の中心部などでは、定価よりも安い卸売価格の通話カードが売られている。ババ・タナカは原則として、卸売価格で仕入れた通話カードを定価で客に売り、このとき得られる差額を彼の儲けとしている。なるべく安い価格で通話カードを仕入れ、なるべく多くの枚数や金額を売れば、彼はより儲かることになる。

ただ、ここで問題になるのは、やはりＺＤが減価するということである。ババ・タナカがＺＤの減価をきちんと把握しておかなければ、彼の商売はすぐに破綻してしまう。なぜなら、もし商売をＺＤの額面価値にもとづいて管理し、資本や売り上げを一定の金額に保っていれば、いくら利益を儲けてもその利益は次第に実質的な価値を失ってしまうからだ。それでは家族五人で生活できない。

ババ・タナカが商売をするとき、彼は具体的には次のように行動している。

（1）通話カードを客に売って、ＺＤ現金を得る。このとき得たＺＤはズボンのポケットに入れる。
（2）あらかじめ考えておいた、その日に必要な金額（家の食費代、借金の返済額など）になるまでポケットに貯める。
（3）一定の金額が貯まったら、それ以降に入手したZDは、ズボンのもう片方のポケットに入れる。こちらのポケットに貯まったお金はすべて、基本的にその日のうちに通話カードの在庫の仕入れに使用する。

ここでまず分かることは、ババ・タナカが現金をなるべく長時間は保持しないようにしていることである。彼は手持ちの現金のうち使い道のない分は、すべてその日のうちに通話カードに変えてしまう。つまりババ・タナカは自分の資産をZDの現金のかたちではなく、通話カードのかたちで貯蓄し保有していることになる。また、このことは同時に、彼はなるべく早く、なるべく多くのZDを通話カードの在庫の仕入れに投資していることになる。

ただし、「通話カードによる貯蓄」、「通話カードへの投資」と言ったとき、注意しなければならないのは、通話カードにはZD建ての定価、つまり固定価格があるということである。このZD建ての固定価格があるために、通話カードの価格（交換価値）は、ZDが減価するのと同じように時間が経つと減価してしまう。通常のモノや外貨などと違い、インフレに応じて価格が上昇したり、自分で勝手に価格を変えることが原則としてできないのである。そのため、たとえ資産を非流動化していると言っても、通話カードの場合には、保有者が自分自身で何とかしてその価値を維持していかなければならない。つまり、ババ・タナカはこの在庫通話カードの額面合計をハイパー・インフレに負けない速さで、しっかりと増やしていかなければならないのである。

「利益」と「資本」

通話カードの在庫を増やしつづけることの大切さが、ババ・タナカの「利益（profit）」の数え方によく表れている。彼は、在庫通話カードの額面合計のことを「資本（capital）」と呼び、この「資本」が毎日どれほど増加したかで、「利益」を計算する。

具体的な例で確認しよう。上の図は、ババ・タナカが二〇〇八年七月三〇日の「利益」を計算したメモである。この日の場合、彼の「利益」は、①七月二八日の「資本」総額一八兆六〇〇〇億ZDを、②七月三〇日の「資本」総額二二兆五〇〇〇億ZDから引いて、③三兆九〇〇〇億ZDということになる。

通話カードの在庫が増えない限り、ババ・タナカの「利益」は上がらない。そのため、彼はできるかぎりの投資をし、在庫の通話カードを増やしつづける。

〔インフレが今に比べてまだ緩やかだった〕二〇〇二年ごろには利益を脇に置いて貯めておいて月末に数えてたけど、今は、一〇〇〔ZD〕、一〇〇ってお金を貯めても、月の終わりには乗合タクシーの運賃が五〇〇になってるから意味がない。だから、お金を持ってたら、それを全部通話カードにするんだ。（二〇〇八年七月三〇日）

〔仕入れてきた通話カードの金額を数えながら〕ほら、分かった？　もう、増えてる！　だから僕は通話カードが好きなんだ！（二〇〇八年七月三〇日）

通話カードにインフレはない。だって増えつづけるから。（二〇〇八年七月三〇日）

「利益」を示したメモ（2008年7月30日）

WED 30/07/08			
A	500b×22		
B	500b×15		
C	200b×15		
	100b×10		
D	–		
Capital as at 28/07/08 18.6t			①
Capital now 30/07/08 22.5t			②
Profit in Cards（3.9t）			③

A～Dは通話カードの種類[2]。
bは「10億（billion）」，tは「兆（trillion）」を示す。

こうして増えた「資本」こそが、彼にとっての「利益」なのである。ただし、彼がこの「利益」をすべて使ってしまうことはめったにない。なぜなら、この「利益」をすべて使ってしまうと、「資本」を増加させつづけることが難しくなり、彼は「利益」が得られなくなるからである。はじめに述べたように、彼はその日に必要な現金以外は、すべて通話カードの仕入れに回す。こうして、ひたむきに倹約し、通話カードに投資をし、ババ・タナカは「資本」と「利益」をハイパー・インフレ下でも着実に増加させていくのである。

僕は通話カードを増やしつづける。なぜってこれが僕の雇い主（*murungu*）で、僕はその従業員だから。もし、通話カードがインフレや家賃、子どもの養育費、食費に「食われ（*kudyiwa*）」たら、僕は仕事ができなくなる。もし学校に教師がいなかったら、子どもは勉強できない。もし飛行機がなかったら、パイロットは仕事ができない。僕は通話カードを大事に、大事にして、もっとお金を集めさせる。いつまでって？　いつまでも。だって、もし通話カードを増やさなかったら、僕はインフレに打ちのめされるから。（二〇〇八年八月一六日）

さらに、ババ・タナカは通話カードの在庫総額である「資本」に関して、定期的に数値目標を設定する。この目標は、携帯電話の通信会社の通話料の値上げと連動している。通信会社が通話料を値上げするとき、事前に新聞に告知が出る。ババ・タナカは新聞紙面をチェックし、この通話料値上げのタイミングに合わせて通話カードの在庫を十分に増やしておくのである。通話料が上がると、携帯電話の自分の口座に入っている通話料が少なすぎて携帯電話を使えなくなる人たちが増え、大勢の人が通話カードを買いにババ・タナカのところへやってくる。この商機を逃さないことが、商売を破綻させない秘訣となる。

僕はいつも目標を設定する。手持ちの通話カード（「資本」）を五〇兆ZDにするとか、七〇兆ZDにするとか。たとえ奥さんが「あぁ、もう、ずっとサザ〔トウモロコシの粉でつくる主食〕と青菜しか食べてない」なんて言ったとしても、肉なんて買わない。目標が達成されるまでは。だから、いつも僕は、商売がどんな具合か、通話カードがどんな売行きか見てるんだ。（二〇〇八年八月一六日）

ババ・タナカの商売についてまとめよう。彼は次のような方法で、ＺＤの減価に対処している。（1）「貯蔵手段」として通話カードをもちいる。（2）通話カードの在庫総額や通話料の金額をもちいて、「利益」や「資本」を管理する。（2）については、彼の商売の出来高やその見込みを知るために、通話カードを「価値尺度」としてもちいていると言えるだろう。

ババ・タナカの商売では、通話カードが「貯蔵手段」と「価値尺度」としてもちいられる一方で、ＺＤは通話カードを売買するための手段としてのみもちいられる。つまり、ＺＤは「交換手段」だけを担う限定目的貨幣として働いている。このようにババ・タナカはＺＤを全目的貨幣ではなく限定目的貨幣化し、減価する通貨を使いながらも商売を成り立たせているのである。

4　ＺＤの貸借

問われない減価

前節で見た露天商ババ・タナカは、ＺＤを交換手段に特化してもちいることで、減価による損失をある程度回避していた。しかし、人びとがＺＤをあつかうとき、急激に減価するということが必ずしもつねに問題になるわけではない。たとえば、減価が問題になりそうな場合として、貯蓄のほかにも貸し借りなど遅延型の交換が挙げられる。ＺＤでお金の貸し借りがおこなわれると、貸し手が返済するまでの間にＺＤが減価してしまう可能性がある。しかし、知人どうしで（小額の）ＺＤが貸し借りされるとき、借り手が借金を返すまでの時間に生じる（ささいな）減価は度外視される場合がある。借り手が返金するのは額面どおりの金額で、たとえば前節の頼母子講の例のように、外貨換算するなどして借りた金額がいくらほど減価したのか細かく計算するようなことはしない。そのやり取りは、まるでその価値が目減りすることなどない「普通の」お金のやり取りであるかのようである。

セカイの「借金」

セカイは、ジンバブエ大学の研究所で秘書をしていた。彼女は、ハラレ市郊外のクワザナ（Kuwazana）というハイデンシティに住み、自分の子どもふたりと姉の子どもひとりを育てていた。旦那さんは体が悪く、定職についていなかった。彼女は大学で秘書の仕事をしながらポップコーン（*maputi*）を売り、家計の足しにしていた。「これがなかなかの儲けになるのよ」と、二〇〇七年には誇らしげに話してくれた。けれども、二〇〇八年に入ると、このポップコーン・ビジネスも「最近は、ぜんぜん生活の足しにならないの」と言っていた。

ある日、セカイは、疲れたようすで私にお金を貸してくれと頼んだ。

「もう駄目。バス代を貸してもらえる？　来週、返すから」

私は、自分のカバンの中に入っていた二〇〇〇万ZDを彼女に貸した。

二週間後、セカイはきちんとお金を返してくれた。私が久しぶりに大学に行くと、彼女は私を呼びとめて、借りた金額とぴったり同じ二〇〇〇万ZDを返してくれた。そのお金を差し出しながら、彼女は言った。

「借りたお金を返さなかったら、もう二度と貸してもらえないものね」[3]。セカイは清々しい表情を浮かべていた。

（二〇〇八年三月二八日：一米ドル＝約三〇〇〇万ZD）

私がセカイにお金を貸した日（二〇〇八年三月一三日）、バス代は一〇〇〇万ZDだった。それに対して、お金を返してもらった日の四日前（二〇〇八年三月二四日）のバス代は、約一五〇〇万ZDだった[4]。したがって、額面通りに借金を返された私は「損」をしたとも考えられる。

しかし、セカイが私にお金を返したとき、自分が相手に損させたというようなようすは見られず、むしろ自分が約束を果たして正しい行いができたことに満足しているようだった。

このようにセカイが私にしたことは、決して特別なことではない。セカイに限らず、それまで私が目にした知人どうしでZDが貸借されるケースでも、返金はすべて額面どおりだった。私の同居人コリーヌとその友人ルンビの場合も同じである。

ルンビとコリーヌのやりとり

二〇〇七年一二月、ルンビがスーパーのレジで買物の支払いをしようとしたところ、持ち合わせのお金が足りなかった。そばにいたコリーヌが足りない分を補充し、支払いは無事に終わった。スーパーを出るとルンビはコリーヌにお礼を言った。「ありがとう。今度（*manguwana*）[5]返すわ」

数週間後、コリーヌと私はルンビの家を訪問した。おしゃべりの途中でコリーヌが思い出したように言った。「あなた、わたしのお金、持ってるでしょ」。それを聞いたルンビは、慌てるようすもなく「そう、そう。いくらだっけ？」と落ち着いて金額を確認し、額面どおりコリーヌにお金を返した。

この一件は、これできれいに済んだ。貸した側のコリーヌが、「わたしのお金が減価した」などと愚痴を言うことはなかった。借りた側のルンビが、「早く返そう」と急ぐようなこともなかった。あるいは、ふたりのあいだで「今度ZDでお金を貸し借りするときは、借金の金額を米ドル換算して、目減りした分を調整しよう」などと、厳密な清算方法が検討されるようなこともなかった。このやりとりは、ふたりのあいだではきちんとしており、まったく何の問題もなかった。ふたたび同じ状況が起きれば、彼女たちは躊躇うことなく、できる限りお金を貸しあうのだ。

露天商たちとのやりとりでも、やはりZDの減価を気にしないような態度が見られる。二〇〇七年一二月末、私が日本に一時帰国する準備をしているときのことだった。

新聞代の後払い

私は露天商ババ・タナカに二カ月間（八週間）、新聞（政府系日刊紙一種と日曜新聞一種、独立系週刊紙四種）を保管しておいてほしいと頼んだ。新聞の代金は前払いして行った。インフレを考慮して、その当時の新聞代の二倍の金額、一億一二〇〇万ZDを払っておいた（インフレを考慮して新聞代を二倍払うことは、私の方から提案した）。

しかし、私が日本に滞在中、ジンバブエの新聞代は予想以上に値上がりした。私が払っていった金額では、五週間分の新聞代にしかならなかった。私はババ・タナカに三週間、新聞代を未払いにしていたことになる。

翌年の二月末、私が日本からジンバブエに戻ると、ババ・タナカはすぐに私に不足分を請求した。彼が請求したのは一億五三五〇万ZDで、それは単純に新聞代の不足分を合計した、額面どおりの金額だった。[6]（二〇〇八年二月二八日、一米ドル＝一七〇〇万ZD）

あまりにZDの減価のことを気にしすぎ、「おおらかな」態度をとらなければ、かえって気まずい雰囲気になることもある。私が食事の付け合せに使う青菜（*muriwo*）を近所の露天商ババ・アネスから買おうとしたときのことである。

青菜代の支払いを急ぐ

青菜を買いに、通りの角の露天商ババ・アネスのところへ行く。青菜は一束五億ZDだと言う。

「え？　五億ZD？」

「そうだよ」

「いつから？」

「んー、土曜日〔二日前〕から」

「そんな大金、持って来なかったわ」

「ああ、いいよ。お金は明日持っておいで」

「いやいや、取ってくるよ」

「いいよ、明日（*manguana*）で」

「ほんとに？　ありがとう」

そんなやりとりをして、私は青菜を手にして家に帰ったが、やっぱり「借金」が気になりだしてしまう。家にお金はあるのだから、減価するまえに少しでも早く返した方がいいのではないか？　そう思った私は、お金を持ってもう一度ババ・アネスの売り場へ向かった。しかし、私がお金を渡すとババ・アネスは次のように言い放った。

「明日でいいって言ってるのに、なんでお金を持ってくるんだ。え？」

私が急いでお金を返しに来たことが、ババ・アネスにとっては心外のようだった。私は彼の厚意を素直に受け容れるべきだったのだ。（二〇〇八年六月一六日）

これらのやりとりで、私は彼らにくらべて「異常に」ＺＤの減価を気にし過ぎている。たとえばこのババ・アネスとのやりとりの場合、青菜代が翌日に値上がりしなければ、私が翌日その代金を返済したとしても、とくに「減価」が生じたとは言えないだろう。また先述のババ・タナカとの事例で、私は三週間分の新聞代を後払いしたが、このときの三週間、新聞代は一度も値上がりしていなかった（選挙直前の時期で、新聞代の値上げが控えられた[7]）。新聞代を基準にすれば「減価」はじっさいに発生していなかったとも考えられる。ただ、モノの価格がいつどのように値上がりするか、また借り手がどのようなタイミングで「借金」を返せるかどうかは、あくまで結果的に分かることである。ここで私がとくに問題にしたいのは、彼らのやりとりでじっさいに減価が生じたか否かではなく、減価が生じる可能性の高い不確かな状況で、彼らがそのリスクや損失を不問にし、あたかも減価のことを念頭に置いていないかのようにふるまうことである。

私は後日あらためてババ・タナカに、新聞代の不足分について、なぜ減価のことを気にせず不足分を額面どおりに請求するのか聞いてみた。すると、彼は次のように答えた。「だって、きみは新聞代を前払いしていったし、友達だからお互いに助け合うんだ」（二〇〇八年三月八日）。

「友達だから、助け合う」というババ・タナカの説明は、彼の実感として正しいのだと思う。友人に対する親切心と友人関係から生み出される互酬性がなければ、こんな貸し借りはやっていられない。じっさい、ババ・タナカは、彼が毎日新聞を配達している教会から、なかなか新聞代（一カ月分）を支払わってもらえなければ、「本当は八〇〇〇億ZDのところを、一兆ZD請求したりする」ことがあると言う（二〇〇八年七月五日）。その一方で、親しい知り合いが困窮しているとき、相手が返済できる見込みが薄く踏み倒される可能性が高くても、それを覚悟のうえでお金を貸す（二〇〇八年八月一一日）。ババ・タナカの場合、本当は減価のリスクがあるのは承知のうえで、人間関係にもとづく助け合いの精神で、目をつぶっているのかもしれない。

ただ、「友達だから、助け合う」という説明だけではあまり釈然としない。人類学者の太田至は、ケニアの牧畜民トゥルカナのあいだでおこなわれる家畜の物々交換で、一般的な相場から逸脱するケースが頻繁にあることを紹介したうえで、次のように述べている。

当事者の関係が「親しい」か「親しくない」かによって後日の支払い方法が決まるというのは、いかにも曖昧な基準であるし、「それでは、親しいか親しくないかはどのように決まるのか」という別の疑問を残すにすぎない。（太田 二〇〇二：二二五）

本節の事例についても、「友達だから、助け合う」と理解すれば、それでは「友達か、友達でないかはどのように決まるのか」という疑問が残る。またそれ以上に「友達だから、助け合う」という説明が釈然としないのは、私にはZDを貸し借りし合う人びとが「ほんとうは減価について気にしていながらも、人間関係に免じて寛容な態度をとっている」ようには見えなかったからである。セカイが額面通りにお金を返してくれたときも、コリーヌがルンビから額面通りお金を返されたときも、「これですっきりと返済が済んだ」と、ＺＤの減価については何も気にしてもいないようだった。

したがって、ここでは彼らが「なぜ、減価について厳密にならずに寛容な態度をとるのか」（減価を問題にするという本来のルールに対して寛容な態度をとること）ではなく、「なぜ、彼らが減価を問題にしようとしないか」（そもそも減価を問題にしないルールを採用していること）について考えたい。

太田は、先に書いたような問題をふまえ、トゥルカナの交換における目的の具体性に着目し、彼らの交換を分析している。ある日、トゥルカナの男性がメスヒツジを連れて太田のところにやってきた。男性は、ヒツジを太田に売り、そのお金で家畜の病気を治療するための薬を買おうとしていた。男性は「その薬の値段は二五〇シリングだから、ヒツジは三〇〇シリングで売ろう」という。太田は、「いや、その薬は二〇〇シリングで買える。だから二〇〇シリングを払う」と応酬する。途中で太田の寄宿先の家族が加勢にはいり、自分は薬を一七五シリングで買った。その値段は太田が一緒にいて、ふっかけられた値段だ、などと言う。結局ヒツジの値段は、太田が言った二〇〇シリングに、男性が買う紅茶と砂糖代を上乗せし、二三〇シリングとなった（太田 二〇〇二：二四四）。

この事例では、ヒツジの価格を決めるために、薬の価格相場が参照されている。けっきょく、ヒツジの値段は、ヒツジを売って得られるお金の具体的な使い道、つまり薬と紅茶と砂糖の（市場）価格によって決められた。

ＺＤの貸借の場合にも、交換の目的の具体性が鍵となっていると考えられる。借り手が借金を返済するとき、借金の「実質」価値ではなく「額面」価値を重視するという彼らのやり方は、一見すると交換目的の具体性から離れてしまうように思える。なぜなら、「お金を貸した時のバス代」と「返してもらったときのバス代」という具体的な「実質」価値を考慮しないからこそ、名目上の数字である「額面」金額を返済しているようにも見えるからである。

けれども、やはり実質価値を知るために何らかの方法で「減価」を計算しようとすることは、ＺＤを貸借する当事者たちの具体的な状況をとらえているとは言えない。なぜなら、セカイの事例の場合、じっさいにそのお金を使ってバスに乗ろうとしていたのは私ではなく、セカイだからだ。そのときの私はとくにバスに乗る予定もなく、ほかにそのお金を使う具体的な予定があるわけでもなかった。彼女に私が貸したお金は、具体的な使い道のない、少なくともそのときの私にとっては、なくても困らないものだった。一方のセカイは、まさにそのときそのお金が必要だという具体的状況にあった。セカイは、そのときとくに使い道がなく私のカバンの中で放置される予定だったZDを、ただ使っただけなのだ。

そもそも、私がここまで問題にしてきたZDの「減価」とは、どのようにして認識されるものだろうか。セカイに貸した二〇〇〇万ZDが返済時に「減価」してしまったと言うとき、私は暗黙のうちに比較材料として米ドルとの交換レートや値上げされたバス代を参照している。ZDの「減価」は、このように何か別の価格と比較しない限り認識できないものである。しかし、これらの価格を比較対象として挙げる必然的な理由はない。なぜなら、繰り返すが私はセカイに貸したお金で米ドルを買おうとしていたわけでも、バスに乗ろうとしていたわけでもなかったからだ。使い道のないお金をただカバンの中に入れておいても、そのZDの額面がインフレの進行に合わせて変わってくれるわけではない。じっさいにそのお金でバスに乗ったり、米ドルを買う予定がなかったのなら、セカイに貸したお金の金額をわざわざ米ドル換算し、「もしも、そのお金で米ドルを買っていたら……」などといくら計算しても、それは単に私が勝手に仮想した話でしかない。このように考えると、彼らが実質価値ではなく額面通りにZDを返すことも、それほどおかしいことではないだろう。

抽象的な交換レートや当事者とは直接関係のない価格を参照に、「妥当な価格」や「実質価値」、「減価」の値を計算しようとするやり方は、ルーマンの言う「リスク」の想定にもとづく「信頼」という制度とも重なる。中川敏は、調査地インドネシアのエンデに見られるブタの貸借に、ふたつの方法があるとする。ひとつは等価交換の原理で成り立つ貸借（ペッイ）、もうひとつは互酬性の原理で成り立つ貸借（マザ）である。これをルーマンの議論と結びつけると、前者は「信頼のゲーム」、後者は「信用のゲーム」だと言える（中川〔敏〕二〇一二：一三）。

信頼とはあなたが負けるかもしれない賭けである。それは常に「リスク」と表裏一体のものなのだ（Luhman 1998）。

信頼のゲームでは、〔……〕常に数えること、記録することが重要になる。なぜなら、信頼には、つねに裏切りの可能性があるからだ。

信用のゲームは対照的である。〔……〕人は数えることも、記録することもしない。近い将来に、だいたい同じようなものが返却されることが期待されるだけである。そして、あたかも何も起きていなかったごとくに人びとは行動する。マザされた豚が、いまでもそこで餌を食べているかのごとくに。信用は近代にない制度である。われわれには信用をプレイする余裕はないのだとギデンズは言う（Giddens 1990）。（中川［敏］二〇一二：一三）（強調は中川）

「信頼のゲーム」の貸借では、「リスク」が想定される。中川がそれを「あなたが負けるかもしれない賭け」（強調引用者）だと言うように、この「リスク」は貸し手が損失を被るかもしれない可能性、借り手が貸し手に不利益を与えるかもしれない可能性である。「信頼のゲーム」は、このように「かもしれない」という不確定な状況を想定することで、成り立つのだ。これは近代的な制度であり、「担保」「罰金」（そして「利子」）などがつきものだと言う（中川［敏］二〇一二：九―一三）。これに対して「信用のゲーム」の貸借では、このような「リスク」は想定されない。貸し手が損失を被るかもしれない可能性や、借り手が不利益を与えるかもしれない可能性などは考慮されないのである。ある人が何か不足した状況になったとき、その人はただ誰か別の余裕のある人のもとへ行き、相手の了解を得て借りたいモノをただ「取って」帰る。そして返却が必要になったとき、あるいは返却が可能になったとき、だいたい同じようなものを返しておくのである（中川［敏］二〇一二：九）。

ZDの貸借の事例でも、「かもしれない」という「リスク」の可能性は想定されない。借り手は貸し手のお金をただ借りて（取って）使い、そのあいだに相手が被る「かもしれない」損益のことなど考えずに、ただ返すだけだ。このような貸借が成り立つのは、彼らが「信用のゲーム」、つまり「実質的価値」や「減価」を想定しない、近代の制度とは異なる原理の貸借をしているからである。

5　おわりに

本章では、ＺＤの現金に焦点を当て、急激に減価する貨幣が日常的やりとりのなかでいかに使われるのか、人びとの語りや実践をもとに具体的に考察した。絶え間ない価格上昇や紙幣の乱発など、急速に減価していることが誰の目にも明確に見てとれるＺＤには、貨幣としての信用がほとんどないかのように思える。しかし、価格上昇が続いても、紙幣が乱発されても、ＺＤは（少なくとも一部の）人びとのあいだでは日常的に使われつづけていた。商売をするときなど、減価がとくに問題になるときは、ＺＤは交換手段として限定目的貨幣化され、合理的に使われた。ただし、なぜ人びとがＺＤを使いつづけるのかを考えたとき、このような合理的、機能的な理由だけを挙げるのは不十分だろう。貸借の事例で見たように、ＺＤの急激な減価は、必ずしもつねに問題とされることではない。減価やリスクを問わない枠組みでＺＤをそのまま受け容れることも、減価する貨幣を人びとが使いつづけるひとつの理由になっている。

さて、本章で中心的にあつかった二〇〇八年半ば、ＺＤ現金は特殊な状況におかれていた。本章のはじめでも少し触れたとおり、ＺＤ現金が銀行預金に比べて相対的に高い価値を帯びていたのである。このことは、ＺＤがハイパー・インフレ下でも流通しつづけたもうひとつの理由になっている。とくに露天商が、激しいインフレにもかかわらず、ＺＤ現金とモノ（商品）とをただひたすら素早く回転させるだけで、商売を破綻させることなく維持できていたのは、この預金と現金との価値の二重化によるところが大きい。（二〇〇八年一二月には、インフレが激化し、多くの露天商が商売を破綻させた。「おわりに」参照。）次章では、銀行に預け入れられた預金としてのＺＤに焦点を当て、ハイパー・インフレ下の複雑な貨幣状況について考察する。

第4章　預　金

本章は、ＺＤのなかでも銀行口座に預けられた預金に焦点を当てる。前章で少し触れたとおり、二〇〇八年には同じ金額のＺＤでも、現金の方が預金よりも貨幣価値が高いという事態が起きていた。こうした事態を引き起こしたのは、ＺＤの現金不足と預金封鎖である。

1　足りない現金

預金封鎖

ハイパー・インフレ末期にあたる二〇〇八年後半、激しい物価上昇とともに人びとを悩ませていたのが、深刻な現金不足の問題だった。ハイパー・インフレや高インフレ下では、物価と賃金の上昇や闇市での取引の増加などから、現金の需要が常時より高まる。そこに燃料不足や印刷工のストライキなど何らかの事情で紙幣の印刷や供給が滞ると、たちまち世間は現金不足におちいる。一九二三年のドイツのハイパー・インフレ下でも現金不足が起こり、企業や地方自治体が独自に紙幣を発行するなどの処置がとられていた（ファーガソン 二〇一一：二〇三―二〇五）。

ジンバブエではインフレが急速に進んだ二〇〇〇年以降、現金不足の問題がたびたび発生していた。たとえば、二〇〇七年一一月、その年の六月末におこなわれた厳格な価格統制後、生活必需品が闇市で多く取引されるようになったことから現金不足が起きている。現金不足が起こると、遅かれ早かれ結局は中央銀行がさらなる高額紙幣を発行して市場に投入し、一、二カ月程度で問題は解消した。

しかし、二〇〇八年の現金不足は深刻なレベルの状態が半年以上続くという過酷なものだった。二〇〇八年に現金不足が深刻化した理由のひとつとして、EUによる制裁強化が関係していると言われている（cf. RBZ 2008 ; *IRIN*, August 4, 2008）。EUは三月のジンバブエ大統領選挙で不正行為があったとし、制裁の一環として長年ZDを供給してきたドイツの印刷会社（Giesecke and Devrient社）にZD紙幣の印刷を中止させた。以来、ZD紙幣の印刷はジンバブエ国内でおこなわれるようになったが、燃料や材料が不足していたため紙幣の供給が遅れた。

現金不足の問題が深刻化したのは、とくに六月ごろからだった。前月の五月までは天井知らずに上昇していた米ドルの闇両替レートが、このころから急に勢いを失い、ときには何日間も変動しなくなった。この時期から、個人や法人が銀行口座から一日に引き出せる現金の上限額が、極端なほど（実質的に）低い金額に設定されていた。中央銀行は、現金引き出し上限額をおよそ月に一度のペースで引き上げ改定していたが、インフレの勢いはすさまじく、そのペースではまったく追いつかなかった。このように現金の引き出しを極度に制限する金融政策のことを本書では「預金封鎖」と呼ぶ。

当時の預金封鎖がいかに理不尽なものか理解するために、現金不足が深刻化する以前の二〇〇七年と、それ以降の二〇〇八年の引き出し上限額の実質的価値を比較してみよう。たとえば二〇〇七年七月一二日、一日あたりの引き出し上限額がそれまでの一五〇万ZDから一〇〇〇万ZDに改定された。この日の米ドルの闇両替レートは、一米ドル＝約一七万ZDだったので、この引き出し上限額は約五九米ドルに相当する。この引き出し上限額の価値を週刊紙『ファイナンシャル・ガゼット』の価格でも表してみよう。当時は一部四万ZDだったので、この引き出し上限額には新聞二五〇部を買えるだけの価値があった。この現金引き出し上限額が次に改定されたのは、一一月七日のことだ

2007年と2008年の引き出し上限額の比較

	一日あたりの引き出し上限額	１米ドルの闇両替レート	引き出し上限額の米ドル換算	新聞１部の価格	引き出し上限額で購入できる新聞部数
2007年７月12日	150万 →1,000万ZD	約17万ZD	約59米ドル	４万ZD	250部
2008年７月２日	250億 →1,000億ZD	250億ZD	４米ドル	200億ZD	５部
2008年７月19日	1,000億ZD	900億ZD	1.1米ドル	1,500億ZD	０部
2008年８月１日	1,000億ZD →2兆（＝200*）ZD	900億（＝9*）ZD	約22米ドル	5,000億 （＝50*）ZD	４部

（2008年８月１日の＊のついた金額は、デノミ後の新通貨でのもの）

った。その前日の一一月六日、米ドルの闇両替レートは一米ドル＝一〇〇万ZDだった。したがって、この引き出し上限額は一貫して一〇米ドル以上の価値があったということになる。

それに対して、二〇〇八年の引き出し上限額の実質的価値は、くらべものにならないほど低い。たとえば二〇〇八年七月二日、引き出し上限額が二五〇億ZDから一〇〇〇億ZDに改定された。このときの米ドルの闇両替レートは一米ドル＝二五〇億ZDだった。引き出し上限額が改定された直後のこの時点でも、その価値は四米ドル相当しかない。二〇〇七年の例と同じく『ファイナンシャル・ガゼット』の価格でも比較してみよう。新聞代はこのとき一部二〇〇億ZDだったので、この引き出し上限額は新聞五部をやっと買うことができる価値しかなかったということになる。それから二週間（七月一九日）もすると、米ドルの闇両替レートは一米ドル＝九〇〇億ZDにまで上昇し、ZDの価値は二週間で四分の一ほどに下落した。この時点で、上限額いっぱいに現金を引き出しても、もはやその額では新聞一部（一五〇〇億ZD）を買うこともできない。それでもこの引き出し上限額は、その後もしばらく改定されずにそのまま据え置きにされた。次に引き出し上限額が改定されたのは、それから一〇日間以上経った八月一日のことだった。

預金封鎖が課されていた当時、ハラレ市内の銀行周辺では異様な光景が見られた。通常、公務員や企業のサラリーマンが自分たちの月給を全額引き出すには、数日から一週間以上かかった[1]（公務員の場合は月給の振込み自体が遅れることも多かった）。行列に並び、時間をかけて現金を下ろしているあいだに、彼らの月給の価値はどんどんと下がっていった。ＡＴＭの前には、朝から長い行列ができ、銀行の入り口付近は人で混雑し、その前の通りを歩くことができないほどだった。まだ日が昇らないうちから列に並ぶ人や、ＡＴＭの前で寝て夜を明かす人までいた。行列に並んだからといって、必ず現金が入手できるとはかぎらなかった。銀行支店に現金が届けられないときもあり、また停電になるとＡＴＭが使えなくなった。

前回の引き出し上限額の改定から日にちが経過して、現金を上限額いっぱいに引き出しても、それでは何も買えないような価値にまで下がってくると、銀行の前に並ぶ人はまばらになっていく。そしてまた、引き出し上限額が改定されると、ふたたび銀行の前に人が殺到し、長い行列ができるのだ。

そもそもは中央銀行が新たな紙幣を市場に投入しつづけることがさらなるインフレを招くのだが、人びとの目からすれば、自分たちの経済状況が苦しいのは、中央銀行が引き出し上限額を引き上げずに十分な現金を供給しないからだった。

支払い手段としての預金

預金を現金化しなくても、預金そのものを支払い手段としてもちいることができれば、わざわざ長い時間行列に並ぶ必要はない。たとえば、（１）デビット・カード、（２）小切手、（３）ＲＴＧＳ（Real Time Gross Settlement：即時グロス決済）システム（詳細は後述）などを使うのである。

ただし、支払い手段としての預金は、現金と比べるとはるかに汎用性が低かった。当時のジンバブエでは、多くの生活必需品を闇市や国外で調達する状況にあり、こうした支払い手段で入手できる商品はごく限られていたからである。それぞれの支払い方法の用途と問題点をまとめると、次のようになる。

（１）デビット・カードは銀行のキャッシュ・カードと一体化しているもので、買物の代金を自分の口座から即時に引き落として支払いができる。デビット・カードは預金で決済をするためのもっとも一般的で手軽な手段だが、このデビット・カードを使うにも問題は多かった。まず、店頭で受けつけているデビット・カードの種類が限られていた。当時のジンバブエのデビット・カードには、VISAとジムスイッチ（Zimswitch）という、ふたつの種類があったが[2]、このうちVISAは早々にサービスを停止し、二〇〇八年の半ばにはほとんどの店で受けつけられなくなっていた。それに対してジムスイッチは、二〇〇八年一〇月半ばまで使用することができた。通常であれば国際ブランドであるVISAの方がローカル・ブランドのジムスイッチよりも信用や汎用性が高いはずなのだが、二〇〇八年六月から九月ごろまでのこの時期にかぎっては、VISAよりもジムスイッチの方がはるかに役立つものだった。ただし、たとえジムスイッチであっても、デビット・カードで支払いができる店はごく限られていた。それらの多くは大手スーパーマーケットやファーストフード店だったが、スーパーマーケットは生活必需品の品揃えが悪く、ファーストフード店でも限定的なメニューしか買うことができなかった。

（2）小切手は、現金を支払う代わりに金額を記した様式を作成し、支払いを銀行に代行させるものである。ジンバブエでは個人が小切手を切って買物の支払いをすることは珍しいことではないが、二〇〇八年には小切手を受けつける店がかなり少なくなっていた。私の知る限りでは、小切手は新聞の定期購読の支払いや一部の洋服店などでしか利用できなかった。小切手の問題は、決済処理に時間がかかることである。そのため、インフレを見こして若干代金を上乗せされて請求されたり、買物をしても決済処理が済むまでは商品を受け取れなかったりした。その場で商品を受け取れない場合は、一週間ほど経ってから再度、店に出向いて商品を受け取りに行かなければならない。

（3）RTGSシステムは、日本ではあまり馴染みがないが、決済を瞬時におこなえる電子ネットワークシステムのことである。取引が電子化されているという点はデビット・カードと同じだが、基本的にRTGSシステムは小口取引ではなく、企業間決済のような大口取引でもちいられる。支払い手続きは店頭ではなく銀行へ出向いて指定の様式に記入しておこなう。RTGSシステムは銀行で手続きを済ませると即時に受領者側に入金されるので、送金者はその日のうちに取引先へ行って商品を手にすることができる。このRTGSシステムでは、たとえば携帯電話の通話カード、工場で生産される加工食品などを購入できたが、その種類は限られていた。RTGSシステムのもっとも不便な点は、基本的には大口取引のためのものなので、一度に大量の商品を買うなどしてそれなりに高額の取引をする必要があることだった。

このように、預金を直接支払い手段としてもちいた場合、生活必需品など本当に必要なモノを買うことは難しかった。しかし、その限られた用途を少し工夫して利用すれば、銀行から何日もかけて少しずつ現金を引き出すよりも、短い時間で多額の現金を入手することができた。たとえばジムスイッチのデビット・カードで商品を購入することは「スワイプ」と呼ばれ、「スワイプ」で購入した商品を現金で売却することは、しばしばとられる現金の入手方法だった。ある日、家の近所の通りで見慣れぬ人が二リットルのジュースを肩に担いで立っていた。何をしているのか尋ねると、「このジュースを売ってるんです。買いませんか。店で買うより安いですよ」と言われた。この人は、自分のデビット・カードで「スワイプ」して買ったジュースを、現金で買ってくれる人を探していたのである。また、スーパーマーケットやファーストフード店では、現金で買物をしようとしている人の支払いを自分のデビット・カードで「スワイプ」して代行し、代わりにその人から現金をもらおうとする人たちが、レジの周りにたむろしていた。二〇〇八年六月、七月ごろにはファーストフード店に、こうした現金目当ての多くの人が集まり、その数は客の人数よりも多いほどだった。

預金封鎖の明暗

現金不足と預金封鎖の影響の大きさは、職業や賃金の支払われ方などによってかなり異なっていた。預金封鎖の打撃をもっとも直接的に受けたのは、毎月銀行口座に振り込まれる給料を生計の頼りにしていた公務員や企業のサラリーマンたちだった。それに対して、ＺＤの現金を日銭として稼ぐ露天商たちは、現金不足や預金封鎖の影響を直接的にはあまり受けなかった。当時のジンバブエでは、月給取りより、露天商の方がはるかに豊かな生活を送ることができたと言ってもよいほどだ。

たとえば、前章で見たように、露天商のババ・タナカは、七月末の二日間で、三兆九〇〇〇億ＺＤ（＝三九米ドル相当）の「利益」を得ていた。この「利益」は、当時のジンバブエの状況からすると驚くほどの高額である。ババ・

タナカはこの翌日（二〇〇八年七月三一日）、二兆五〇〇〇億ZDもする大きな黒い鍋を購入した。この鍋は主食のサザを調理するためのもので、長い間念願だった奥さんへのプレゼントだ。

いっぽう、当時、非常な困窮状態にあったのは、公務員のミミだった。ミミはコリーヌの教会仲間で、当時はある行政機関の部局で公務員の給料を計算する会計士として働いていた。彼女はババ・タナカが鍋を買うのとちょうど同じころ、「石けん一個買えない」と私の前で泣いて窮状を訴えた。当時の銀行の現金引き出し上限額は、先ほど確認したように一〇〇〇億ZDで、新聞一部も買えないほどわずかな価値しかなかった。ミミはこのとき、石けん一個を買えないどころか、乗合タクシー代もなく、毎日片道一時間弱かけて歩いて職場へ通っていた。その後、彼女はとうとう生計が立てられなくなり、最終的に二〇〇八年一二月にジンバブエを出国し、南アフリカへ移住した。

同じ月給取りでも、銀行関係者たちは、預金封鎖の状況下でも比較的容易に現金を入手することができたと言われている（Chagonda 2012）[3]。当時の新聞でも、銀行員らが一般顧客用の現金を不正に自分たちのために利用しているという話題が、たびたび報じられていた（ex. *Herald*, December 9, 2008）。私も調査中、連番で新札のZDの札束を持っていた町の闇両替商に「なぜ、そんな現金を持っているのか」尋ねたところ、「親族に中央銀行職員がいるんだ」と返答されたことがある。

預金封鎖の影響とその経験について、当時国立病院に勤めていた私の同居人コリーヌと銀行に勤めていたエリックを例に、確認しておこう。

モノが買える

二〇〇八年三月一日、コリーヌと私がスーパーマーケットに行くと、牛乳を持ってレジの列に並んでいる人がいた。私たちは牛乳売場の方へ走った。すると、売場の隅に置かれた段ボール箱の中にかろうじて牛乳が残っていた。長期保存用牛乳五〇〇ミリリットルが六〇〇万ZDだった。コリーヌが四個、私が二個買った。

牛乳を買った後、コリーヌは銀行のATMへ現金を下ろしに行った。ATMでは五億ZD（＝約二五米ドル）引き出せた。長い行列もなかった。コリーヌは言った。

「驚くべきことだわ（*Zvinoshamisa*）。ATMで〔長い行列で待つことなしに〕簡単にお金を手に入れられるなんて。以前〔＝二〇〇七年一二月〕は現金がなくて長い行列があったでしょう？　でも、今は現金が手に入る」

コリーヌが現金を下ろし終わると、今度は牛乳を飲みながら歩いている人が、私たちの目の前を通り過ぎた。その牛乳は長期保存できない、先ほど私たちが買ったのとは別の種類のものだった。私たちは急いで、また近所にある別のスーパーマーケットへ行ってみた。その店の冷蔵コーナーでは大量の牛乳が販売されていた。

「すごい、牛乳だ」

私たちは感激しながら、五〇〇ミリリットル、四八〇万ZDのその牛乳を手に取った。結局、コリーヌが五個、私が五個、ふたりで五リットル分、停電を心配しながらも購入した。（二〇〇八年三月一日：一米ドル＝約二〇〇〇万ZD）

スーパーマーケットで牛乳が売られ、銀行のATMで行列に並ぶことなく現金を引き出せ、その現金で苦もなく牛乳が買える。コリーヌが「驚くべきだ」と表現したこの日の出来事は、ほぼすべてが政府の合法経済の秩序のなかに収まっていた。二〇〇八年三月一日というこの日、月末には大統領選、上下院選、地方選の統一選挙が予定されていた。そのため、与党は、選挙活動に本腰を入れ、食糧や生活必需品、肥料、現金などが有権者たちに行きわたるよう、流通を管理していたのである。

しかし、このような驚くべき経済状況は一時的なものに過ぎなかった。選挙が終わるとスーパーマーケットには生活必需品どころか商品自体がほとんど並ばなくなった。銀行で引き出せる現金の額もごくわずかな価値になっていた。

モノが買えない

七月、コリーヌは久しぶりにスーパーマーケットへ買物に出かけた。しかし、彼女は出かけたとたんに憤然としながら家に帰ってきた。何も買えなかったのだ。

コリーヌによれば、スーパーマーケットにはほとんどモノが売られていなかった。かろうじて売られている商品にはバカバカしいほど高い値段がついていた。

「あんた、知ってる？　今は本当にモノが高いのよ。七五〇ミリリットルの食器用洗剤が、二兆ZDもするのよ。何でもかんでも兆（trillion）、兆って、何も買えないわよ。もう今晩は仕事へ行くの、やめるわ。教会に行って、夜通しお祈りをするわ」（二〇〇八年七月一八日：一米ドル＝約九〇〇億ZD）

コリーヌが仕事に行かないなどと言いだすのは、珍しいことだった。彼女はジンバブエでは希少な「ストライキをしない医師」だった。国公立病院の医師や看護師たちが給料の値上げを求めてストライキをすることは常態化していたので、病院に医師がいないことは、ジンバブエの「常識」のように理解されていた。なぜストライキをしないのか、私がコリーヌに尋ねると、「給料の値上げは必要だと思うけど、労働条件が悪いからと言って、医師が病院に行かないというのは、よくないことだと思う。医師が仕事に行かなければ、病院はどうなるの？」と不思議そうに聞き返された。

コリーヌは、国立病院の医師以外にも私立病院で代理医師をしていた。これは、国立病院の少ない給料を補うために彼女がしていた副業だった。私立病院の時給は一〇米ドル以上（ただし、この時点では給料はZD建てで銀行口座振込み）で、時どきガソリンのクーポンや生活必需品が手当として支給されることもあった。この日、彼女が仕事に行かないと言ったのは、国立病院ではなくこの代理医師の方だった。

コリーヌは一日だけ仕事を休み、翌日からは普段通り復帰した。なぜ仕事に行く気になったのか尋ねると、彼女は諦観したようすで話した。

「怒っても、怒らなくても、何も変わらないのよ。だから、もう怒らないのよ」（二〇〇八年七月二六日）

コリーヌがスーパーマーケットで何も買えなかった日、銀行の引き出し上限額は、一日あたり一〇〇〇億ZD（＝

約一・一米ドル）だった。この日はパン一斤が一五〇〇億ZD、牛乳五〇〇ミリリットルが一七七〇億ZDだった（ただし、見つかるとは限らない）。銀行から現金を上限いっぱいに引き出しても、その額では食器用洗剤ばかりでなく、パンや牛乳を買うことも無理だったのだ。

さらにコリーヌを苦しめたのは、デビット・カードの問題だ。彼女が持っているデビット・カードはVISAのもので、多くの店で受けつけられていなかった。

使えないデビット・カード

ある日の夕方、南アフリカへ移住するという友人を見送るため、コリーヌと私は国際バスターミナルへ出向いた。コリーヌが車を運転し、友人のルンビとその息子のエマソンも同乗した。バスターミナルへ行く途中、車の中ではコリーヌとルンビが「私たちもそろそろ国外移住をしようか」と話しながら盛り上がった。

バスターミナルで友人を見送った帰り道、車の中でコリーヌが突然、「今日はピザを食べたい」と言いだした。私の見るかぎりコリーヌは、ジンバブエを去る友人を見ながら、この国で生活することの不安や疑問を改めて感じていたようだった。彼女はそのまま家に帰って私とふたりで昨日の残りものを食べる気にはなれず、何か特別なものを食べて気分転換しようとしているようだった。

「わたしの銀行口座には三〇〇〇ZD（＝一〇日前におこなわれたデノミ前の旧通貨では三〇兆ZD、現金レート（後述）換算で約六〇米ドル相当）入ってるんだから」

コリーヌがそう言うので、私たちは皆でそろって二番通りのピザ屋に行った。店に入るとコリーヌは、自分のデビット・カード（VISA）で支払いが可能か、店員に確かめた。しかし、そこでは使えなかった。

私たちはF通りのフードコートに移動した。しかし、ここのピザ屋でも、コリーヌのデビット・カードは拒否され、やはりVISAではなく、ジムスイッチのデビット・カードしか使えないと説明された。ピザ屋のとなりのハンバーガー屋へも行ってみると、そこではVISAで支払い可能だと言われた。しかし、じっさいにコリーヌのカードを機械に通してみると処理はできなかった。

今度は一番通りのピザ屋に行ってみたが、そのピザ屋はもう閉まっていた。けっきょく、ルンビが夫のエリックに電話をし、お金を持ってくるよう頼んだ。エリックは、そのとき私たちがいた一番通りのすぐ近くにある銀行でシステム・エンジニアとして働いていた。

エリックを待っているあいだ、コリーヌはそばにある銀行のATMで現金を下ろせるかどうか試しに行った。やはり現金は下ろせず、彼女は手ぶらで戻ってきた。

しばらくするとエリックが現金を持って現れた。彼は五〇〇ZD（＝五兆ZD［旧通貨］）分の硬貨を両手の中でカチャカチャいわせながらやってきた。

仕事はもう終わったと言うエリックとともに、私たちはもう一度、二番通りのピザ屋へ行った。エリックの硬貨で支払いをし、私たちは無事にピザを買うことができた。けっきょく私たちがピザを買うのに、二時間半もかかった。（二〇〇八年八月一一日：一米ドル＝五〇ZD、引き出し上限額一日あたり三〇〇ZD、八月一日に旧通貨を一〇〇億分の一に切り下げるデノミがおこなわれたばかりであった）

このときエリックが現金を用意できたのは、彼が銀行に勤めていたためである。彼が硬貨で現金を持ってきたので、それがATMで引き出されたものでないことは明らかだ。

じっさいエリックや彼の同僚たちにとって、現金を入手することは一般の人たちほど難しくはないようだった。二〇〇八年一一月末、私はエリック家族と彼の同僚たちに誘われて、彼らが勤める銀行が保有するニャンガ地方の保養所へ行った。到着した当日から停電で、早朝、私は一緒に来ていた友人と外で火をおこし、朝食用のパンの代わりになるようなものを小麦粉で作って焼いた。支度がだいたい終わり食卓へ行くと、テーブルの上には食パンが四斤ほど並べてあった。「このパンをどうやって入手したの？」私が驚いてルンビに聞くと、一緒に来ていたエリックの同僚が近くの闇市で買ってきたのだと言う。「そんな大金〔現金〕をどこで手に入れたの？」と聞くと、ハラレを発つ前にエリックたちが職場でもらってきたのだと言う。その手続きは簡単で、ルンビの説明によると「休暇中に現金が必要ですって、上司に申請したら許可が下りて、現金を特別に多く下ろすことができたの」とのことだった（二〇〇八年一一月三〇日）。

エリックとコリーヌ、ふたりが預金封鎖から受ける影響は大きく異なり、ふたりにとって預金と現金のもつ価値と意味も大きく異なる。銀行勤めのエリックは、預金封鎖の最中でも自分の預金をかなり自由に現金化することができた。彼にとって預金と現金はほとんど取り替え可能なものである。彼のように自分の資産が預金だろうと現金だろうと、同じような価値のものとして使えることは、一般的にはごく当然のことであるが、預金封鎖下の当時のジンバブエでは「驚くべき」「異常な」幸運なのだった。

これに対して預金封鎖の影響をまともに受けるコリーヌにとって、ある金額のZDが預金か現金か、そのあいだには天と地ほどの違いがある。彼女は、銀行口座に自分の預金があるにもかかわらず、十分な現金も入手できず、欲しいモノも買えない理不尽な状況におかれていた。コリーヌにとって預金とは、現金や生活必需品の供給具合、銀行の引き出し上限額、そしてモノの価格がタイミングよく揃ったときにしか使えないという、不確定な機能しか持ち合わせない、ほとんど役に立たないものだった。

（前述したように、その後コリーヌは、国立病院を辞めた。彼女は、あるNGOが運営する診療所に新しい職を得て、晴れて給料の一部を外貨支給される身分になった。）

闇両替での１米ドルあたりの預金レートと現金レートとその格差

	預金レート（ＺＤ）	現金レート（ＺＤ）	格差	備考
2008年６月19日	140億	70億	２倍	
2008年７月19日	4,500億	900億	５倍	
2008年８月27日	1,200（＝12兆）	120（＝１兆2,000億）	10倍	８月１日，デノミが実施され，旧通貨が100億分の１に切り下げられた。
2008年９月12日	7,000（＝70兆）	250（＝２兆5,000億）	28倍	
2008年10月７日	80万	3,500	228倍	
2008年10月末	150億～500億	50,000	30万～100万倍	現金レートは10月24日，預金レートは10月26日に確認した数値。

2　預金と現金の不整合

レートと価格の二重化

「預金は現金よりもはるかに使いにくい、預金よりも現金が欲しい。」深刻な現金不足と預金封鎖のなか、このようにＺＤの預金と現金とを区別し評価することが一般的になっていた。預金と現金とのあいだに見られるこうした汎用性と選好の差が、やがて明確な数値として表れるようになっていった。

そのことがもっとも顕著に表れていたのが、外貨の闇両替レートである。現金不足が深刻化した二〇〇八年六月ごろから、外貨の闇両替レートは「預金レート」と「現金レート」とに二重化していた。外貨を闇両替するとき、ＺＤを銀行振り込み（預金）にするか現金受領にするかによって、レートが異なったのである。ＺＤを口座振り込みにするとレートは高くなり、現金受領にするとレートは低くなる。両者の開きは、二〇〇八年七月には五倍、八月は一〇倍、九月は約三〇倍、一〇月初めは約二〇〇倍、最終的には一〇〇万倍以上にまで及んだ。このふたつのレートを本書では、それぞれ「預金レート」と「現金レート」と呼ぶ。

本来は互換可能で価値比率はほぼ一対一であるはずの預金と現金が、預金封鎖下の闇市場ではこの互換性がなく、預金が現金に比べて大幅に「安売り」されていたことになる。

このように闇市場で見られた預金と現金との価値の差が、やがてスーパーマーケットや飲食店などの正規の商品価格にも反映されるようになった。つまり、ひ

価格の二重化：ファーストフード店の例（ＺＤ）
（2008年9月30日，現金レート１米ドル＝約400～3,500[4] ＺＤ）

品　目	現金価格	預金価格(デビット・カードでの支払い)
グリルチキン1/4＋ポテトＳ	7,500	190万
グリルチキン1/4＋ポテトＭ	9,000	230万
グリルチキン1/2＋ポテトＳ	１万2,000	300万
グリルチキン1/2＋ポテトＭ	13万5,000	390万
グリルチキン1/4	6,000	150万
グリルチキン1/2	１万500	270万
グリルチキン１羽	１万9,500	490万
ポテトＭ	4,500	120万
ポテトＬ	6,000	750万

とつの商品が「預金価格」と「現金価格」とのふたつの価格をもつようになったのだ。

「カネを焼く」

ただしこのように、スーパーマーケットなどで商品価格が二重化したのは、二〇〇八年九月ごろからのことだった。言い換えれば、九月になるまで正規市場では、あくまでひとつの商品にひとつの価格がつけられ、現金で支払おうが預金で支払おうがその価格は同額だったということである。また、銀行では預金と現金とが計量的に区別されることは決してなく、一貫して、預金と現金は額面上同額であれば同等の価値があるものとしてあつかわれていた。つまり、闇市場ではすでに六月ごろからＺＤの価値が預金と現金という通貨形態の違いによって明確に区別されていたのに対し、正規市場ではこのような通貨形態による価値の差は存在しないことになっていた（あるいは、しばらくは存在していなかった）。

このような正規市場と闇市場とのあいだに現れた預金と現金との価値比率の差を利用すれば、うまく利得を得ることができる。この方法は現地の俗語で「カネを焼く（*kupisa mari, kubhena mari*）」と呼ばれ、二〇〇八年の六月ごろから一〇月ごろまでジンバブエ国内でひそかに大流行した（cf. Gukurume 2010）。

「カネを焼く」とは狭義には、（1）「外貨を預金レートで両替すること」を意味する。さらに文脈に応じて、次の内容が加わることもある。（2）両

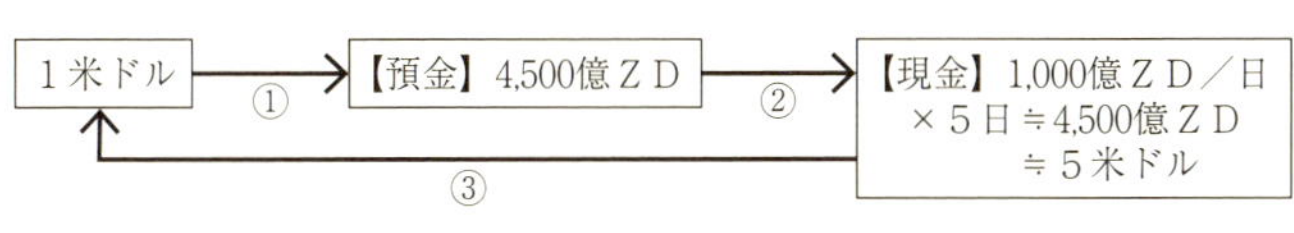

カネを焼く

替で得た多額の預金を銀行のATMで何日かにわたって引き出し、現金レートで外貨を両替した場合よりも多くの現金を得ること。（3）ATMで得られた現金で外貨を購入し、ふたたび（1）の行程から同じ作業を繰り返し、外貨を増やすこと。

具体的な数値で確認してみよう。たとえば、二〇〇八年七月一九日の場合、闇両替レートは現金レート一米ドル＝九〇〇億ZD、預金レート一米ドル＝四五〇〇億ZD、引き出し上限額は一日あたり一〇〇〇億ZDであった。このとき、一米ドルを現金レートで両替すると、九〇〇億ZDしかもらえない。しかし、①預金レートで両替すると、四五〇〇億ZDが口座に振り込まれる。②銀行のATMで一日一〇〇〇億ZDずつこの預金を現金化すれば、五日間で四五〇〇億ZDの現金を回収することができる（一〇〇〇億ZD×四日＋五〇〇億ZD×一日）。この金額は、現金レートで両替した場合の五倍である。③さらに、こうして得られた現金四五〇〇億で外貨を買い、さらに「カネを焼く」ことを繰り返せば、えんえんと外貨を稼ぐことができるわけである。

格安商品「バコシ」と「バコシ」商法

右のように「焼いた」お金を少しずつ現金化するよりも、もっと早く効率的に現金や外貨を得られる方法があった。それがRTGSシステムをもちいた「バコシ（*Bacossi*）」商法である。

「バコシ」とは、「格安商品」を意味する現地の俗語である[5]。「バコシ」商法は、次のような方法をとる。まずカネを焼いて（①の意味）多額の預金を得た後、RTGSシステムを使って何かの商品を大量に預金引き落としで購入する。次にその商品を現金で売却するのだが、ここで重要なのは、その商品をなるべく早く売りさばくために、売値を正規価格から大幅に値引きするという点である。これがこの商法が「バコシ（格安）」とよばれる理由である。最後に、こうして入手した現金をもちいて外貨を購入する。この過程を繰り返せば、やはりえんえんと外貨を稼ぐことができるのだ。

Sunday Lite

Bacossi at night

Sunday Lite

Feature

L2 October 5-11 2008

'This has become an intricate web of raising money'

Bacossi-mania

BACOSSI CRAZE . . . Imported goods and other locally produced commodities have curiously found their way on the parallel market were there are cynically tagged as BACOSSI products

バコシに関する報道（*Sunday Lite*, October 5, 2008）

当時ハラレ市内では夜中になると、荷台に大量の商品を積んだトラックが現れ、米、ピーナッツ・バター、食器用洗剤、ワセリン、歯磨きなどさまざまなモノが「バコシ」の格安商品として売られていたという[6]（*Sunday Lite*, October 5, 2008）。しかし、なかでももっとも際立っていた「バコシ」商法が、通話カード（携帯電話のプリペイド・カード）の販売である。

通話カードの例でバコシ商法のやり方をもう一度、具体的に確認しよう（cf. *Herald*, September 13, 2008）。仮に、預金レートが一米ドル＝一〇〇〇万ZD、現金レートが一米ドル＝一〇〇万ZDとし、元手が一〇〇米ドルだとする。まず「ディーラー」と呼ばれる卸売商人にあたる者が、一〇〇米ドルを使って「カネを焼く」（預金レートで闇両替する）。ディーラーの銀行口座には一〇億ZDが振り込まれる。次にディーラーは、RTGSシステムを使い携帯通信会社から通話カードを預金引き落としで購入する（ここでは、ディーラーによる通話カードの購入価格を単純に定価＝正規小売価格としておく）。ディーラーは一〇億ZD分の通話料の通話カードを仕入れることになる。ディーラーは、ハラレ市内を車で走りまわり、通話カードをあつかう露天商たちに自分が仕入れた通話カードを現金で売却する。このとき、露天商たちに対する売値は、定価や通常の卸売価格よりも安くなるよう大幅に割引する。ここでは仮にディーラーが定価の半額（仕入れ値の半額）で通話カードを露天商に販売したとする。通常、通話カードの卸売価格は定価の八八%[7]なので、露天商から

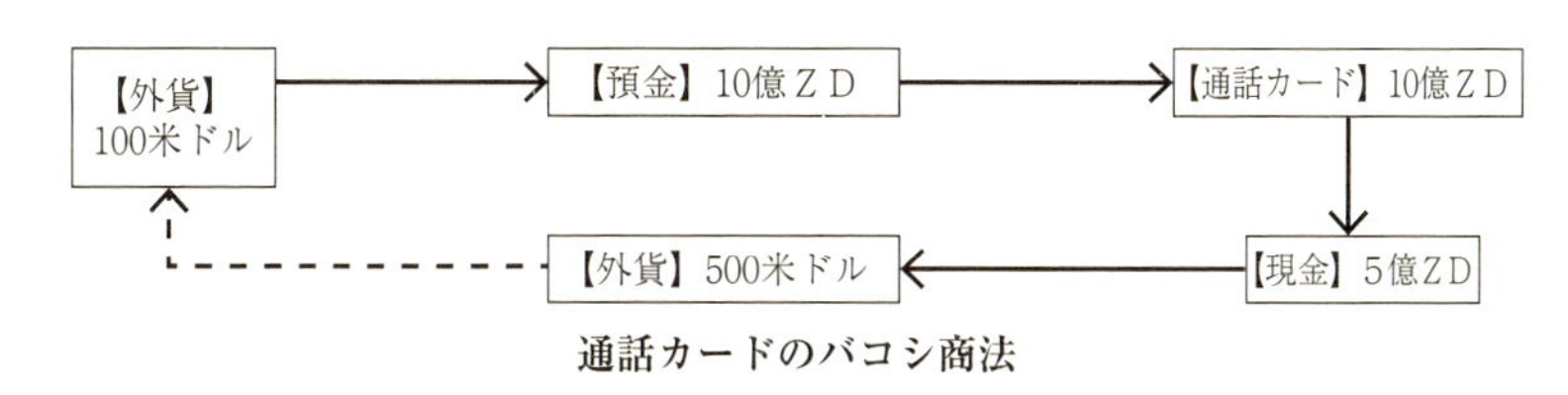

通話カードのバコシ商法

町で売られる通話カードの定価と実際の売値（2008年９月30日）（ＺＤ）

種類・会社	仕入れ値	定価	実際の売値	利益
A	900	5,000	2,500～3,000	1,600～2,100
B	1,300	5,000	2,500～3,000	1,200～1,700

見ればディーラーの販売する通話カードは格段に安い。露天商たちは喜んでディーラーから通話カードを買う。このとき露天商たちは必ず現金払いで通話カードを購入しなければならない。すると最終的にディーラーの手元には五億ＺＤの現金が入ってくる。手に入れた現金五億ＺＤは闇市で五〇〇米ドルに両替できる。元手は一〇〇米ドルだったので、四〇〇米ドルの利益が出ることになる。

ただし、これは理論上の説明で、実際には次のようなことを考慮する必要がある。（１）ディーラーが露天商に通話カードを売りまわっているあいだに、米ドルの闇両替レートが上昇しＺＤが減価すること、（２）ＲＴＧＳシステムで通話カードを購入するときは、現金払いの場合よりも若干高い金額が請求されることがあること、などである。

ディーラーたちは、露天商たちに対する値引きの割合を、日に日に大きくしていった。これは、闇市場の預金レートと現金レートとの開きがますます拡大し、またディーラーの数がしだいに増え、競争が増えたためである。

ディーラーから格安で通話カードを仕入れるようになった露天商たちには、空前の好景気が到来した。「最近、露天商たちは、みんな笑いが止まらないんだ」と、露天商ババ・タナカも嬉しそうに言っていた（そのいっぽうで、公務員たちは泣いていた）。通話カードの路上販売は、もともと少額の元手で手軽に始められるものだが、通話カードが「格安（バコシ）」で仕入れられればなおさらのことだ。それまで露天商をしたことのない多くの人たちが通話カードの販売に参入し、「にわか露天商」たちが急増した。

しだいに露天商たちのあいだでも、競争が激しくなっていった。とくに町なかの露天商たちは値下げ競争を始め、通話カードに印刷された定価の数字を無視し、大胆な割引価格で客に売るようになった。末端価格までもが「バコシ」価格になったのである。たとえば二〇〇八年九月三〇日、町のある露天商は、定価五〇〇〇ZDの通話カードを二五〇〇～三〇〇〇ZDに値下げして販売していた。これほどの値下げをしても、この露天商の商売には何の損もない。なぜなら彼はこれらの通話カードを九〇〇～一三〇〇ZDで仕入れていたからである。

通話カードの「バコシ」商法は、露天商や一般客も巻き込んで大いに盛り上がっていた。ハラレの町なかにはバコシの通話カードを宣伝する貼り紙がいたるところに貼られ、ひとつのビル内のいくつもの部屋で格安通話カードが販売されていた。町の通りには五メートルほどおきに通話カードの露天商が並び、「エアタイム（通話料のこと）、バコシ、エアタイム、バコシ」という独特の抑揚をつけた客引きの声を町じゅうに響かせていた。ハイパー・インフレ下に現れた思いがけない格安商品を、人びとはおおいに歓迎した（*Sunday Lite*, October 5, 2008）。

しかし、この熱狂はそれほど長くは続かなかった。二〇〇八年一〇月三日、「カネを焼く」ことや「バコシ」商法を問題視した中央銀行は、これらの活動を支えるRTGSシステムを停止した。「カネを焼く」という「退廃的な」経済行為が国内に蔓延していることを憂慮したためである（cf. Gono 2008 : 63-64）。RTGSシステムが停止されると、「カネを焼く」ことも「バコシ」商法も、しだいに下火になっていった。

3 「異常」事態下のモラル

「カネを焼く」ことは二〇〇八年の六月から一〇月ごろまで大々的に世間に広まった。しかし、「カネを焼く」ことに対する人びとの評価や反応はさまざまだった。「カネを焼く」ことはたしかに「預金封鎖」の理不尽な状況を乗り切る有効な生活戦略だったが、「カネを焼く」ことに対してためらいや、後ろめたさを感じる人もいた。以下では、人びとが示すさまざまな反応や語りを見ながら、「カネを焼く」ことをめぐる倫理的問題について検討する。

焼く人、焼かない人

私の周囲で自分たちが「カネを焼いている」ことを堂々と教えてくれたのは、ハイフィールドに住むモヨ家の三女だった。国外に移住した家族から外貨の仕送りを受けているモヨ家では、そもそも外貨を闇両替し、銀行口座に振り込まれたZDで日用品の買物をすることは、「預金レート」や「カネを焼く」ことが流行するずっと以前から普通におこなってきたことだった。

三女は、コリーヌと私がまともに使えるデビット・カードを一枚も持っていないことを知って、心配してくれた。「私たちのデビット・カードを一枚、貸してあげようか？　家族の分が何枚もあるから。ほんとうに、米ドルをちょっとだけ両替すればいいだけなんだから」

「カネを焼く」人たちは、「カネを焼かない」人たちがどうやって生活しているのか、想像もできないようだった。いっぽう、コリーヌは、「カネを焼く」ことに消極的だった。モヨ家の人たちがデビット・カードを貸してくれると私が伝えても、彼女は関心なさそうにしていた。七月分の家賃の支払いの際、私が「カネを焼いて、小切手で支払おう」と提案しても、彼女は持っていたガソリンのクーポンを友人に売り、わざわざ現金を用意して支払った[8]（二〇〇八年六月一九日）。

それからかなり時間が経った二〇〇九年三月、私はコリーヌが「カネを焼く」ことをどのように思っていたのか、確認してみた。すると彼女は、「カネを焼くのではなく、わたしはただ自分のデビット・カードで買物がしたかっただけ」と答えた。

露天商のババ・タナカも、当初は「カネを焼く」ことに消極的だった。しかし、そもそも「カネを焼く」ことやバコシ商法の仕組みについて、最初に私に教えたのは彼だった。私が彼の商売を観察しはじめた八月初旬、彼は私にひととおりの説明をしてくれた。説明が終わると彼は、「じつは僕も、銀行のカードを持っているんだけどね」と言いながら、カードを一枚、自分の財布から取り出して見せた。それはジムスイッチのデビット・カード機能がついた銀行のキャッシュ・カードだった。彼は通話カードの露天商を始めるずっと以前の一九九五年頃、大型長距離トラック運転手のアシスタントとしてある会社に雇われていたことがある。このキャッシュ・カードは、彼が会社勤めをしていたころに作ったものだった。

「それ〔ジムスイッチのデビット・カード〕を使って、買物をすればいいじゃない？」と私が言うと、彼は「うん」とひとこと答えたまま、そのカードを財布に戻し、それ以上何もしないのだった。

しかし、九月下旬になると、結局ババ・タナカも「カネを焼き」はじめた。彼は知り合いの小学校教師に頼んで自分に外貨を預金レートで両替させてくれる人を探してもらい、二〇米ドルもの大金をはたいて「カネを焼いた」。「僕の銀行口座に、ものすごくたくさんのお金が入ってくる」。はじめて「カネを焼く」とき、ババ・タナカは嬉しそうに報告してきた。

「何が欲しい？　何でも買ってやるぞ」

「あなたのお金でしょ」

「僕のお金だけど、みんなで使うんだ」

ババ・タナカは「カネを焼いて」、デビット・カードで「スワイプ」して買物し、家族で毎日お腹いっぱいお肉を食べることを夢見ていた。しかし、彼の期待は裏切られた。彼が「カネを焼いた」九月下旬、すでにスーパーマーケットの商品価格は現金価格と預金価格との二重価格になっていた。彼が買おうとする肉の価格にはすでに預金レートが反映された預金価格が付けられていたので、「カネを焼い」たり、「スワイプ」する意味がなかった。

ババ・タナカは買物をあきらめて、それから毎日のようにATMの行列に並んで現金を引き出した。先述したようにRTGSシステムは二〇〇八年一〇月三日、中央銀行が停止した。それでもババ・タナカは闇両替の取引相手に小切手を切ってもらい、それを銀行窓口で現金化して地道に「カネを焼き」つづけたのである。

後ろめたさ

それまで毎朝七時半に通りの角の自分の売場に「出勤」していたババ・タナカは、一一時ごろにやっと売場に現れるようになった。通りの角でその様子を見ていた、私と露天商ババ・アネスは「「ビジネスマン」がやってきたよ」と彼のことを冷やかした。

「また、お金を焼いたの？」と、私が尋ねると、

「カネを焼くだなんて……。そんな言い方はよくないよ。それは「道の言葉」、スラングだ。高いレートで両替したと言ってくれ」と言い返された。（二〇〇八年一〇月一八日）

私の見るかぎり、ババ・タナカは「カネを焼く」ことに、何かしらの後ろめたさを感じていたようだった。

一一月のある日曜日、私はババ・タナカの教会の礼拝に参加した。その日の礼拝では、別の教会から招かれたひとりの牧師が説教をした。その牧師は、「カネを焼く」ことについて次のように話した。

カネを焼くのは、マナ〔神が与えた奇跡の糧〕のようなもの。好機を逃してはいけません。キリスト教徒は、チャンスが目の前にあっても、これはいいのかな、あれはいいのかな、と考える。そうしているうちにマナを逃してしまう。（二〇〇八年一一月二日）

聴衆からは大歓声が上がった。ババ・タナカの奥さんも、夫の手柄を称えるかのようにババ・タナカの背中を何度もたたいて大喜びしていた。

しかし翌日の月曜日、ババ・タナカは通りの角の売場で一人、棒立ちになったまま考え込んでいた。

「牧師は正しいことを言わなければならないのに、違法行為を人びとに薦めていいのだろうか」

「カネを焼くことの、何が違法なの？」私が尋ねた。

「外貨を持つことも、闇両替することも違法じゃないか」

「でも、路上で通話カードを売ることも違法でしょ」私が問い返すと、

「ああ、そうか。ほんとだ。きみ、いいこと言う」と、ババ・タナカはあっさり納得してしまった。（二〇〇八年一一月三日）

以上のように、「カネを焼く」ことに対する人びとの反応や評価は、さまざまだった。「カネを焼く」ことは、

（1）当たり前のようにおこなわれる。
（2）拒絶される。
（3）利益を共有するべきと考えられる。
（4）呼称の印象が悪いので、呼称を変えようとする。
（5）神から与えられた好機と見なすべきと考えらえられる。
（6）違法行為である。
（7）違法だが、許容されるものである。

これらの反応は大きく三つに分けられる。
（1）は「カネを焼く」ことが悪いと感じていない。
（2）は「カネを焼く」ことが悪いことを自明としている。

（3）～（7）は、「カネを焼く」ことの不道徳を認めながらも、何らかの方法で「カネを焼く」ことを正当化する。

「悪事」の浄化

序章で紹介したザイールの事例では、あるムブティの女性が、労働対価（物々交換）として獲得したキャッサバ芋を市場で売っていることを指摘されたとき、「これは私が市で売るようにといってもらってきたものだ」と主張した。調査者である市川には、彼女の言葉が「〔計量的不整合のある〕物々交換と現金取引を結び付けることに強い抵抗を示すものと思われた」（市川 一九九一：六二）。

複数の交換領域間にレートの不整合がある場合、領域間の交換を不自由にすることが、その秩序を保つひとつの方法である。複数の交換体系がひとつの地域に併存するためには、それぞれの交換体系の共約不可能性（incommensurability）こそが鍵となる（竹川 二〇〇七：二〇三）。同じモノであっても異なる領域を流通していればそれらは質的に異なると見なされ、合算したり交換したりはできない。ザイールの例で言えば、物々交換で得たキャッサバ芋Aと、市場で売られるキャッサバ芋Bは意味的に異質のものであり、混同させたり交換したりはできないのである。

「カネを焼く」ことも、このザイールの女性の行為と同様に、交換レートに計量的不整合のあるふたつの経済領域を結びつけ、利ざやを得るものである。正規市場では基本的に預金と現金は同等の価値（一対一）と見なされるのに対し、闇市場では同じ金額でもそれらの価値は大きく異なり、その価値比率はたとえば一対一〇などになる。「カネを焼く」ときには、闇市場で取引された預金Aを正規市場での預金Bと混合し、正規市場の価値比率で現金化することによって利ざやが得られる。

しかし、ザイールとジンバブエの場合では、このようなふたつの経済領域が生じた過程がまったく異なる。ザイールの場合、地域経済の貨幣化が着々と進むいっぽうで、長い歴史のある農耕民と狩猟採集民との物々交換の領域が維持されていたのだった。いっぽう、ジンバブエの場合、預金と現金の価値の二重化は、ハイパー・インフレと政府の経済政策によって、とつぜん出現したものである。そもそも預金と現金とは互換性のあるはずものであり、このような価値の差は生じてはならない。「カネを焼く」ときに利用するふたつの領域は、現金不足と預金封鎖の影響で、本来は一元的であるはずの通貨体系が理不尽に分けられたものである。

ジンバブエの場合、こうしたふたつの領域間の交換を不自由にし、異なる交換体系を維持しなければならない明確な理由はない。本来一元的であるはずの通貨体系が分化するという状況は、ハイパー・インフレでZDが著しい機能不全を起こすことと同じように、人びとがはじめて経験する「異例」の経済状況だった。こうした馴染みのない異例の事態に対する対応には、一定の合意がない。

それまでに例のない事態が起こり、ルールに一定の合意がない場合、人びとが見せる反応はさまざまである。ここでは便宜的に、人びとの対応をふたつに大別して考える。ひとつは、理想の状態を追求し、この事態の根本的な是正を求めるものである。「カネを焼く」の事例の場合、コリーヌがこの立場だと考えられる。彼女は、「カネを焼くのではなく、ただ自分のお金で買物をしたかっただけ」と言っていた。つまり、彼女は現金と預金とが分化する状態ではなく、それらが一元化した「通常の」状態を求めていたのである。

もうひとつの立場は、この異例の事態をひとまず受け容れ、その秩序のなかで、できるかぎりより「良い」結果を得ようとする。「(ためらいながらも) カネを焼く」人たちは、何かがおかしいと感じつつも「カネを焼き」、利益を得ようとした。このとき、現金と預金の分化、正規市場と闇市場との現金・預金の価値比率の差は、解消されるべきものではなく、利益をもたらしてくれるものである。

とはいえ、後者の対応をとるにしても、闇市の利用や違法行為、正当な労働によらない現金の獲得、利ざやなど、通常は「不正」と見なされ得ることに対する抵抗感はある。パーカー・シプトン (Shipton 1989) は、ケニアのルオ社会では、不公正な手段で得たお金を「苦いお金 (bitter money)」と呼び、婚資の支払いなどに使用することが禁止されていると報告している。ルオにとって「苦いお金」とは、特定の商品 (土地、タバコ、金、大麻、雄鶏) を売って得たお金のほか、偶発的に得たお金 (windfall)、労働せずに得たお金、盗んだお金のことである。[9]

しかし「苦いお金」は、浄化儀礼を施すことで「良いお金」に転換できる（Shipton 1989：28-47）。ババ・タナカは、「カネを焼く」ことを「高いレートで両替した」と言いなおし、牧師は異常な貨幣状況を「好機」ととらえなおした。こうした言い換えや再解釈は、「悪事」と見なされかねない行為を浄化するものである。ある日、グレンノラの教会の牧師も、次のように語ったことがある。

久しぶりに会った友人に、「最近、どうしてるの?」と聞いたら、「仕事を辞めて、「石けんの闇市」をしています」って言うんだよ。「闇市」と言わずに、「石けんの供給」と言ってほしいね。

また、べつの教会[10]の司祭は、教会の青年たちが集会の参加費を外貨で徴収すると知り、次のように念を押した。

外貨を集めるのはよいですが、それを転がして儲けたりしてはいけませんよ（*musakorokoze*）。（二〇〇九年一月一八日）

4　おわりに

現金不足と預金封鎖は、とくに給与所得を生活基盤とする公務員や一般のサラリーマンらの生活を脅かした。彼らの生計を支えていた預金が、著しい機能不全を起こしたためである。こうした厳しい経済状況のなか、「カネを焼く」ことや「バコシ」商法と呼ばれる利得行為が流行した。これらの行為は、預金封鎖や預金の機能不全といった逆境を逆手に取って利得を得るもので、過酷で理不尽な経済状況を乗り切るために有効な戦略だった。しかし、人びとの反応はさまざまで、皆が皆、こうした利得行為に積極的に関与したわけではなかった。このことは、ハイパー・インフレ下の人びとの行為が、必ずしも経済合理性のみにもとづいて解釈できるわけではないことを示している。

ハイパー・インフレを起こしているZDがなぜ使われつづけるのかを考えたとき、本章で見たように、ZD現金が預金より高い価値を帯びていたことや「カネを焼く」こと、「バコシ」商法の存在がその理由のひとつとして考えられる。

しかし、減価する通貨が使われつづけることについて、もうひとつ考慮しなければならないのは外貨の問題である。ハイパー・インフレ下でZDが使われつづけるという問題は、なぜ外貨が使われないのかという問題と対をなしている。次章では、この外貨の問題について考察する。

第5章 外 貨

本章は、「外貨」に焦点を当てる。ハイパー・インフレ下で減価する通貨が使われつづけることを問うとき、同時に問わなければならないのは、なぜ外貨が全面的に使われないのかという問題である。経済学的、あるいは一般的に考えれば、ハイパー・インフレ下で安定した外貨をもちいることは必然的なことだと考えられるかもしれない。しかし、現実に外貨をもちいて取引をすること（「外貨化」）は、いろいろな条件がそろわなければ難しい。

なお、本章で言う「外貨」には、ジンバブエで合法・非合法を問わず使われるさまざまな外国通貨（米ドル、南アフリカのランド、ボツワナのプラ、イギリスのポンドなど）が含まれる。なかでもとくに首都ハラレにおいては、「米ドル」が主にもちいられ、南アフリカの「ランド」がそれに続いていた（ジンバブエのなかでもハラレ以外の諸都市では、南アフリカランドが米ドルよりも多く使われる）。

1　外貨の浸透

特別な外貨（二〇〇七年まで）

インフレやZDの現金供給不足の問題が（その後の状況にくらべて）まだそれほど深刻でなかった二〇〇七年まで、ジンバブエ国内において外貨は日常取引ではもちいない、特別な通貨だった。「特別の通貨」というのには、ふたつの意味がある。ひとつは国内の一般的な取引ではなく国際的な取引、外国人等を相手とする取引の決済にもちいられる国際決済通貨ということである。外貨をそれ自体で交換手段や支払い手段として使う機会はまだ当時は少なく、たとえば入国時の査証申請、観光施設の使用料の支払い、航空券代やホテルの宿泊料の支払い、空港の売店での買物などに限られていた。

外貨が「特別」であるもうひとつの意味は、「公然と使用できない」ということである。第1章でも触れたとおり、当時ジンバブエでは外貨を銀行で購入することが事実上、不可能で、闇市でおこなうのが一般的だった。警察による違法取引の取締まりから免れるため、外貨は慎重に隠し持たなければならなかった。闇両替の相手には知人などを頼りに信頼できる人物を探し、人目を警戒しながらやり取りがおこなわれた。公然と外貨をあつかったり路上や公園にたむろする両替商と安易に取引したりすることは避けるべきこととされた。外貨を持ち運ぶときは拳の中に入るほど小さく折りたたみ、ポケットの奥やベルトの内側などに隠し入れた。

こうして闇市でようやく手に入れた外貨は日々の取引のためではなく、おもに保蔵手段としてもちいられ、緊急時や自分や知人が国外へ買い出しに行くときなど、特別な機会に使うときがくるまで大切に保管された。

日常化する外貨（二〇〇八年以降）

ところが、インフレの勢いがさらに増し、ZDの現金不足が深刻化した二〇〇八年、「特別」な存在だった外貨の位置づけが次第に変わってくる。国際的取引の決済に限られていた外貨が国内取引の決済でも使用されるようになり、ひたすら「貯蔵手段」としてもちいられていた外貨が直接的に「支払い・交換手段」も果たすようなった。また、人びとが外貨をあつかう態度も、非合法にもかかわらず堂々と、オープンになっていった。政府もこうした流れを後追いするように二〇〇八年から二〇〇九年にかけて、外貨に対する規制を急速に緩和していった。こうして以前は違法だった外貨による取引の多くが、次第に合法化されていった。国内の取引が合法・違法を問わず外貨化されていった過程は、次のとおりである。

（1）違法の外貨化（二〇〇八年九月まで）

二〇〇八年、まだ非合法にもかかわらず、客に対して公然と外貨を請求しはじめたのは自営業者や外国人経営の商業施設などだった。当時は二〇〇七年の価格統制後、生活必需品の闇市場が急速に確立していたときだった。それまでの商品流通経路はほぼ解体し、個々人が自分の農場でとれた生産物や国外から輸入した商品などを直接消費者を見つけては売っていた。零細規模ではなくある程度の規模でこうした取引をおこなう人びとは、自分たちの商品に外貨建ての価格をつけて販売しはじめた。また、外国人が経営する商業施設（レストランやインターネット・カフェ）は、以前は隠れて外貨をＺＤに両替できる場所だったが、彼らが商品やサービスを外貨建てで提供するようになると、両替を断られるようになった。

さらに、公務員などの労働者たちが副業として営む零細な商業でも、ＺＤと並行して外貨での支払いを受けつけるようになった。ただし、彼らがあつかう商品やサービスには、さきほどの自営業者や個人輸入業者たちの場合とは違い、基本的にＺＤ建ての価格が先についている。客が外貨で彼らの商品を買う場合は、もともとのＺＤ価格をその日の闇両替レートで換算し、外貨建ての価格をその都度割り出していた。

なお、二〇〇八年五月一日からは為替相場は自由化された。実勢レートと大きくかけ離れた非現実的なそれまでのＺＤの固定相場が廃止され、変動為替相場制が導入された。銀行のレートと闇レートの開きはこのとき一時的にほとんどなくなった。しかし、自由化から一カ月後、中央銀行が市中銀行の為替レートについて批判したこともあり、銀行レートと闇レートの差はすぐに再発した。

（2）ライセンス制外貨化（二〇〇八年一〇月から）

二〇〇八年一〇月から、政府は公式のライセンスを取得した一部の店舗（Foreign Exchange Licenced Warehouses and Retail Shops : FOLIWARS）に限り、外貨建てでの商品販売やサービスの提供を認可する「ライセンス制外貨化」制度を開始した（RBZ 2008）。この制度によって、部分的ではあるが国内の経済取引が公式に外貨化された。

大手スーパーマーケットや町なかの小売店などがいち早くライセンスを取得し、国外から生活必需品などを輸入し外貨で売るようになった。このとき価格統制は廃止され（Chagonda 2011 : 190）、ひとつの商品には、外貨建てかZD建てか、どちらか一方の価格がつけられた[1]。なお、このライセンス制外貨化にあたってもちいられる外貨は、中央銀行によれば、NGOなどで外貨支給された給料、国外移住者からの送金、国際機関職員の給料、観光客の持参金、越境貿易などで得られたものに限られるとしている（RBZ 2008 : 36–37）。

それ以降、外貨化のライセンスを取得する店舗は急速に増え、二〇〇九年一月には大部分の店がライセンスを取得し、外貨決済による営業を始めた。また、外貨決済による営業が部分的に合法化されたことで、外貨がよりいっそう公然とあつかわれるようになり、ライセンスのない店や露天商たちとの路上での取引でも、外貨が頻繁に使われるようになった。

（3）複数通貨制（二〇〇九年一月末から）

二〇〇九年一月二九日から、政府と中央銀行は国内全域の経済取引を外貨でおこなう「複数通貨制（multi-currency）」を開始した（*Herald*, Janurary 30, 2009 ; RBZ 2009）。「複数通貨制」と称してはいるものの、これは上記のライセンス制外貨化を全国レベルに拡大した、事実上の公式「外貨化」（あるいはハラレの場合は「（米）ドル化」）である。中央銀行がこの名称を採用したのは、欧米諸国との対立関係が背景にあり、「ドル化（dollarization）」という言葉を使いたくなかったのだと考えられる。中央銀行はこの複数通貨制が国内の経済環境の自由化を意味するものであり、この制度を米ドルに特化した「ドル化」と呼ぶことは適当でないと明確に述べている（RBZ 2009 : 132）。また、この複数通貨制は第三回デノミ（旧通貨を一兆分の一に切り下げ）とほぼ同時に実施され、ZDが法定通貨として残りつづけることも強調された（RBZ 2009 : 98）。当初、政府や中央銀行は、外貨の代用として公務員の給料や買物の支払いに使える「外貨クーポン」を公的機関や企業に発行させようとしていた（RBZ 2009 : 130-131）。しかし、複数通貨制開始直後、前年六月末の大統領選挙決選投票以来、協議が続けられていた「国民統一政府（GNU）」が樹立し、与野党連立内閣の金融大臣にMDCのテンダイ・ビティ（Tendai Biti）が就任すると、ビティは公務員に対する給料をクーポンではなく外貨で支給することを約束した（*Herald*, February 19, 2009）。こうして、外貨クーポンがジンバブエ国内に出回ることはなく、複数通貨制は軌道に乗った。

以上のように二〇〇八年には、外貨が合法・違法を問わず急速に日常の取引に浸透した。それでは人びとはどのように外貨を日常的にもちいる通貨として受け容れていったのか。以下では、複数通貨制が開始される以前の時期にあたる二〇〇八年一一月頃までの外貨化について、その過程を彼らの経験から具体的に見ていく（それ以降の時期の外貨化については、「おわりに」参照）。

2　外貨化の試み

二〇〇八年七月、私はグレンノラの教会で開かれた「ビジネス・セミナー」に参加した。当時、この教会の牧師の周りでは、多くの人たちが会社を辞め、生活必需品の個人輸入などのインフォーマルな事業を始めようとしていた。

二〇〇八年七月一九日、グレンノラの教会で、小さなビジネス・セミナーが開かれた。二〇人ほどの聴衆が集まるなか、牧師の友人である地元のエコノミストがハイパー・インフレ下でのビジネス戦略を話した。

エコノミストは次のように話した。

「二〇〇〇年、私が会社で働いていたとき、一〇〇〇米ドル相当の給料をもらっていた。しかし、先日かつての同僚に会ったら、給料は月一米ドルだという。月五米ドルももらえれば、腕利き（*mishasha*）と呼ばれる」

「今はスーパーへ行っても、何も買えない。商品の値札には兆、兆と書いてある。牛乳は一七七〇億ZD、サワーミルク一七四〇億ZD、牛肉一キロ一・五兆から一・八兆ZD。けれども、それらのモノをバスケットではなく、カートにいっぱい入れて買おうとする人がいる。ジンバブエにもカネはあるのだ」

エコノミストはハイパー・インフレ下でも経営は可能だと強調した。彼によればその方法は、ハイパー・インフレ下であっても、資産価値を「正しく」理解し、計算することだった。彼は次のように説く。

・翌朝まで現金を保有せず、その日のうちに何かを買うこと
・資産（現金）を銀行に預けずに、株式を買うこと
・自分たちの仕事を「米ドル化（外貨化）」すること
・たとえ米ドルそのものが手に入らなくても、資産や売上を米ドルの闇両替レートを使って計算・管理すること

その後、質疑応答がおこなわれ、セミナーの最後に聴衆の一人が発言した。

「我々にとって重要なのは、エコノミック・リテラシーを学ぶことである。エコノミック・リテラシーさえあれば、たとえ国の経済状況が悪化しても、財政難や事業の失敗などに遭わなくて済むのだ」（二〇〇八年七月一九日、一米ドル＝［預金レート］四五〇〇億ZD／［現金レート］九〇〇億ZD）

第3章で見たあるアメリカの経済学者の論考と同じく、この地元のエコノミストの提案も、「ZDを使用しないこと」と要約できる。ZDを保有せず株式やモノを買う（保蔵機能）、取引は米ドル建てでおこなう（交換・支払い・尺

度機能）、ＺＤで商売をするのであれば営業成績は米ドルを基準に計算する（尺度機能）。貨幣の機能をＺＤから外貨に移し、「理想的には全目的貨幣として、あるいは少なくとも尺度として、外貨を使うこと」が、ハイパー・インフレ下での「正しい」経営方法なのである。

リテラシーを貫く人

じっさいに、エコノミストが提案するこのような「外貨化」を実践する人たちはいた。たとえば、前述したように先陣を切って外貨化を始めた、自分たちの農産物や輸入品をある程度の規模で販売する人たちである。まだ外貨建て取引が違法だった二〇〇八年五月、ある大学教員が自分の農場から持ってきた牛肉を車のトランクに積んで、大学キャンパスの駐車場で売っていた。「ＺＤだと、毎日、値段をどうつけていいのか分からないから」。そう言って、彼女は牛肉を一キロあたり三米ドルで、その場で肉の塊をナイフで切り分け、秤（はかり）をつかって計りながら売っていた。ＺＤ建て価格だと彼女の牛肉は明日いくらになるのか分からないが、米ドル価格であれば彼女の牛肉の価格は今日も明日も明後日も、「一キロあたり三米ドル」のまま変動しなくなるのだ。

また同じころ、ある小さな個人経営の文房具屋では、商品に「5」や「3」、「2・8」などの数字が付けられていた。商品をレジに持っていくと、その数字とその日の米ドルの交換レートを掛け合わせた値段を告げられた。商品に付けられていた数字は米ドル建て価格そのもので、支払いではそれをもとにＺＤ価格が計算されていたのだ。

彼らの商品価格には、まず米ドル建ての固定価格がある。そしてＺＤ建ての価格が必要な場合は、その米ドルの固定価格を基準に、その日の米ドル両替レートに応じて算出される。彼らが米ドルを基準にこのような価格を設定するのは、マルクスが述べたようなモノの交換価値の相対比率を念頭に置き、その比率を表す安定した標準尺度として米ドルを信用しているからである。これはまさに、「近代貨幣」の発想である。

リテラシーをもたない人

しかし、人びとの外貨化の試みが、必ずしもこうした理論や「リテラシー」にもとづいておこなわれたわけではない。ハラレには、積極的に外貨化に転向するのではなく、否応なく外貨にさらされた人たちもいた。たとえば、路上で零細な商売をおこなう露天商たちである。一般化はできないが、露天商たちはそれほど外貨に精通しているわけではなかった。とくに、ハラレでおもに流通していた米ドルは、比較的多くの人たちにとって、南アフリカなど近隣諸国の通貨よりも馴染みがうすいものだった。それでも、インフレの加速や現金不足の影響で、世間には外貨が急速に浸透し、人びとはたとえ嫌でも外貨を使わなければならなくなっていった。外貨（とくに米ドル）にあまり馴染みのなかった人たちは、どのように外貨を受け容れていったのか。ひとつの例としてババ・タナカの場合を確認しておこう。

ババ・タナカが外貨を受け容れだしたのは、二〇〇八年の七月ごろだった。それまで彼はたとえ通話カードを外貨で購入したいという客が現れても、その取引を拒否していた。たとえば、二〇〇七年一二月、一時的にＺＤ現金が不足していた時期のことである。ＺＤ現金を入手できない客たちが、外貨で通話カードを売ってくれとババ・タナカに言ってきた。しかし、ババ・タナカは「僕は、外貨は受け取らない」と言い張り、かたくなにこの申し出を断った。彼の説明によると、このときはまだ外貨のことをよく知らず、どうやって使えばよいのか分からなかった。彼はこれまでＺＤでしか通話カードを仕入れたことがなく、客から外貨を受け取っても、それをどうやって通話カードに変えればよいのか分からなかったと言うのだ。私も二〇〇七年のこの時期にはまだ、彼と外貨について話したことはなかった。だからこそ、私が一時帰国中に彼に新聞代を預けていったとき（第3章参照）も、外貨ではなくＺＤを使ったのだ。

ババ・タナカが外貨を受け取りだしたのは、それから半年以上経ってからだ。きっかけは、教会の友人からの助言だ。

ある日、僕は教会の友達に文句を言ってたんだ。「最近は、お客たちが外貨を持ってくるから、商売にならないよ」って。そしたら、その友達が「受け取らないとダメだよ。それが良いお金（*mari yakanaka*）なんだから」って教えてくれたんだ。それで、僕は外貨を受け取りだした。（二〇〇八年七月三一日）

教会の友人からの助言を得て、ババ・タナカはようやく客から外貨を受け取るようになると、自分でも積極的に外貨を買うようになっていった（ただし、第1章で見たように、彼の商売は基本的にZD建てでおこなわれる）。私もこの時期から、ババ・タナカに毎月前払いする一カ月分の新聞代を外貨で支払うようになった。ZDの現金で支払おうとしても、現金不足でそんな多額の現金を入手できなかったのだ。

しかし、ババ・タナカにとって、外貨、それも米ドルをあつかうことは、じつはかなり勇気の要ることだった。彼はそれまで、南アフリカ通貨のランドを使ったことはあった。かつて彼が大型長距離トラックの運転手アシスタントをしていたころ、国境の入国審査をかいくぐって違法に南アフリカとジンバブエを行き来していたのだ。

しかし、米ドルに関してはババ・タナカは二〇〇八年まで一度も見たことがなかった。彼が恐れていたのは、偽札を受け取らないか、不公平なレートで両替してしまわないかということだった。そこで当初は、知り合いの人、とくに信頼のおける人からしか米ドルを買わないようにした。また、「バコシ」通話カードを売るディーラーや、彼の売場近くに住む白人の知り合いから、米ドルの両替レートを聞き、最新情報を熱心に集めるようになった。

「町なかでは両替をしてはいけないんだよ、泥棒（だます人）が多いから」

「両替レートはひとりだけに聞くのではなく、複数の人から聞いて、それらを比較するんだ」

「ずいぶん昔に発行された、古い紙幣を受け取ってはいけないよ。それを使おうとしても、相手に受け取ってもらえないことがあるから。とくに発行年が二〇〇〇年以前のものや、昔のデザイン（紙幣に印刷された肖像のサイズが小さいもの）のものは駄目だ」

こうしてババ・タナカは米ドルについて実地の独学で学んでいき、新しく学んだことを逐一、私に報告してくれた。結果的には、私を含めた周囲の人たち（たとえば、露天商ババ・アネス、近所の人や通行人）が、その日の米ドルの闇両替レートを彼に聞いて確認するまでになっていた。

3　外貨化を阻むもの

リテラシーによる外貨化は、まさに「近代貨幣」の発想にもとづくものである。商品や諸通貨の価値が米ドルという安定した通貨を価値尺度として一元的に表されていく。ここで米ドルの安定性や機能を信じることは自明で、米ドルは価値尺度だけでなく、交換・支払いや貯蔵手段にもなる全目的貨幣として使われる。

しかし、じっさいに日常的な取引を外貨でおこなうにはかなり問題が多かった。当時のジンバブエの状況をふまえれば、外貨を全目的貨幣として信用し使うことは、決して自明ではなく、試行錯誤が必要だったのである。

領域の不適切さ

外貨が急速に浸透したといっても、外貨には使用するのに「ふさわしい領域」と「ふさわしくない領域」とがあった。外貨には「自分たちが日常的に使う貨幣ではない」というイメージが付与されているからである（cf. Lemon 1998）。

コリーヌが勤める国立病院で、彼女の同僚がジュースを売っていた。ジュースはその同僚が南アフリカで買ってきたもので、価格は二リットル二米ドルだった。その場に居合わせた私は、スーパーマーケットでの価格と比較しようと、即座に頭の中で闇両替レートを使い、二米ドルをZD建てに換算しようとした。そのとき、コリーヌが同僚に向かって怒鳴った。
「なんで、ジュースを外貨で買わなきゃいけないのよ！」（二〇〇八年六月）

ここでコリーヌは、二米ドルという価格が安いか高いかを問題にしていない。問題は「外貨で支払う」ことそのものだった。ジュースという日常的な消費財を、外貨という「非日常的」なものであるはずの通貨で購入するという事態が、彼女には許せなかったのだ。

外貨の浸透に対するこうした違和感は、ある新聞の風刺画にも表れている。風刺画には、露天商が駄菓子や果物など小さな商品を南アフリカのランド建てで売るようすが描かれ、このような光景が「もうすぐ」現実になりつつあることを揶揄している。この風刺画は、単にハイパー・インフレ下で外貨が浸透しているというだけでなく、露天商というもっとも零細な商売であつかわれる商品をわざわざ外貨で購入しなければならないという事態を皮肉っているのである。ただし、この風刺画が発表された七カ月後（二〇〇九年一月）には、この風刺画の内容が現実となったため、今となってはこの風刺画の何が皮肉で面白いのか分からなくなっている。

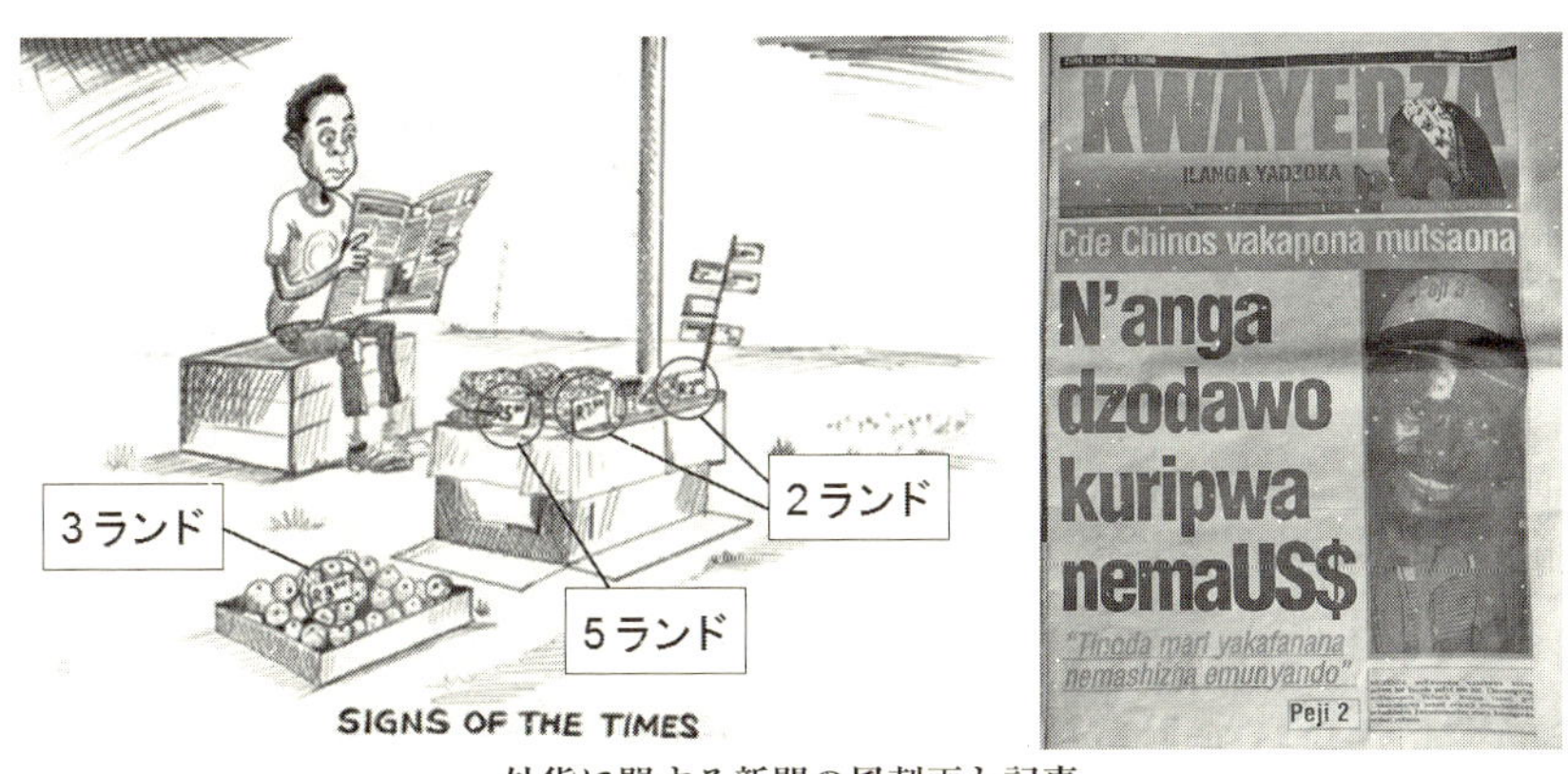

外貨に関する新聞の風刺画と記事
露天商の外貨化（*Standard*, July 6, 2008）（左）と「伝統薬剤師，米ドル要求」（*Kwayedza*, December 12, 2008）（右）

外貨が伝統的な経済領域でもちいられることも、違和感のあることだった。[2] ある地元新聞の一面には、伝統的薬剤師（*N'anga*）たちが治療費として外貨を請求することを批判する記事が載った。見出しは「伝統薬剤師たちも、米ドル要求。葉っぱの色をしたお金が欲しい」である。ジンバブエの隠語で米ドルは、「グリーン（Green）」と呼ばれていた。「葉っぱの色をしたお金」というのは、「緑色」をしたお金、つまり米ドルのことである。

尺度機能の不全

先述した、グレンノラの教会で開かれたビジネス・セミナーでは、米ドルで資産や営業成績を計算し管理するように、エコノミストがつよく勧めていた。しかし、ハイパー・インフレや現金不足などで経済状況が不安定だったじっさいの現場では、米ドルは必ずしも安定した価値尺度にならなかった。それは、米ドルの闇両替レートとZD建ての商品価格が必ずしも連動せず、それぞれが個別に変動していたからである。[3]ザイールとアンゴラの国境付近でダイヤモンドの違法採掘をおこなう若者たちと現地の「ドル化」について調査した人類学者のフィリップ・デ・ブークによれば、現地における米ドルとダイヤモンドの価格はインフレや投機、生活状況などの影響から不安定に変動し、現地の人びとのあいだでは、その予測不可能な動きから「野生動物」のようだと認識されていた（De Boeck 1998：786）。ジンバブエでも同じように、ZDの現金不足や物資不足の影響から、闇両替レートと商品価格の変動は予測不可能だった。そのため、営業成績やZD建ての商品価格を米ドル換算しても、その価格は日によってさまざまで、まったく固定的でなかった。

二〇〇八年七月一三日、アボンデールで働く守衛の男性が卵を売っていた。卵の価格は三〇個二五〇〇億ZDだった。私は卵を米ドルで買えるのか聞いてみた。すると彼は自分の携帯電話を取り出し、その電卓機能を使って卵代二五〇〇億ZDをその日の闇レート一米ドル＝五五〇億ZDで割った。そして、「四・五米ドルだ」と教えてくれた。（二〇〇八年七月一三日）

この守衛が売る卵はいつも四・五米ドルなのではない。だからこそ彼はこのとき、わざわざ電卓で計算して、米ドル建ての価格をその場で割り出した。彼が計算する卵の米ドル価格は、その時々のZD建て価格と米ドルの闇両替レートに左右され、日々変動する。米ドル建ての卵の価格は、ZD建ての商品価格が上がれば値上がりし、米ドルの両替レートが上がれば（ZDに対する米ドルの価値が高くなれば）値下がりするのである。（ちなみにこの同じ日、ハイフィールドでは、卵一個の価格が前日の一〇〇億ZDから一個二五〇億ZDに値上げされていた。だから、守衛の売るこの卵は「安かった」のかもしれない。）

ここで言いたいのは、米ドルが商品価値を表すための直接的で安定した価値尺度になっていないということである。守衛の計算方法をもちいると、卵の米ドル建て価格は、ZD建ての卵の価格と米ドルの交換レートによって、いくらにでもなり得る。卵の米ドル建て価格は、ハイパー・インフレ下でその日の卵のZD建て価格がじっさいにその日にならないと分からないのと同様に、「時価」なのである。

しかし、「ハイパー・インフレを起こしているZDとは違い、米ドルの価値は安定している」と考える人にとって、米ドルで支払うにもかかわらず、卵の価格が毎日コロコロと変わるのはおかしいと思えるかもしれない。しかし現実に、そのように「現地の商品価格を外貨と結びつけて考える（設定する）」ことは、あらゆる人にとって当然のことではない。

たとえば露天商ババ・アネスは、自分が売る商品価格には米ドルなどいっさい関係していないとはっきりと言ったことがある。彼の路上販売の商品価格を確認していたとき、私が「ポップコーン三袋の値段はだいたい一米ドルになっている」と指摘したことがある。このとき、ババ・アネスはすこし驚いたような様子で、「違う。そんな値段の付け方はしない。俺の価格は、市場で買ってきた仕入れ価格（ZD建て）を、倍にしてるだけだ」と明確に否定した。ババ・アネスは、「［商品の売値は、仕入れ値の］倍だ、倍だ（*katwo, katwo*）。ほら、簡単（*zvakapusa*）」と言いながら、迷うことなくZD建ての売値を決めていた。

露天商ババ・アネスが自分の商品価格と米ドルとの関係を明確に否定したとき、私には彼が価格決定の公正さを主張しているように思えた。先に挙げた風刺画にあったとおり、当時はまだ、雑多で小額の商品を扱う露天商が外貨で

露天商ババ・アネスの商品価格（2008年11月21日：１米ドル＝100万ＺＤ）

商品	売値（ＺＤ）	仕入れ値（ＺＤ）
バナナ	100,000	33,000
干小魚（*matemba*）	500,000	200,000
スナック菓子	200,000	100,000
ポップコーン（*maputi*）	300,000	83,000

商売をすることは、かなりの違和感や抵抗感のあることだった。

先ほどの守衛がしたように、その日の闇両替レートに応じて外貨建て価格を計算するという方法は、たしかにひとつの「公正な」方法である。しかし、何度も言うように、この方法では商品価格と闇両替レートしだいで、米ドル建ての価格はいくらにでも変動する。そして、その価格は場合によっては、他の国での一般的な価格と比べて、あまりに大きく逸脱することがある。

二〇〇八年七月末、『ファイナンシャル・ガゼット』などの週刊紙一部の価格が、米ドル換算で五米ドルもしたことがある（一部が五〇〇〇億ＺＤで、一米ドル＝九〇〇億ＺＤだった。その後、二〇〇八年九月に一部一〇米ドル相当したのが、もっとも高額だった）。現金不足などの問題がない通常時は、週刊紙一部は約一米ドル相当のものである。

この新聞代を知った時、私はあまりの高さに買うことを躊躇した。私は新聞を売る露天商ババ・タナカに対し、「五米ドルもあれば、他の国でどれだけたくさんのモノが買えるか知っているか」と、その不公正さを訴えた。すると、ババ・タナカはおかしくてたまらないようすで笑いだし、そばにいた露天商ババ・アネスに私が直面する問題について説明した。

今、米ドルが安いんだ。だから、この人は文句を言ってるんだ。「一〇米ドルで、新聞二部だけ！　ほかの国だったら、いっぱいモノが買えるのに！」って。ははは。この話、おもしろい。（二〇〇八年七月二九日）

ババ・タナカには、国外の価格相場とジンバブエの価格とがずれることが、あまり不公正だとは考えられないようだった。

ここでの問題は、ババ・タナカが五米ドルの「一般的な」貨幣価値を知らないということではない。むしろ問題は、私が「ジンバブエではないどこかの」物価を参照してしまっていることである。米ドルの価値が変動することや、その価値が「不当に」低く評価されていることを受け容れられなかった私の方が、あの状況においては的外れだったのかもしれない。

ハイパー・インフレ下のジンバブエでは、「適正価格」を判断するのが難しい。ババ・タナカは、「最近(*mazuva ano*)、この国のモノの価格は、売り手と買い手の「必死さ、切実さ(*shungu*)」と「合意(*kuwirirana*)」によって決まるんだ」と述べたことがある。ジンバブエではハイパー・インフレで物価が著しく変動する。また、ほとんどのモノが闇市場で売買され、モノの価格はその場の交渉などで決められる。このとき、価格の妥当性を客観的に判断できる基準はなく、そのとき売り手と買い手の置かれた状況が価格決定の決め手になると言うのだ。売り手と買い手、それぞれがいかに「その商品を売りたい/買いたい」という切羽詰まった状況に置かれているかが、そのときの価格を決める。価格が比較的安ければ、売り手が急いでお金を必要としていたということであり、価格が高ければ、買い手が今すぐにその商品を必要としていたということになる。

ある若い露天商は、「米ドル建て価格がコロコロと変動するのは、ジンバブエにインフレがあるからだ」と説明した。ババ・タナカも「インフレは、米ドルさえも使えなくしてしまうんだ」と言ったことがある。

彼らの説明を、エコノミストは「間違っている」と見なすかもしれない。エコノミストの理論では、たとえハイパー・インフレ下でも、ビジネスを外貨化し、外貨を商売の価値尺度としてもちいれば、資本の減価や不安定な価格変動から根本的に抜け出すことができるはずだからだ。

けれども、実際のところ、こうした米ドルの安定性や尺度機能をジンバブエで実感することは難しい。ここで例を挙げたように、たとえ米ドル建て価格であっても、商品価格がコロコロと変動するからだ。一〇米ドルというお金に、どれだけの価値があるかは、そのときの状況によって異なる。新聞二部かもしれないし、たったの一部かもしれない。そのような状況においては、人びとが米ドルを価値の標準尺度として信用することは難しいのである。

交換・支払い機能の不全

ジンバブエでは、米ドルが十分に交換・支払い機能を果たさない場合がある。お釣りが問題になるからである。これは、序章で紹介したロジャースによる指摘と同じ問題である。ロジャースが調査したロシアのある田舎町では、米ドル紙幣が現地の価格体系と適合しなかったため、米ドルが支払い手段としてもちいられなかった(Rogers 2005 : 74)。

ジンバブエでも、現地の価格体系と米ドルの額面単位の大きさの釣り合いがとれず、問題になっていた。米ドルが急速に市場に流入したといっても、小額面の紙幣や硬貨の流通量はまったく不十分だった。現地の価格帯に適した額面通貨がなければ、米ドルを交換・支払い手段としても、取引はうまく成立しない。

コリーヌの友人で、国立病院で働く医師が副業としてニワトリを仕入れて米ドルで売ることにした。彼女ははじめ、ニワトリの価格を一羽七米ドルとした。そのときのニワトリの価格相場(ZD建て)を、そのときの米ドルの闇両替レートで割って算出したのだ。しかし結局、彼女はニワトリの価格を一羽一〇米ドルにした。なぜなら、仮に七米ドルで売っても、お釣りの三米ドル(一米ドル札三枚)を用意できないことに、気がついたからである。

二〇〇八年一〇月、ライセンス制外貨化が導入され、大手スーパーマーケットが一部の商品を外貨建てで販売しはじめたときも、やはり硬貨不足が原因でお釣りの問題が生じた。

私があるスーパーマーケットで、米ドル建ての商品価格をメモ帳に書き留めてくると、露天商ババ・アネスの奥さんが、私が調べてきたその価格について尋ねた。

「マゾエ〔=希釈用ジュースの名前〕はいくら?」

「二・八米ドル」
「三か……。食用油は？」
「五・七五米ドル」
「六か……」（二〇〇八年一一月二三日）

ババ・アネスの奥さんは、ジュースの価格二・八米ドルを三米ドル、食用油の価格五・七五米ドルを六米ドルと言い換えた。

スーパーマーケットでは、このような端数のある価格の商品を買っても、お釣りを硬貨のかたちでもらえることはめったにない。ライセンス制外貨化が始まり、国内ではじめて生活必需品が（取引相手との交渉などせずとも）値札を一目見れば分かる、「正規の外貨建て定価」をもった。にもかかわらず、お釣りのための硬貨がないために、商品につけられたその正式な価格をじっさいに現実化することは不可能だった。買物の代金に端数があると、たいていはお釣りの代わりに、飴やマッチなどの小さな商品を追加で買い、代金の端数をなくすように言われる。あるいは、レシートに店員がサインをし、後日それを「クーポン」として使ってくれと言われる。

ババ・アネスの奥さんは、買物をしてもまともにお釣りがもらえないので、二・八米ドルは三米ドル、五・七五米ドルは六米ドルと同じであるというのだ。

私がババ・アネスの奥さんに、買物のレシートを使えばお釣りがクーポンとして使えることを告げると、次のように反論された。

あなたみたいに外貨を持ってたら、そうやって何回もクーポンを持ってスーパーに行けるけど、わたしたちみたいに、いちいち外貨を探さないといけなかったら、次に同じ店にまた行って買物するのは大変でしょ。（二〇〇八年一一月一七日）

ババ・アネスの奥さんにとって、スーパーマーケットはたとえ外貨決済が「合法」であっても、商品の外貨建て価格が「正式の価格」であっても、次回の買物で使える「クーポン」をお釣りとして渡されても、そこでの取引は公正な等価交換とは言い難いのである。その意味では、彼女や現地の人たちにとって外貨は「使えない」「十分に役に立たない」お金なのである。

夫であるババ・アネスも、スーパーマーケットにこのようなお釣りのシステムがあると知り、「スーパーは、あほだ」と呆れていた。彼の路上販売では、もし「米ドルで商品を買いたい」という人が現れれば、彼はその日の米ドルの闇レートをババ・タナカなどに聞き、客が支払う米ドル札をZDに両替し、そのなかから商品の代金を抜き取って、残りのZDをお釣りとして渡していた。これが彼にとって、「正しい」交換なのである。スーパーマーケットでは原則として一つの商品にはZD建てか外貨建てかどちらか一方の価格がつけられるため、ババ・アネスのような柔軟なお釣りの支払い方はできない（たとえできたとしても、闇両替レートは使えない）。この外貨の硬貨不足の問題は、その後ライセンス制外貨化から複数通貨制へと移行されてからも続いた。こうした状況とZDの補完通貨としての役割については、次章第6章で詳しく述べる。

貯蔵機能の不全

先に、二〇〇八年七月末、「新聞一部が五米ドル相当」したことを書いた。そのとき私はババ・タナカに八月分の新聞代として九〇米ドルを支払わなければならなかった。一カ月分の新聞代が九〇米ドルもするのは、異例のことだった。それ以前（二〇〇七年）、一カ月の新聞代は、だいたい二〇米ドル相当かそれ以下だった。

ババ・タナカはそれまで一〇〇米ドル札を見たことがなかった。彼は私が差し出した一〇〇米ドル札を目にして、えらく興奮していた。ババ・タナカはその一〇〇米ドルを手にすると、すぐに町でカラー・テレビとDVDプレーヤーを買ってしまった。こんなに経済情勢が悪い時にそんなものが必要かと私が聞くと、彼は「必要だ」ときっぱり答えた。

〔白黒テレビでも十分だなんて〕そんなことはない。白黒テレビだったら、〔ジンバブエのサッカー・チームの〕キャップス・ユナイテッド〔＝チームカラー緑〕とダイナモス〔＝チームカラー青〕が試合をしてても、どっちがどっちかわからない。与党ＺＡＮＵ－ＰＦ〔＝シンボルカラー緑〕と野党ＭＤＣ〔＝シンボルカラー赤〕だって、同じに見えるんだ。（二〇〇八年八月六日）

二〇〇八年一一月になると、ババ・タナカにとって外貨はさらに身近なものになっていく。そのきっかけは携帯通信会社が、支払い方式を変更したことだった。それまで一部の契約者は、銀行口座の引き落としで携帯の通話料を支払うことができた。通信会社はこの口座引き落としシステムを停止し、すべてをプリペイド・カード（通話カード）方式に切り替えた。それまで口座引き落としで通話料を支払っていた人たちの大勢が、外貨を持ってババ・タナカの通話カードを買いに来たため、彼は以前よりも多くの外貨を手にできるようになったのだ。

ババ・タナカはそのころになると、以前のようにひたすら通話カードを購入して自分の資産を保蔵すること（第3章参照）をやめ、自分の資産を通話カードで持つべきか、米ドルで持つべきか迷うようになっていた。ＺＤ建ての固定価格をもつ通話カードをやみくもに買ってしまうと、インフレの影響ですぐに価値が下がってしまう可能性があるからである。

最近は、通話カードばっかり買うと、インフレに「食われて」しまう。通話カードと外貨と、今は半々にしている。（二〇〇八年一一月一一日）

今は、そのときそのとき、一日一日、「何がお金をくれるか（*chii chinopa mari*）」を考えないといけない。以前はお金があったら、ひたすら通話カードを買っていたけれど。（二〇〇八年一一月一五日）

インフレに食われないよう、ババ・タナカはインフレが加速するなかでも、通話カードと米ドルとを投資先として併用しながら順調に商売を回していった。けれども、彼の「資本」（通話カードの在庫総額）が順調に増えていく一方で、彼の米ドルはあまり増えていかなかった。彼にとって、米ドルと通話カードとでは決定的に異なる点があった。それは、彼の言葉で言えば「お金はモノより貯蔵しにくい」ということである（二〇〇八年一一月二一日）。

ある日、ババ・タナカは、奥さんが自分に断りもなくジュースを米ドルで買ってしまったと怒っていた。

スーパーで働いている教会の友人から妻がジュースを買ってしまった。ジュース二リットル六本を二一米ドルで買ったらしい。教会が終わったあと、彼女は知り合いの人の車に乗せてもらって、家に帰ってきたんだ。機嫌よく「ジュース、買ってあげたよ」なんて言ってるから、何のことかなと思ってたら、車のトランクにそのジュースが入っていた。彼女はその人にうまく乗せられて買ってしまったんだ。（二〇〇八年一一月一九日）

ババ・タナカによれば、奥さんは米ドル建ての商品の価格相場をあまり知らないと言う。彼女はいつも家にいて、町のスーパーの商品価格も知らないし、闇市の商品価格の最新情報をよく知らない。それなのに彼女は、友人に勧められるがまま、相手の言い値でジュースを買ってしまった。ババ・タナカの説明では、問題は「お金」そのものにあるという。

お金を手元に持っていると、買う予定もなかった不要なモノを買ってしまう。だから、お金は貯めるのではなく、モノにしてしまうほうがよい。使い道のないお金を手元に持っていることは、たとえ米ドルでも危険なことだ。（二〇〇八年一一月一九日）

たしかにババ・タナカは、入手した米ドルを、私の目からするとためらいなくモノに変えていた。彼が商品を調達するのは国内（の闇市）がほとんどなので、彼が買う商品の金額は、南アフリカの価格と比べれば倍ほど高く、私には不経済にも思えた。たとえば、一一月のある日、彼は一週間で入手した外貨すべてを使って、たくさんの日用品を買いこんでしまった。

お金を持ってたらつい使ってしまう。お金は長く保蔵しておけるもの（*chengeteka*）じゃないんだ。僕が食用油を買ったのは、家に油がないからじゃない。〔たとえば〕四カ月後に使うモノを買ったっていいんだ。どうせ、使うんだから。肌用クリームだって、どうせ使うんだから。（二〇〇八年一一月二四日）

ババ・タナカの支出（2008年11月21日）

トウモロコシ粉12.5kg	10.00米ドル
食用油２Ｌ	5.75米ドル
肌用クリーム	5.25米ドル
卵30個	5.00米ドル
（ぞうり	200万ＺＤ）
合計	26米ドル

この彼の説明を聞いた私は、すぐに指摘した。「この前、奥さんが買ってきたジュースも、クリスマスまでとっておいたらいいんじゃない？」すると、ババ・タナカは、私の指摘を即座に否定した。「それは無理だね。僕だって、もし目の前にお菓子があったら、なくなるまで食べてしまう。我慢できない。うちの子だってお菓子をあげれば、僕が「明日、学校へ持って行って食べなさい」って言っても、「イヤ、今食べる。学校には何もなしで行く」って言って食べるさ。それは我慢できない」（二〇〇八年一一月二四日）。このように「どうせ必要になる必需品」と、「買う予定もないのに買ってしまったモノ」は、彼にとっては違うのだった。

じつはババ・タナカがさきほどの日用品を買いこんでから三カ月後、食用油の値段は半額になってしまった。スーパーマーケットや小売店の多くが外貨化のライセンスを取得し、生活必需品の供給量が増え、価格競争が生じたためである。

しかし、私がここで言いたいのは、結果的にババ・タナカが損をしたということではない。そうではなく、外貨（米ドル）が価値貯蔵手段として選好されないことがあるということである。

4　おわりに

本章では、外貨（化）に焦点を当て、ハイパー・インフレ下における外貨化の過程、外貨化を試みる人びとの実践、じっさいの現場における外貨の機能と人びとのとらえ方を考察した。本章で強調したいことは、ハイパー・インフレ下で通貨を米ドルなどの外貨に切り替えることは、個別の事例を見れば必ずしも自明なことではないということである。とくに露天商たちのように、世間の外貨化の流れに否応なく巻き込まれた人たちにとって、米ドルなどの馴染みのない外貨を使うということは、私たちが考える以上に勇気や努力を要することだった。さらに現地の経済状況や外貨の流通事情をふまえれば、外貨は必ずしも十全な全目的貨幣として働くとは言えなかった。ときに外貨は、経済状況を安定させるどころかかえって混乱を与えてしまう。そうした事情から人びとが外貨を全面的に受け容れることは難しかった。また、外貨が普遍的に受け容れられないもうひとつの理由として、通貨に対するイメージがある。それまで国際取引の決済通貨としてもちいられてきた外貨、あるいは貯蔵手段としてもちいられてきた外貨が、ありきたりの日常財を買うためにもちいられることに、抵抗を感じる人もいた。

近代貨幣がそれ自体で経済を一元化するわけではないように、外貨もまたそれ自体で経済を正常化するわけではない。外貨の機能と意味は、現地の具体的な経済状況や人びとの評価をとおしてはじめて決まる。経済状況や人びとの評価は、微視的に見れば多様である。たとえば個別の取引規模に見合った額面、貨幣そのものに対する十分な信頼や選好といった条件がそろわなければ、外貨が必ずしも人びとの経済活動を正常化するとは言えないのである。

さて本章で触れたように、外貨が流通するうえでひとつの問題となっていたのがお釣りの問題である。次章では、このお釣りの問題について、「小額紙幣」と「高額紙幣」の使い方に注目しながら考察する。

第6章　小額紙幣と高額紙幣

本章は、ＺＤの現金のうち、「小額紙幣」と「高額紙幣」の問題に焦点を当てる。第3章の「現金」では、ＺＤ現金が日常的な取引にいかに使われつづけているかを検討した。本章はその後インフレがさらに激化し、外貨化もすすんだ後の展開、つまりＺＤがいよいよ使えなくなっていくようすを描く。中心にあつかう時期は、二〇〇八年一二月から二〇〇九年一月までである。この時期は複数通貨制（＝全国レベルの公式の外貨化）が開始される直前にあたり、ハイパー・インフレ期のまさに最終局面といえる。

しかし、じつは、複数通貨制が始まりＺＤが事実上は使用停止となった後でも、ＺＤは完全に市場から駆逐されたわけではなかった。一部のＺＤ札は人びとのあいだで独自のルールが設けられ使われつづけていた。そのいっぽうでＺＤ札のなかには、複数通貨制が始まる前にすでに人びとによって使用放棄されたものもあった。ＺＤが生き残るか、駆逐されるか、それを分けたのが「小額紙幣」と「高額紙幣」の問題である。

1　生き残るＺＤ

謎の札束

次に紹介するのは、複数通貨制が開始してからおよそ三カ月たったころに書かれた新聞記事である。

五〇〇億〔ＺＤ〕札が今なおハラレで流通し、通勤バスや野菜、ビスケットを売る露天商のお釣りとして使われている。多くの通勤バスの運賃は、五〇米セントか五〔南アフリカ〕ランド、もしくはこの五〇〇億札による三兆ＺＤであり、この紙幣はそのお釣りとして使われている。乗合タクシーの車掌や露天商たちは、この五〇〇億ＺＤ札を支払いとして受け取る。彼らが受け取るのは、五〇〇億ＺＤ札だけである。その他の現地通貨〔＝ＺＤ〕紙幣は、すべて消滅して（retired）しまった。今年初めに経済の複数通貨制が合法化されたが、釣り銭はいまだに問題となっており、店では現金の代わりに飴玉などの小商品を取るようお客に頼み込むという状況である。五〇〇億ＺＤ札は、その他〔＝乗合タクシーと露天商以外〕の都市部では法定通貨とみなされず（厳密には、まだ法定通貨のはずだった）受け取ってもらえない。（*Herald*, April 29, 2009）

この新聞記事で紹介されている「五〇〇億ＺＤ札」というのは、二〇〇九年一月一二日に発行されたＺＤ紙幣のことである。記事にあるとおり、このＺＤ札だけは、複数通貨制導入後もしばらくは消滅することなく、ハラレの乗合タクシーや露天商などの取引でインフォーマルな支払い媒体として使われ、けっきょく、複数通貨制が導入されてから約一年半のあいだ（二〇一〇年九月ごろまで）、人びとに普通に使われていた。

ただし、五〇〇億ＺＤ札一枚だけでは使い物にならない。五〇〇億ＺＤ札は、必ず二〇枚ずつに束ねて一兆ＺＤにして使う。もっともよく使われるのは、さらにその一兆ＺＤの札束を三つ合わせて計六〇枚にした、「三兆ＺＤ」の

500億ＺＤ札60枚からなる、３兆ＺＤの札束

札束である。ハラレの人びとのあいだではこの「三兆ＺＤ」を一単位とした札束が、五〇米セント相当とみなされ、米ドルや南アフリカランドの硬貨と並ぶひとつの支払い手段となっていた。「一米ドル＝六兆ＺＤ」というレートが固定され、インフレは生じなかった。スーパーマーケットなどの正式な商業施設では受け取ってもらえないが、路上では、露天商たちがあつかう一米ドルに満たない商品の代金として、あるいは大学の図書館ではコピー代として支払うこともできた。

この札束がもっとも重宝されていたのが、乗合タクシーの運賃の支払いである。乗客がこの「三兆ＺＤ」の札束を支払えば一回分の乗車代として受け取ってもらえ、また乗客が一米ドル札を支払えばこの札束がお釣りとして渡された。

この札束は、一枚一枚数えないのが正しいマナーである。乗合タクシーに乗って車掌や隣の乗客からこの札束を受け取ったら、次に別の乗合タクシーに乗ったときにそのまま渡す。私は当初、面白がってわざとお札の枚数を数え、「二枚足りない」などと文句をつけていた。すると、ある乗合タクシーの車掌はため息をついて面倒くさそうに乗合タクシーから降り、通りにいる人たちに「五〇〇億ＺＤ札をくれ。分からず屋の「白人」がいるんだ」などと説明し、足りない分を調達してきてくれた。別の人は「これは数えなくていいんだ。六〇枚なくても、三兆ＺＤなんだ。このまま渡せば、ちゃんと受け取ってもらえるんだ」と、懸命に訴えた。

2　足りない小額紙幣

事実上は使用停止になったはずの旧現地通貨の札束が、外貨の硬貨と並んで平然とやりとりされ、しかも枚数も厳密には数えられないうえにじっさいに不足していても「三兆ＺＤ」とみなされ問題なく使われる。こうした光景は、何も事情を知らない人の目には奇妙に映るだろう。

しかし、なぜ数あるＺＤ札のなかでも、この五〇〇億ＺＤ札を六〇枚にした「三兆ＺＤ」だけが、こうして複数通貨制後も生き残ったのだろうか。それは、五〇〇億ＺＤ札の後に続いた、さらなる高額紙幣の発行が関係している。

小額紙幣と高額紙幣

先に書いたとおり、五〇〇億ＺＤ札は、二〇〇九年一月一二日に発行された。そして、その四日後の二〇〇九年一月一六日、さらなる高額紙幣が立てつづけに発行された。このとき発行されたのは全部で四種類で、それぞれ一〇兆ＺＤ札、二〇兆ＺＤ札、五〇兆ＺＤ札、そして一〇〇兆ＺＤ札だった。この四種類の紙幣が発行されたのは、銀行の現金引き出し上限が大幅に改定されたためだった。それまで一日あるいは一週間単位で一定の金額しか引き出せなかった現金が、月給全額を一度に引き出せるようになったのだ。中央銀行はこの月給一括現金払いに対応するため、高額紙幣を立てつづけに発行し、現金の供給量を補おうとしたのでる。

ところが、これらの高額紙幣は役に立つどころか、混乱を引き起こした。それまで五〇〇億ＺＤ札が最高額紙幣だったところに、いきなりその二〇〇倍の一〇兆ＺＤ札が発行されたからだ。五〇〇〇億ＺＤ札や一兆ＺＤ札といった中間の額面がないので、たちまちお釣りのための小額紙幣が不足してしまった。たとえば、月給三〇兆ＺＤを銀行から引き出すと一〇兆ＺＤ札三枚をもらえるが、そのうち一〇兆ＺＤ札一枚を乗合タクシーの運賃一兆ＺＤのために支払えば、お釣りには一八〇枚もの五〇〇億ＺＤ札が必要になってしまう。

こうなると、手にする現金が同じ金額でも、それが「高額紙幣」なのか「小額紙幣」なのかは、人びとにとって大問題となる。同じＺＤ札でも高額紙幣は「マリ・ヤカバタナ（*mari yakabatana*：字義的には「ひっついたお金」）」、小額紙幣は「マリ・ヤカチンジカ（*mari yakachinjika*：字義的には「両替できるお金」）」と呼ばれた。

ところで、このように小額紙幣が不足しお釣りの問題が発生したのは、この二〇〇九年一月が初めてではなかった。前月の二〇〇八年一二月初めにも一度、同じようなことが起きている。そのきっかけは、やはり銀行の現金引き出し上限額が大幅に改定されたことだった。それまで一日あたり五〇万ＺＤだった上限が、一週間あたり五〇〇〇万ＺＤに引き上げられたのだ。このときも中央銀行は現金供給量を補うために、一〇〇〇万ＺＤ札、五〇〇〇万ＺＤ札、一億ＺＤ札を発行した。それまでの最高額紙幣は、一〇〇万ＺＤ札だった。乗合タクシーの運賃は約五〇〇万ＺＤだった。ＡＴＭで現金を引き出して五〇〇〇万ＺＤ札一枚を入手し、乗合タクシーでこの紙幣を支払えば、お釣りには四五枚の一〇〇万ＺＤ札が必要になる。

コリーヌの友人ミミが、南アフリカへ移住の準備をするため、しばらく私たちの家に居候をしていた。いつもなら彼女は、一七時に仕事を終え一八時ごろには家に帰ってくるのだが、この日は二一時という遅い時間に帰ってきた。小額紙幣がなかったためである。ミミはこの日、朝八時から昼の一四時までふたつの銀行のＡＴＭに並び、五〇〇〇万ＺＤ札二枚を手に入れた。ところが、彼女がそのお金で乗合タクシーに乗ろうとしたところ、お釣りがないという理由で乗車を拒否された。仕方なくファーストフード店に行ってフライドポテトを買ったが、さらにそこでもお釣りを一時間待たされた。やっとのことで彼女は小額紙幣を手に入れ、乗合タクシーに乗って帰ってくることができた。

高額紙幣の問題に巻き込まれたのはミミだけではなかった。この日、現金を引き出そうとＡＴＭに並んでいたコリーヌの別の友人は、五〇〇〇万ＺＤ札が不足しているという理由で、銀行から「ふたりで分けてくれ」と一億ＺＤ札一枚を渡された。それを後ろに並んでいた見知らぬ人と分け合えというのだ。

また、ミミの友人は、高額紙幣の桁の大きさに理解がついていけず、一〇〇〇万ＺＤと間違えて、一億ＺＤを払

ってしまったという。（二〇〇八年一二月五日）

私〔早川〕は乗合タクシーに乗るため、一米ドルを両替してくれる人はいないか、露天商たちのいる角へ行って探した。しかし、ババ・タナカもババ・アネスも、みんなお金〔ZDの現金〕を持っていなかった。

「お釣りがないから、仕事にならん。一米ドルを両替したって、お釣り〔小額紙幣〕がなかったら乗合タクシーに乗るのは断られるぞ。町ではお釣りを売ってるんだぞ。四〇〇〇万ZDを五〇〇〇万ZDで」（二〇〇八年一二月九日）

この二〇〇八年一二月に起きた小額紙幣不足の問題は、皮肉なことにその後インフレがさらに進行し、商品やサービスの価格帯が高額紙幣に追いついたことで解消された。インフレで小額紙幣が「自然に」価値を失い、使われなくなっていったのである。

3　消えるZD

しかし、その後に再び起きた先述の二〇〇九年一月の小額紙幣不足は、インフレの進行では解消されなかった。五〇〇億ZD札と一〇兆（またはそれ以上）ZD札との額面の格差はあまりに大きすぎた。さらには、この一〇兆ZDなどの高額紙幣が発行されてから二週間後には複数通貨制が始まり、インフレは事実上なくなってしまった。けっきょく、二〇〇九年一月のこの小額紙幣不足の問題は、もっと大胆なやり方で解消された。高額紙幣が受け取りを拒絶され、市場から駆逐されていったのである。（高額紙幣が駆逐されたのは、複数通貨制が始まる以前のことだった。）

高額紙幣がどのように消滅していったのか。以下では、フィールドノートに書き留めた内容を振り返りながら説明したい。

錯綜する数字

二〇〇九年一月二〇日、米ドルの闇両替レートは異様に錯綜していた。この日は、四種類の高額紙幣（一〇兆ZD札、二〇兆ZD札、五〇兆ZD札、一〇〇兆ZD札）が発行され、市場に出回るようになってから四日後のことだ。

［一米ドル＝一兆ZD］

路上で売っている日刊紙『ヘラルド』は、六〇〇〇億ZDだった。新聞を売る露天商に「一米ドル出したら、いくらお釣りをくれる？」と聞くと、四〇〇〇億ZDだという。だから、一米ドルは、一兆ZDだ。

［一米ドル＝三〇兆ZD］

町の中心部へ行って、ババ・タナカに買ってきてくれと頼まれていた、写真を焼くためのCD－RWを探す。コンピュータ周辺機器を置く小さな店に入る。壁一面に小さな機器や道具がかけられ、値札が付いているものもあれば、付いていないものもある。この店には外貨営業のライセンスがないらしく、すべてがZD表示だ。中東系の店員がカウンター越しに接客してくれる。CD－RWの値段をきくと、一枚四五兆ZDだと言われ、のけぞる。CD－RW一枚四五米ドルもするのか？　確認のため「米ドルでは？」と聞くと、一・五米ドルと言われる。安すぎる。今度はCD－RWではなく、壁にかかっているDVD－Rの値段を聞くと、一枚二兆五〇〇〇億ZDだという。めちゃくちゃだ。CD－RWが四五兆ZDで、DVD－Rが二兆五〇〇〇億ZD。それでも書き換え可能なものが欲しかったので、DVD－RWはあるか聞いてみると、「在庫がない。明日来い」と言われる。「明日は来たくないし、書き換えできないものもいらない。CD－RW一枚買うのに、二米ドル出したら、お釣りはいくらもらえるの？」と聞いても、お釣りがないらしく、黙っている。途方に暮れて「普通はどうやって買うの？」などと聞いても、まったく答えてもらえない。とうとう店員は、ＣＤ－ＲＷを一枚差し出し、「一米ドル払いな」と言った。私が困惑していると、「まけてあげたんだよ。これで幸せか？」と聞いてくる。仕方なくＣＤ－ＲＷを一米ドルで買い、店を出る。ちなみにとなりの店では、ＣＤ－Ｒが四兆ＺＤだった。

一枚四五兆ＺＤのＣＤ－ＲＷが一・五米ドルとのことだったので、この店のレートは、「一米ドル＝三〇兆ＺＤ」である。

［一米ドル＝五兆ＺＤ］

露天商ババ・タナカの売場がある角に行く。ババ・タナカに今日の米ドルの交換レートを聞くと、「一米ドル＝五兆ＺＤ」で、小学校の先生に確認したのだと言う。

私はババ・タナカにＣＤ－ＲＷ一枚が四五兆ＺＤしたと告げた。すると彼は、表情を曇らせて「だめだ、それは払えない。申し訳ない」と言った。彼は「一米ドル＝五兆ＺＤ」と思っているので、ＣＤ－ＲＷは九米ドルだと考えたのだ。私が、米ドルで支払うと一米ドルだったと言うと、「そうだ、そうだ。こんなものが、そんなに高いわけがない」と言い、彼は落ち着きを取り戻した。(1)

「小額紙幣レート」と「高額紙幣レート」

それから二日後、私はババ・タナカから、「米ドルの交換レートは、高額紙幣と小額紙幣とで違うらしい」と教えられた。つまり、米ドルを闇両替する場合、ＺＤを一〇兆ＺＤ以上の高額紙幣に交換する場合と、それ未満の小額紙幣で交換する場合とでは、レートが異なると言うのだ。第4章「預金」で闇両替レートが「現金レート」と「預金レート」の二種類に分かれていたように、今回は「小額紙幣レート」と「高額紙幣レート」の二種類に分かれていたのである。闇市場では、ＺＤの価値体系が小額紙幣の場合と高額紙幣の場合とで区別され、同じ金額でも小額紙幣によるものの方が高額紙幣よりも高い価値があるとされていた。

先の事例で、CD－RWとDVD－Rの価格に大きな差があったのは、おそらく高額紙幣による価格と小額紙幣による価格との違いだったのだろう。つまり、CD－RWの四五兆ZDは高額紙幣、DVD－Rの二兆五〇〇〇億ZDは小額紙幣による支払いが想定された価格だったのだ。（ただし、それでは高額紙幣価格になる商品と小額紙幣価格になる商品とが、どういう基準で分けられていたのか、という疑問は残る。）

私は複雑な闇両替レート事情を知ったその日から、米ドルのレートを「小額紙幣（ヤカチンジカ）」と「高額紙幣（ヤカバタナ）」の二種類に分けて、フィールドノートに書くようになった。次に示すようにふたつのレートを並べて書くと、両者に「金額的に」大きな開きがあると理解されるかもしれない。しかし、ここで重要なのは金額よりも通貨の形状である。じっさいにこれらの金額が具体的な紙幣で表されると、小額紙幣は一兆ZD（＝五〇〇億ZD札が二〇札）が「ひとつの札束」、高額紙幣はたとえば一〇兆ZDが「一枚の紙幣」になる。レートはもはや金額ではなく、「ひとつの札束」と「一枚の紙幣」という形状の異なる通貨の交換比率を表すものになっている。

二〇〇九年一月二二日
一米ドル＝二兆ZD（小額紙幣）／四〇兆ZD（高額紙幣）

二〇〇九年一月二四日
一米ドル＝二・五兆ZD（小額紙幣）／四〇兆ZD（高額紙幣）

二〇〇九年一月二五日
一米ドル＝四兆ZD（小額紙幣）／五〇兆ZD（高額紙幣）

二〇〇九年一月二八日
一米ドル＝三・五兆ＺＤ（小額紙幣）／六〇兆ＺＤ（高額紙幣）
二〇〇九年一月三〇日〈複数通貨制開始後〉
一米ドル＝三・五兆ＺＤ（小額紙幣）／一〇〇兆ＺＤ（高額紙幣）

二〇〇九年二月一日
一米ドル＝四兆ＺＤ（小額紙幣）／一〇〇兆ＺＤ（高額紙幣）

二〇〇九年二月五日
一米ドル＝五兆ＺＤ（小額紙幣）／不明（高額紙幣）

実体のないレート

一見するとこれらのレートは、小額紙幣と高額紙幣の価値比率を単純に示しているように見える。つまり、以前の「預金レート」と「現金レート」の場合と同じように、ＺＤの価格体系は小額紙幣と高額紙幣とのふたつに分化しているが、その価値比率の差を受け容れさえすれば、どちらの紙幣も問題なく使えるのだろうということである。

当初は私もそのように考え、町なかの闇両替屋たちが教えてくれる二種類の闇両替レートを真面目にフィールドノートに書き留めていた。しかし、落ち着いてフィールドノートを見返して考えてみると、とくに高額紙幣の両替レートには体系的な意味があるように思えない。つまり、この高額紙幣の両替レートは闇両替商が提供するただの情報、あるいはあくまで米ドルと高額紙幣とを交換するときだけにもちいられるもので、じっさいのモノやサービスの価格にそのまま反映されたりはしないのだ。おそらく、この高額紙幣にどのような価値があるのかについては一定の合意がなく、明確なルールや一般的に共有されたレートなどなかったのだ。

高額紙幣をめぐるやりとり

二〇〇九年一月二二日、私は一米ドルを両替してZDを手に入れようと、午前中から町へ出向き、まだ外貨化のライセンスをとっていない小さな卸売雑貨店に入った。両替レートを店主に聞くと、「小額紙幣で二兆ZD、高額紙幣で四〇兆ZDだ」と言う。高額紙幣の方が欲しい。多額のZDを手にして、新聞社社屋内の販売所でここ一週間分の新聞をまとめ買いするのだ。私は店主に、「一米ドルと一〇兆ZD札四枚を交換してほしい」と頼んだ。しかし、店主は「なんでZDが欲しいの？　何に使うの？」と聞き返すだけで、両替には応じてくれなかった。私が「ZDで古新聞をまとめて買う」と説明しても、渋られてしまう。しばらく交渉が続いた後、店主は私に「とにかく中に入って店を手伝え」と言った。訳が分からないが、私は両替をしてもらえないまま、仕方なくレジの近くに座って彼の店を手伝うことにした[2]。

この店はまだ外貨化のライセンスを取得していないのだが、ほぼすべての商品に米ドル建ての価格が付けられていた。客たちもほとんどが米ドルで商品を買っていく。

店を手伝いながら待ちくたびれた私は、店主に尋ねた。

「あなたが両替できないのなら、お客さんに両替してもらってもいいんだけど」

すると、店主は、

「うるさい、黙れ。一米ドル両替するな」と答えた。

そのまま昼下がりになった。店主から「サザ〔トウモロコシ粉でつくる主食〕を作れ」と言われる。私は店の裏の通路に電気コンロと鍋を置き、店の商品であるトウモロコシ粉とマテンバ（干小魚）、そして消火栓の水を使って店員たち七人分の昼食を作ろうとした。しかし、サザを水から鍋ひとつで作るのに慣れておらず、段取りを間違えてしまい、出来上がるまでに一時間以上もかかってしまった。そのうえ、鍋を混ぜるのが下手で、火がうまく通らず、失敗してしまった。

「遅い！　火、通ってない！　給料なし！」私は、店主に怒鳴られた。

店に着いてから五時間以上が経過した。店主はそこでやっと「これで新聞を買え」と言い、私に一〇兆ZD札を一枚くれた。店主は私から米ドルを受け取らなかった。

高額紙幣一〇兆ZD札をなんとか手に入れた後、私は乗合タクシーに乗って家に帰ろうとした。車掌に運賃を聞くと、「小額紙幣で一兆ZDだ」と言う。ところが、隣に座った中年女性は一〇兆ZD札を一枚手に持って、それを支払おうとしていた。

私は彼女に「高額紙幣をどこで手に入れたのか」と聞いてみた。

「銀行よ。月給全額を現金にしてもらったの。一〇兆ZD札三枚。これが私の月給全額。それが乗合タクシーに乗っただけで終わってしまうのよ」

この女性は公務員で、秘書の仕事をしているのだと言う。

「お釣りは、どうなるの？」と私が聞くと、

「ふたりで二兆ZDのお釣りをもらうことになっているの」とのことだった。（二〇〇九年一月二二日）

高額紙幣をめぐるこの日のやりとりは、何を示しているだろう。店主がくれた一〇兆ZDは、私が店を手伝った労働の対価だったのだろうか。また、乗合タクシーの運賃は、高額紙幣で支払う場合は四兆ZD（＝［一〇兆ZD－二兆ZD］÷二）だった、ということだろうか。乗合タクシーの運賃相場が五〇米セントであることを考えると、乗合タクシーの車掌は、一米ドル＝八兆ZD（高額紙幣）と考えていたのだろうか。そうだとすると、雑貨屋の店主の言っていたレート「一米ドル＝高額紙幣で四〇兆ZD」とは何なのだろうか。

一連のやりとりには不可解な点が多い。まず、高額紙幣のレートの相違が大き過ぎる。この日の両替レートは、雑

貨店主によると「一米ドル＝二兆ＺＤ（小額紙幣）、または四〇兆ＺＤ（高額紙幣）」だった。じっさいの雑貨店の商品価格を見てみると、石けん一個は一米ドルまたは四〇兆ＺＤで、両替レートと合致する。しかし、大きめの袋に入ったイーストは、一米ドルまたは六〇兆ＺＤと、レートが少しずれている。さらに、五〇米セントのマッチや塩は四〇兆ＺＤで、先ほどのレートとは倍も違っている。

乗合タクシーの運賃はどうだろうか。運賃の相場は五〇米セントである。実際の運賃を見てみると、小額紙幣で支払う場合は一兆ＺＤ（＝五〇米セント）となり、店主の言う両替レート「一米ドル＝二兆ＺＤ（小額紙幣）」というレートと合致する。しかし、女性が支払った（と計算できる）四兆ＺＤ（高額紙幣）は、店主の言うレート「一米ドル＝四〇兆ＺＤ（高額紙幣）」からかなり逸脱した金額になっている。店主の言う両替レートと運賃相場にしたがえば、運賃は高額紙幣で二〇兆ＺＤになるはずだ。

卸売雑貨店の商品価格一覧（2009年１月22日）

商品	米ドル	ＺＤ
トウモロコシ粉５kg	3.5米ドル	
食用油２Ｌ	3.5米ドル	150兆ＺＤ
タバコ１カートン	2.5米ドル	
小麦粉１kg	２米ドル	
砂糖１kg	１米ドル	
入浴石けん１個	１米ドル	40兆ＺＤ
イースト大１袋	１米ドル	60兆ＺＤ
マッチ１箱	50米セント	40兆ＺＤ
塩	50米セント	40兆ＺＤ
イースト小１袋	50米セント	15兆ＺＤ

さらに、女性が支払ったと計算できる乗合タクシーの運賃四兆ＺＤ（高額紙幣）は、雑貨店の価格設定と比較すると安すぎる。雑貨店の価格は、入浴石けんやマッチ、塩が四〇兆ＺＤである。一番安いイーストの小袋でも一五兆ＺＤである。（「イースト小一袋」の値段だけが安いので、店主が値段の書き換えを忘れているのかもしれない。細かい指摘をすれば、この一五兆ＺＤという価格は切りのいい数字ではないため、お釣りの問題が発生する。このイーストを買うなら、客は二〇兆ＺＤを払ってお釣り五兆ＺＤをあきらめるか、イーストを二袋買って三〇兆ＺＤを払うことになる。）雑貨店の商品価格は、女性の月給をすべて払ってもほとんど何も買えないように設定されている。月給が一〇兆ＺＤ三枚の女性にとって、高額紙幣はひとつの価格体系を成立させる価値尺度になっていないばかりでなく、ほとんどの価格が過度に高く設定されているため、実質的に使えない貨幣なのである。

おそらくこの日、私が見聞きした高額紙幣による価格やレートの数字には意味がない。私の「労働」に対する報酬、雑貨の価格、女性が払った乗合タクシー代、これらの価格は当事者たち自身が個別の状況に照らし合わせて、独自の判断で決めたのだ。

女性が一〇兆ZD札一枚でふたり分の乗合タクシーの運賃を支払い、お釣り二兆ZDをもらうことができたのは、乗合タクシーの運賃が高額紙幣で四兆ZDだったからではない。事例の情報が不十分でこれ以上詳しく検証できないが、私の推察では女性は乗合タクシーの車掌に事情を説明し、月給の三分の一である一〇兆ZD札一枚でなんとか家まで帰らせてもらえるよう頼んだのだ。乗合タクシーの車掌はその申し出を受け入れた。さらに推察すると「お釣り」の二兆ZDは、おそらく彼女たちが次に乗継ぐ別の乗合タクシーで支払う運賃だったのだ。

最後の瞬間

高額紙幣が明らかに「使えなくなった」のは、この日から三日後のことだった。

二〇〇九年一月二五日、日曜日。私は乗合タクシーに乗ってグレンノラの教会へ行くために、朝早くから町へ行き、闇両替屋で米ドルを両替した。両替レートは一米ドル=五〇兆ZD。私は一米ドルを一〇兆ZD札五枚と両替してもらった。念願の高額紙幣を入手することができた私は、これで乗合タクシーに安く乗れるのかもしれないと期待していた。しかし、ハイフィールド行きの乗合タクシーに乗り込むと、一〇兆ZD札での支払いは拒否された。ハイフィールドに到着すると、停留所にいたマンゴー売りや、パンの露天商たちにも一〇兆ZD札での支払いを断られた。

結局、一〇兆ZD札を受け取ってもらえたのは教会だけだった。礼拝で献金を募るとき、牧師は、「それ〔高額紙幣〕でもいいです。持っているものをください」と言い、「でも、私たちにとってもっともありがたいのは、外貨です」と続けた。

教会の礼拝が終わると、私はハイフィールドから自宅に帰るため、乗合タクシーに乗った。乗合タクシーが発進し、居住区を抜けて工場地区を通過した。町へつながる広い道路に出たところで、運転手はスピードを加速させ、窓を開けながら叫んだ。「こんなもの、使えないカネなんだ！」運転手は一〇兆ＺＤ札を何枚も窓から外に投げ捨てた。まだ新札で角がピンととがった緑色の一〇兆ＺＤ札が、はらはらと宙に舞いながら、アスファルトの道路の上に散っていった。乗合タクシーの乗客たちは、ひとりも騒ぎ立てず、ただ黙って、そのようすを見ていた。（二〇〇九年一月二五日）

結章　「意味」の危機

年間二億％を超える急激な勢いで減価していく通貨が使われつづけること。同じ通貨の貨幣価値が現金・預金という通貨形態によって大きく異なること。外貨が市場に流入しているにもかかわらず、それが全面的に現地通貨に取って替わることはないこと。現地通貨が事実上は廃貨となっても、一部の小額紙幣だけはその後も使われつづけること。

ここまで見てきたジンバブエのハイパー・インフレ下における貨幣使用のあり方は、私たちにとってあまりに馴染みがなく、不可解で「異常」なものに見える。ただ、ひとつ明らかなのは、この状況には序章で指摘したふたつの点、「複数通貨の併存」と「減価する通貨の非消滅性」がはっきりと見て取れるということである。ジンバブエの場合はこの二点に加えて、通貨形態（預金と現金、高額紙幣と小額紙幣）による貨幣価値の区分などの問題があり、状況がより複雑で錯綜して見える。

このような錯綜した貨幣の状況を、どのように理解することができるだろうか。

1　ハイパー・インフレ下の貨幣状況

まず、本書の内容について第3章から第6章までの事例部分を中心に振り返り、ジンバブエのハイパー・インフレ下における貨幣使用について簡単にまとめておく。

二〇〇八年、ジンバブエは月間インフレ率五〇％をはるかに超えるハイパー・インフレ下にあり、七月には月率二六〇〇％、年率二億％を超えるまでに達した。しかしそれでもなお、現地通貨ＺＤは人びとの日常的取引に使われつづけていた。奇妙なことに、ＺＤの現金を活用して露天商や零細自営業などをおこなうことは、ハイパー・インフレやそれにともなう経済状況（預金封鎖や公式経済の破綻）下で、ひとつの有効な生計手段になっていた。急激に減価するにもかかわらずＺＤが使われつづけたのは、ひとつにはＺＤが交換・支払い手段として限定目的貨幣化され、合理的にもちいられていたからである（第3章参照）。交換・支払い手段として見た場合、ＺＤ現金は、ＺＤ預金や米ドルよりもはるかに実用性が高い場合があった（第5章参照）。ＺＤ現金を使うことにはこうしたメリットがあり、とくに露天商たちは、ＺＤ現金を活用して生計を立てていた。

ただし、ＺＤ現金をもちいる主だった商売として挙げられる露天商や零細自営業は、少ない元手で参入がしやすい一方で、「キヤキヤ」（第1章参照）つまり「本来の働き方ではない」「取るに足らない仕事」というイメージがあり、あらゆる人がこうした労働形態を抵抗なく受け容れられるわけではなかった。また、いくらＺＤの現金が交換・支払い手段として有効活用できたとはいえ、二〇〇八年一二月にインフレが極端に激化し最終局面を迎えると露天商たちは対応できず、けっきょくは彼らの多くが商売に「失敗」した（「おわりに」参照）。

そもそもＺＤについて考えるうえでの根本的な問題として、減価やそのリスクがつねに人びとのやりとりのなかで意識され問題化されるわけではないことがある。第3章第2節「ＺＤの貸借」で見たＺＤの貸し借りや、露天商たちが最終的には商売に「失敗」するまでＺＤ現金を使いつづけたということからも分かるように、ＺＤ（の減価）に対する人びとの反応は、端から見れば悠長すぎる印象すら受ける。ＺＤは、減価の問題を克服して合理的に活用されるだけではなく、ときに「実質価値」を不問にされたままそれ自体として人びとに受け容れられていた。

ＺＤ現金が使われつづけていた理由としてもうひとつ挙げられるのが、現金不足の影響である。二〇〇八年六月ごろから一日あたりに銀行口座から引出せる現金の上限額が極端に低くなった（「預金封鎖」）。またインフレの激化と公式経済の衰退にともない、預金の貯蓄機能・支払い機能は著しく低下していた。このため、闇市場の取引では同じZDの金額でも現金の価値が預金よりも高く評価されていた。

こうした異例の状況を利用して、ZD預金、ZD現金、外貨、モノをうまく転がし利得を得るのが「カネを焼く」ことや「バコシ」商法である。このような行為は、過酷な経済状況下における預金のあらたな活用法として流行した。「カネを焼く」ことは、牧師のひとりが「マナ（奇跡の糧）」と形容したとおり、二〇〇八年半ばごろに突如起こった夢のような利得の方法だった。正規市場と闇市場という経済の二重構造を利用して利ざやを稼ぐことは、それまで政府高官など特権的立場にある一部の人たちにしかできないことだった。それが、「カネを焼く」というこの方法の場合には、銀行口座と少しの外貨、そして闇両替の相手が見つけられさえすればよく、利得獲得の機会が多くの人びとに開かれていたのである。

けれども、そのようにほぼ誰にでもできたこの行為は、必ずしも誰にでも受け容れられるものではなかった。そもそも「カネを焼く」というこの行為が可能になったのは、預金封鎖によって多くの人たちの預金の一部が正常に使えなくなるという、理不尽な政策が実施されたことから発生している。その機会を利用して、まっとうな労働もせず、ただお金を転がすだけで利益を得るのが「カネを焼く」ことである。あまりに採算性の高いこの方法に対し、倫理的疑問をもつ者も多かった。結局、「カネを焼く」という行為は、二〇〇八年一〇月に中央銀行が決済システムRTGSシステムを停止したことで継続困難となり、持続的な手段とはならずに消滅していった。

二〇〇八年にインフレやZDの現金不足が深刻化するなかで、外貨が貯蔵手段としてだけでなく、交換・支払い手段として急速に日常経済に流入しはじめた。二〇〇八年一〇月からは「ライセンス制外貨化」が導入され、外貨決済で経済活動をおこなうこと（外貨化）を次第に政府も認めるようになっていった。

外貨化は、エコノミストが言うように、ハイパー・インフレの影響から逃れ、安定した経営をするための合理的で有効な方法だった。しかし、外貨はエコノミストたちが想定するほど「万能」ではなかった。外貨を不自由なく使い、外貨化をスムーズにおこなえるのは、外貨を入手しやすく、またある程度の規模で取引をおこなう一部の人びとに限られていた。多くの人の場合、じっさいにこれまでZDでおこなってきた日常的取引を外貨に置き換えようとすると、現場でさまざまな支障が生じた。たとえば、外貨の小額紙幣や硬貨が慢性的に供給不足だったため、お釣りが問題となった。

また外貨の問題は何よりも、それが「外から」来るものだということである。とくに調査地である首都ハラレの場合、おもに使われる外貨は米ドルだった。ハラレにはそれまで米ドルをじっさいに見たことがないという人もいた。彼らが米ドルを使用するには、紙幣の種類や両替レート、両替相手や入手方法などについてひとつひとつ実地で学んでいく必要があった。また、現地の人びとがもともと持ち合わせている外貨に対するイメージや、貨幣そのものに対する選好の弱さもあり、日常的取引を外貨化することは人びとにとって決して自明なことではなく、むしろ努力を要したり抵抗感を抱かせたりした。

お釣り不足の問題を引き起こしたのは、外貨だけではない。二〇〇九年一月、一〇兆ZD札、二〇兆ZD札などの(超)高額紙幣があらたに発行されたとき、その額面がそれまで流通していた紙幣の額面や商品・サービスの価格帯とあまりにかけ離れていたため、やはりお釣りの問題が生じた。人びとのあいだでは高額紙幣と小額紙幣が明確に差別化され、後者が好まれるようになったのである。結果的に小額紙幣は、二〇〇九年一月末の複数通貨制(=全国レベルの公式外貨化)導入後も一米ドル未満の硬貨の代わりに人びとのあいだで交換媒体のひとつとして使用され、しばらく非公式に使われつづけた。そのいっぽうで、高額紙幣は複数通貨制開始以前から混乱をきたし、人びとには拒絶され市場から駆逐されていった。

2　多元的貨幣経済の可能性

このように、通常はあまり見られない事態が怒濤のように押し寄せるジンバブエの貨幣状況は、たしかに「異常」、

「無秩序」、「経済の解体」などと形容したくなる。

しかしこうした状況をいわば説明不能なものとして理解するまえに、まず問うべきことは、私たちのなかにある経済や貨幣に対する偏った想定である。序章第2節で示したように、経済は必ずしも一元的貨幣（「近代貨幣」）、つまり一元的経済領域、一元的交換原理にもとづく市場交換システムを意味するのではない。経済人類学の先行研究で報告されてきたさまざまな事例は、たとえ近代貨幣が浸透しても、ひとつの社会に複数の貨幣体系、複数の経済領域、複数の交換原理が併存することが十分に可能であることを物語っていた。もしハイパー・インフレを「経済の解体」というのであれば、それは「近代貨幣」「近代経済」の解体であり、経済そのものではない。

一元的貨幣、一元的経済を前提とした考えをいったん取り払い、複数の通貨が併存する可能性を念頭に置くと、これまで見てきたハイパー・インフレ下の貨幣状況は、複雑ながらもそれなりに合理的に機能していることが分かる。このことが明確に表れているのは、とくにZDの現金が交換・支払い手段として限定目的貨幣化されて使用されていたこと、またそのいっぽうで貯蔵手段としてはモノや米ドルが使われていた点においてである。以下では、ジンバブエにおけるハイパー・インフレ下の一見不可解な貨幣状況をなるべく合理的なかたちで説明してみたい。

一部の経済学の研究は、ひとつの通貨が使用される場合よりも複数の通貨が併存してもちいられる場合のほうが、経済活動全体の経済効率が高くなる可能性があると指摘している。経済学者の酒井良清は、序章第3節で紹介した経済学における未解決の問題「超インフレが生じている通貨の非消滅性（the non-disappearance of hyperinflating currencies）」について、高インフレ期ロシアにおける現地通貨の流通と米ドルの流入を例に理論的に解明しようとした（酒井 一九九五）。酒井によると、現地通貨ルーブルと米ドルとが共存する状況は、ルーブルのみが流通する状況よりも、より良い経済厚生が保たれる。門外漢の私がその内容を要約することはとてもできないが、そこで重要なのは不完全な貨幣機能をもつふたつの通貨、つまり交換手段としてのルーブルと、貯蔵手段としての米ドルとがそれぞれにお互いの機能不全を補完し合い、経済効率を高めるということである（酒井 一九九五：二四九）。

しかし、減価していく現地通貨が交換手段として使えるとしても、それではなぜ、米ドルが一般的には完全に機能不全に陥っているはずの現地通貨に取って替わって、交換・支払い手段として機能しないのか、という疑問が残る。

酒井はロシア市場において米ドルが交換・支払い手段としてうまく機能しない理由として、法的制約（国内市場の米ドル決済範囲に制約があること）を挙げている（酒井 一九九五：二五一）。しかし、この理由は少なくとも本書で見てきた二〇〇八年前後のハラレの状況には当てはまらない。ハラレの場合、合法化されるまえから外貨が交換・支払い手段として使われはじめていたし、いっぽう合法化後も取引の現場では、米ドルはさまざまなやっかいな問題を生じさせていた。

ハラレの場合、米ドルが交換・支払い手段として使われるときにとくに問題となったのは、米ドルの額面単位が現地の価格帯に適合しないこと、つまり外貨の小額紙幣や硬貨の供給不足だった。そして、この米ドルの問題を補っていたのがZDの現金だったのである。米ドルが流入していたにもかかわらずZDが交換手段としてもちいられつづけていた理由は、この通貨が法定通貨だったからというよりも、この通貨の紙幣の価値がとくに零細な商売をおこなう現地市場の取引規模に見合っていたからである。

日常的取引をおこなう下層市場における零細額面通貨の重要性については、黒田明伸が詳しく論じている（黒田 二〇〇三：とくに序章と終章）。黒田が主張するのは、多様な市場空間とそれに応じて使われる多様な通貨との結びつきである。黒田によれば、通貨の媒介機能は通貨自体に内在するのではなく、財の在庫を処理（流動化）しようとする動機をきっかけに発生する。このときどういった財を、どういった市場空間で処理するかによって、売り手が受領する（必要とする）通貨が変わってくる。黒田は市場を次のように類型化している。まず、限られた地域内を商品と通貨（信用取引を含む）が繰り返し循環する地域内決済市場と、それら個々の地域内決済市場の上層部どうしをつなぐ地域間決済市場とがある。さらに、前者の地域内決済市場が上層市場と下層市場とに分けられる。それぞれの市場では取引される財の性格や取引規模が異なり、通貨に対する選好や評価も異なる。たとえば上層市場と下層市場をくらべれば、上層市場では大口取引が多いために高額面通貨がより必要とされ、下層市場では小口取引が多いために小額面通貨がより必要とされる。

極度のハイパー・インフレ下にあったジンバブエでは、新たな高額紙幣が次々と発行されても、時間が経てばそれらの紙幣は物価に比べて「零細」になっていき、すぐに「小額紙幣」と化してしまう。こうした状況のうえに、さらに現地通貨の現金供給不足と預金の機能不全とが加われば、合法・違法にかかわらず国内経済のうち比較的取引金額が大きい上層市場においてZDの現金の代わりに外貨がもちいられるようになるのは当然のことだろう。しかし、外貨がたとえ上層市場や国際的な市場（地域間決済市場）で通用しても、零細な日常的取引をおこなう下層市場でそのまま通用するわけではない。下層市場では、ZD現金が「小額面」通貨として人びとの需要に応え、使われつづけた。このように、ハイパー・インフレ下であっても、現地通貨が使われつづけることには一定の理由がある。

また黒田によれば、額面単位の違いのほか、地域間決済市場と地域内決済市場、上層市場と下層市場とでは、通貨の循環周期や季節変動によって通貨需給のタイミングが異なる。[1] このことは、それぞれの市場における通貨の供給と評価に差を与え、市場間の通貨の交換比率に不整合を引き起こす。このように、市場における商品と貨幣との交換は、そもそも多様性（非対称性）をもつのである。[2]

こうした多様な市場間の不整合をなくし、ひとつの通貨で一元的に統一するには、不規則な通貨需給に応じて柔軟に通貨を安定供給できる機構が必要となる。しかし、ジンバブエの場合、この柔軟な通貨の安定供給がまったくできていなかった。中央銀行は現地通貨の現金不足に際して預金封鎖とやみくもな高額紙幣の発行、つまり通貨供給の極端な制限や額面を考慮しない通貨の単純な量的増加で対応した。また、現金を必要としない預金決済システムが利用可能な市場の範囲もごく限られ、自然流入してくる外貨も量・種類ともに不足していた。つまり、ジンバブエでは、ZDも外貨（米ドル）も市場を統一的につなぐことができなかったのである。

ここで言いたいのは、ジンバブエの「近代貨幣」システムがいかに破綻していたかということではない。そうではなく、たとえ「近代貨幣」システムが極度に衰退していても、複数の通貨（もしくは貨幣形態）が併用され、さまざまな評価を与えられながら取引がおこなわれる状況は、それなりに合理性のあるもうひとつの経済秩序だということである。黒田は、複数通貨が併存する状況こそが「歴史の必然」であるという（黒田 二〇〇三：二一六）。一国一通貨制が自明視され、また国際取引では米ドルを基軸通貨として支配的位置づけにおくことを当然とする現在において、その状況は「異常」「不可解」に見えるが、歴史的に見れば「常態」なのである（序章第3節参照）。

こうしてみると、ジンバブエのハイパー・インフレ下に見られた錯綜した貨幣の状況は、今日のように貨幣制度の近代化と国際化が進んだ社会では見えづらくなってしまった、本来多様な市場と通貨のあり方が顕在的に現れたものだと言える。またそれは、過酷な経済状況のなかで、ジンバブエやハラレの人びとが、抽象的な制度や一般的なリテラシーに惑わされることなく、その時その時、適材適所の通貨のあり方を現実に即して見きわめ、自分たちの経済活動を独創的に進めていった結果であったとも言えるだろう。

3　現代アフリカと近代システムの不在

先節の黒田が提唱する市場の多様性（非対称性）について、西アフリカに焦点を当てて積極的に論じてきたのがジェーン・ガイヤー（Guyer 1995b, 2004）である。彼女は、多様な通貨や支払い手段、貯蔵手段、度量衡制度と、そのあいだの計量的不整合や非対称的な交換、不安定な交換レートなどの事例を、国家や市場と人びとのあいだの貨幣使用の齟齬として示し、アフリカにおける近代貨幣システムの不徹底や限定性を主張する。ガイヤーはこうしたちぐはぐで相互に矛盾する多元的システムを、「欠陥」や「危機的状態」としてではなく、むしろ近代貨幣制度の「限界」や「恣意性」、アフリカ独自の地域経済・地域通貨のあり方として呈示している。[3]

もうひとつの秩序としてのアフリカ

「近代貨幣」に限らず、「アフリカに十分な近代システムがない」ということは、現代アフリカの重要な特徴と見なされてきた。また、こうした事態をどのようにとらえ、描写し、アプローチするかは、分野を問わず難しい課題となっている（cf. Kurimoto 2001）。

大きく見ればそれらは、「逸脱としての理解」と「代替としての理解」とのふたつに分けられる。逸脱としての理解は、アフリカに十分な近代システムがないという事態を「問題」あるいは正統でないものと見なし、先進諸国とくらべて序列化し従属的な位置づけを与える。そこでは基本的に自らがもち合わせる「想定」が疑われることはない。国連をはじめとする国際機関は、アフリカにおけるこうした事態を緊急に解決すべき問題と見なし、さまざまな金融支援や開発援助などによる解決策を打ち立ててきた。しかし残念ながら、そうした対策の多くはこれまでのところ「失敗」に終わっている。たとえば、国連が一九六〇年代から進めた「開発の一〇年」は、全体として当初の目標よりもはるかに下回る結果に終わった。また、八〇年代後半以降、国際通貨基金（ＩＭＦ）と世界銀行主導で実施された構造調整計画は、アフリカに経済低迷や貧困層を拡大させ、「問題」を増加させせたと批判的に評価されている（ex. MacMichael 1998）。

いっぽう代替としての理解は、自らのもつ「想定」を取り払い、アフリカにおけるこうした事態を、近代システムに替わるひとつの可能性として、そこにある別の秩序を見いだそうとする。人類学者をはじめとするアフリカ研究者たちの多くは、現代アフリカの状況に対し、是正の対象ではなくむしろわれわれの認識や想定を修正するきっかけとしてアプローチしてきた。たとえば、松田（一九九六）が不法居住区に住む都市貧困層の互助システムを、そしてトレフォン（Trefon 2004）が破たん国家における人びとの生活の秩序を明らかにするとき、そこで示されるのは対象の「悲惨さ」ではなく、当事者が（彼らにとっての）「普通の」生活をできるかぎり営もうとする主体性と創造性にある。あるいは、小川（二〇一一）がインフォーマル・セクターの行商人を「あいだ」に生きる人として、マクガフィー（MacGaffey 1991）がコンゴ民主共和国（旧ザイール）の経済をフォーマル／インフォーマルの区別のない「リアル・エコノミー」として描くとき、常識から逸脱した現実を是正しようとするのではなく、既存の枠組みの暴力性や非有効性が指摘される。

ジンバブエのハイパー・インフレ下における多元的貨幣状況も、一元的貨幣という私たちの想定を取り払うことで、近代システムに代わるもうひとつの秩序ととらえることができる。ここから私たちが学べることは多分にある。たとえば、グローバル市場や世界経済への一元的な包摂がさまざまな弊害をもたらすという危惧が叫ばれる今日、先進諸国のさまざまな地域では、そうした流れに対抗するため地域通貨の発行が試みられている。地域通貨の重要なカギとなるのは、法定通貨や基軸通貨との差別化である。通貨の額面や「実質価値」、「貨幣の論理」に縛られることなく、自由に寛容に、そしてある程度は自律的に独自の貨幣体系を形成していったジンバブエの人びとの実践は、こうした地域通貨の試みにとってもひとつの指針となるだろう。

4　渦中を生きる人びとの視点から

ただし注意しておきたいのは、ジンバブエの場合、このような多元的貨幣経済の状況下に置かれた人びとが、目の前の状況を見て驚いたり、戸惑ったりしていたということである。このことは、現地の人びと自身が、自分たちの生きる現実を「逸脱」と見なしたということである。[4] ジンバブエのハイパー・インフレ下に見られた多元的貨幣経済は、たとえそれが合理性をもつ代替的秩序であるとはいえ、めまぐるしく急変する状況のなかで現れた、きわめて不安定な存在だった。この点が、たとえば序章で紹介した経済人類学の事例のように、確立された規範をもつ安定した状況とは明確に異なっている。

現地の人びとがいかにハイパー・インフレを日常として生きているとはいえ、急激な価格上昇や通貨の錯綜をともなう生活は、彼らにとって間違いなく困難で未曽有の経験の連続だった。より微視的な視点からとらえれば、人びとの行動や反応はさまざまで、それらはとても合理性や持続性、一貫性をもった秩序として単純には説明できない。以下では、あらためてハイパー・インフレ下の貨幣使用と複雑な経済状況について、現地の人びとの視点から理解したい。

貨幣が自明でなくなるとき

ハイパー・インフレ下で生活するうえでの問題は、それまで自明だった貨幣の使い方が根本から揺さぶられるという点にある。

とくに貨幣を実利的手段として見た場合、従来と同じような貨幣の使い方をすると、その目的が達成できず「失敗」してしまうことが多々ある。たとえば、ZDでは資産価値を保蔵できない、デビット・カードで欲しいモノを買えない、外貨の価値が期待どおりの評価を受けない、などである。

人びとは、自らの「失敗」の経験や他人からの助言などをきっかけに、商法や貨幣の使い方、入手方法などに何らかの変更を迫られた。たとえば、ZD現金を限定目的貨幣化する（貯蔵手段としてもちいない）、ZD預金を活用して「カネを焼く」、商売で外貨を受け取る、などである。

複雑なのは、人びとの目からすればこの状況は決して「ZDから外貨へ」などという単純な方向性をもった移行とは言い切れない点である。一般的に外貨は、「安定した」価値があると考えられているが、慣れない外貨を使うことや硬貨などの小額面通貨不足の問題、両替レートと物価の不規則な変動などから、外貨を使うことが必ずしもZDを使う場合よりも功を奏し、良い結果をもたらすとは限らなかった。そのうえにやっかいなのは、中央銀行の金融政策などにより、状況が変転しつづけるということである。ひとつの経済活動を新たな方法へ切り替えても、状況はまたいつでも予期せぬ方向へ変わり得た。

新たな貨幣の使い方は、たとえ実利的結果が得られたとしても、それらは決して中立的なものとして受け容れられるわけではなかった。たとえば、「カネを焼く」ことや外貨で日用品を売ること、インフォーマルな経済活動で日銭を稼ぐこと（「キヤキヤ」）、あるいは闇市で生活必需品を高い値段で売ることなどに対し、人びとは容易には馴染めず、やるせなさや不安感、あるいは倫理的抵抗感を示していた。

こうした抵抗感を少しでもなくすため、本来ならば不適切であるはずの経済活動や貨幣の使い方を正当化したり、解釈を修正するための新たな枠組みが用意された。牧師たちが「カネを焼く」ことを「マナ（奇跡の糧）」と説明したり、闇市を生活必需品の「供給」と言い換えたりすることである。

従来のやり方を変更するに足る十分な説明やきっかけがなければ、たとえ期待する（実利的）結果を得られそうにない場合でも、従来と同じような貨幣の使い方や態度が継続された。コリーヌが「カネを焼く」ことやストライキをすることを拒否したこと、乗合タクシーの車掌がもはや「使えそうにない」高額紙幣を支払いとして受け取ったことなどである。（これらは、そもそも人びとにとって貨幣や労働が単なる実利手段だけではないことを示している。）

このように、従来の貨幣の使い方を継続するにせよ、変更するにせよ、ジンバブエのハイパー・インフレ下では、すべてに何らかの代償、葛藤、脆弱性や確信のなさがともうことが分かる。ＺＤ現金を使うこと、「カネを焼く」こと、外貨を使うこと、どれひとつ完璧なものはなく、それぞれ実利的・倫理的に一長一短がある。高い教育を受け、まともな職に就き、真面目に働いて、良い暮らしをするというかつての「常識」はもはや通用しない。それどころか、お金（自国通貨）を稼ぎ、貯めて、増やして、より多くの富を得て豊かになるという、根本的な経済規範が崩れようとしていた。貨幣に関して自明の、確固たる規範が急速に失われるなかで、人びとは実利性の高い代替的方法で状況に適応するばかりでなく、それらの本来あるべきではない経済活動を正当化し、説明するための新たな枠組みを模索しなければならなかった。

ジョーンズは、ジンバブエ「危機」下の複雑な経済状況について、ほとんどの事物が本来の「適切な位置」から「変位させられた（displaced）」と述べた（Jones 2014）。ＺＤ現金、ＺＤ預金、外貨、労働、不法行為、正統的やり方など、すべてが「不適切」な位置へ移動させられてしまった。これはメアリ・ダグラスが、「汚れ」を秩序からはみ出した「場違い」なものだとして説明したのと同じことである（ダグラス 二〇〇九）。従来と同じような実利的機能をもたない貨幣、従来とは異なる貨幣の使用方法、これらはすべて人びとが慣れ親しんだ秩序の外にあり、本来は「不適切」な「汚れ」と見なせるものである。一部の人はそうした異物を受け容れ、新たな秩序を創造しようと試みた。しかし、ジンバブエの状況の変化はあまりにも急だった。ダグラスの言葉を借りれば、そうした異物が「粉砕され、分解され、腐敗し」、「堆肥」となるための時間的余裕は十分になかった（ダグラス 二〇〇九：三五八、三六五）。ジンバブエのハイパー・インフレ下に見られた多元的貨幣状況は、たしかに「近代貨幣」システムが極度に衰退するなかで生まれた、ひとつの代替的な経済秩序である。しかし、より微視的に見た場合、それは単に「近代貨幣」システムが衰退するというだけでなく、もともとそこで共有されていた貨幣の規範が崩れ、それに代わる確固たる貨幣の規範がないという状況である。このような状況下で、人びとは貨幣をどのように使うか、またどのように生きるか、実利と倫理との両面から選択を迫られたのだった。

5 「意味」の危機

人は「解釈できないもの——俗にいう「気味が悪い」（uncanny）と呼ばれているもの——に出会」うとき、「最大の恐れ」を抱く（Langer 1962［ギアーツ 一九八七：一六五に引用］）。こうした問題に、どのようにアプローチできるだろうか。

ファーガソンは、著書『近代への期待』（Ferguson 1999）のなかで、ザンビアの経済危機とその渦中を生きる人びとたちの経験を「近代化の退行」として描き出している。彼は、近代システムの不在がもたらす負の経験そのもの、つまり危機下に生きる人びとの失望や不安、苦しみ自体に迫ろうとした。この民族誌の舞台は、経済危機とともに衰退の一途をたどるある鉱山都市である。一九二〇年代から始まった銅の採掘によって飛躍的な経済発展を遂げたザンビア（独立前は北ローデシア）は、一九六四年、都市化と近代化が高度に進んだ状態で独立を迎えた。しかし、七〇年代に入ると世界市場における銅の価値が暴落し、国内の銅産出量も低下した。銅貿易を支柱としていたザンビアの経済は急激に落ち込み、九〇年代にはこの国は発展途上国のなかでもほとんど世界最下位に位置づけられるほどの貧困国となった。独立当時、鉱山都市は人びとに新しさを想起させる「新興アフリカ（emerging Africa）」の象徴的存在だったが、八〇年代には、舗装道路は穴だらけになり、停電のために炭で調理がおこなわれるまでに町は衰退し「村さながら」の様相を呈していく。独立後も順調に都市化と近代化が進行すると信じていた鉱山労働者たちの期待とは裏腹に、町の近代化は「退行（decline）」、「逆行（upside down）」していくのだった。

ファーガソンが描く近代化から見放されていくザンビアの鉱山都市のようすは、ハラレで私が目にした状況とおおいに重なる。停電が常態化し、軒先で薪を焚いて調理することはハラレでも日常的なことだった（cf. Ferguson 1999 : 243）。「きみのところ〔日本〕の経済は成長するけど、僕らのところの経済は、天気みたいにコロコロと変わるんだ」というハラレの露天商が口にした「ジンバブエの経済」の説明は、ファーガソンの著書のなかに登場するザンビア人による「ザンビアの経済」の説明とまったく同じだった（cf. Ferguson 1999 : 252）。何かうまくいかないことがあると、ジンバブエ人が「あー、ジンバブエ!!」と叫ぶようすは、ザンビア人が自分たちの困窮ぶりを話した後に漏らす「我ら貧しいアフリカ人」というセリフを思い出させた（cf. Ferguson 1999 : 245）[5]。

ただし、私が『近代への期待』で紹介されるザンビアの事例とジンバブエとの共通性を強く感じていたのは、ハイパー・インフレ前期の二〇〇七年までだ。ハイパー・インフレ後期にあたる二〇〇八年には、ジンバブエの状況は目まぐるしく変化し、近代化が退行しているというより、何がどこへ向かっているのかさえ分からないという印象だった。

二〇〇八年八月、ジンバブエ大学内の図書館で、カウンターにいた司書がとうとうと語りはじめた。

> トウモロコシ粉が一〇キログラムで三兆ＺＤ、パン一斤が一兆ＺＤ。買えない。だから、どうするか？　トウモロコシ粉を朝、昼、晩、食べる。そしたら、子ども二人に奥さんの分入れて一カ月でトウモロコシ粉三〇キログラムいる。三兆×三で九兆ＺＤ。
>
> トウモロコシ粉三兆ＺＤ。それを、夕方六時に見つける。家に帰って、次の日三兆ＺＤ持って店へ行く。そしたら、値段が四兆ＺＤになってる。それでまた、帰って足りなかった一兆ＺＤ用意してきたら、こんどは五兆ＺＤに

なってる。

こんなの、僕が思うのは、物々交換したほうがいいよ。貨幣システムが機能しないんだから。たとえば五〇キログラムのトウモロコシ粉をバスに乗るのに何キログラム渡して、石鹸とか砂糖とか、食用油とかもそれで買う。

七月、銀行から引き出せる現金が、一日あたり一〇〇〇億ZDだったよね。このとき、家から町へ行くのに、片道三〇〇〇億ZDだった。往復だと六〇〇〇億ZD。一〇〇〇億ZD取りに行くために六〇〇〇億ZDって、これ、何（笑）？

職場にいたってほら、四分の三の人間が来てない。来てないけど、誰もそのことについてしゃべらない。学校では、生徒のなかに食べるもののない子がいる。先生は、補習授業するからって授業料取る。学校に払って、先生に払って、二倍払う。

警察は、道で走ってる車を止めて、いくら持ってるかって聞いてきて、お金を取る。医者も看護師も同じようなことして、米ドルとか南アフリカのランドとか外貨を請求してくる。

銀行は、中央銀行がお金刷ってばっかりで、そのお金で外貨を買う。今、南アフリカの一〇〇ランドは五〇兆ZD。一〇〇米ドルは一〇〇兆ZD。五〇ZD札とか昔のもう使わなくなったお金、ゴミ捨て場に捨てられてる。でも、これドイツで刷ったお金じゃないか。これ買うのにいくらかかるの？　外貨で払うんだよね？

この状況はなんなのか。そりゃ、ほかの国でも経済問題、文化問題、政治問題はあるよ。でもほかの国って、戦争があったらそのときは医療援助とか食料援助とか、もらえるでしょ。戦争もないのに、こんな状態って、どこ探してもないよ。

ハイデンシティ行ったら、子どもが遊んでる横に下水が流れてる。きれいな水って、食事するのにも、洗濯するのにも、手洗うのにもいる。汚水では洗えない。

サザ〔ジンバブエの主食〕を作ろうと思って、お湯を沸かして、トウモロコシ粉を入れようと思ったら電気が止まる。シャワー浴びてて、頭をぬらして石けんつけて、流そうと思ったら水が止まる。床屋へ行って、頭を刈ってもらってたら、半分刈られたところで電気が止まる。

こんな状況、ほかにある？　風呂、入ってて、頭を流そうと思ったら水、止まる。どうしようと思って、床屋へ行ったら半分頭剃ったところで電気止まる（笑）。第一次世界大戦ありました、第二次世界大戦ありました。産業革命ありました。でも、こんなのない。

銀行で二時間待ち。それでバス乗ったら、ガソリン切れたって。こんなの、ない（笑いが止まらない）。

（二〇〇八年八月一七日：八月一日のデノミ後だがZDの価格は語られたとおりに、二〇〇八年八月のデノミ前の旧通貨単位で表記した）


ファーガソンは、「ザンビアにおける近年の危機は、単なる経済危機というだけでなく意味の危機でもある」(Ferguson 1999 : 14) と述べている。[6] ファーガソンによれば、「意味の危機」という状況において、人びとは「自身の経験を理解し、その経験に意味と尊厳を付与する方法を劇的に破壊される」(Ferguson 1999 : 14) のである。しかし、「そうした状況下において、人びとは決して受け身に構えているのではなく」、「自身の経験に意味を付与し」、変化した現実を「理解する (conceptualizing) 新たな方法を見出そうと」苦闘 (struggling) している (Ferguson 1999 : 14)。

ハイパー・インフレ下の多元的貨幣経済下でも、不安定な状況下で人びとは代替的手段や枠組みを模索し、苦闘した。それと同時に、その状況に対する確定的な解答が見つからない。これまで慣れ親しんでいたものが急速にその自明性を失い、何が常識で、何が逸脱なのかが定かでなくなるなかで、人びとは多様な方法で「常識」と「逸脱」とを再確認・再定義しようとした。ZDを使うこと／使わないこと、「カネを焼く」こと／「焼かない」こと、外貨を信用すること／しないこと。すべては人びとが、馴染みのない現実を理解し、あるべき方策を思案して得た、ひとつの意味ある選択だった。ジンバブエのハイパー・インフレ下に見られた多元的貨幣状況という代替的秩序は、「経済危機」と「意味の危機」との両方に直面した人びとが、従来のあるいは新たな秩序を求めて、絶え間なく試行錯誤を繰り返した結果なのである。

おわりに――複数通貨制へ

ここでは、本論の事例部分で取り上げられなかった、ハイパー・インフレ最終局面の混乱と複数通貨制導入後のようすについて、簡単に記述しておく。

1　使えなくなるZD

インフレに「食われる」

二〇〇八年一二月一九日（金）、私はいつものようにアボンデールの角に立ち、露天商のババ・タナカや通行人たちとおしゃべりをしていた。午前一一時を過ぎ、客がすこし途絶えたころ、ババ・タナカは携帯電話で誰かと話しはじめた。電話が終わると、彼は首を横に振り、落胆したようすで私の方を向いて言った。

「もう、だめだ。今年は村に帰れない。今、町にいる人と話していたら、米ドルの闇両替レートが、一米ドル＝一三億ZDになったらしい」

それは今までにないほどの上昇幅だった。その週の米ドルのレートは、比較的安定していた。一六日（火）は一米ドル＝二億、一七日（水）は一米ドル＝二・五億ＺＤ、一八日（木）は一米ドル＝三億ＺＤ。それが、この金曜日に、一気に前日のレートの四倍以上に値上がりしたのだと言う。闇両替レートが急騰したのは、中央銀行が新たに紙幣を発行したからだ。この日、中央銀行は一〇億、五〇億、一〇〇億ＺＤ札の紙幣を発行し、市場に投入した。

ババ・タナカは一週間ほど前、「資本」（＝通話カードの在庫総額、第3章参照）が少なくなってきたと言い、二〇米ドルを投資して通話カードを仕入れたところだった。そして、一週間、毎日せっせと通話カードを売り上げたのだが、この急激な米ドルの急騰で彼の「資本」は米ドル換算で四米ドル相当にまで減ってしまった。[1]「資本」を増やしつづけるという、彼の商法はもう使えなくなり、彼はとうとう「インフレに食われた」のだ。

「今すぐ町へ行って米ドルをＺＤに両替して、買物をしたら、まだモノを安く買えるんじゃないか」

ババ・タナカは気を取りなおして状況を前向きにとらえ、私に助言した。

私は自転車を漕ぎ、急いで町の様子を見に行った。けれども、私は遅かった。町の店の商品は、どれもすでに値上げされていた。その前日一億ＺＤだった乗合タクシーの運賃は、もう三億ＺＤになっていた。ある店では砂糖二キログラムを三六億ＺＤ（または二米ドル）、砂糖一〇キロを一〇〇億ＺＤ（または一〇米ドル）で売っていた。その店はこの日、もう三回シャッターを下ろし、三度も商品価格を値上げしたのだという。私の知人は、五億ＺＤだったパンの値段が、行列に並んでいるあいだに一〇億ＺＤになってしまったと言っていた。ただ、ババ・タナカが聞いた「一米ドル＝一三億ＺＤ」というレートの情報は高く見積もられ過ぎで、じっさいには「一米ドル＝七〜一〇億ＺＤ」が妥当なレートのようだった。

私が知る限りババ・タナカは、このとき初めてＺＤと通話カードとをひたすら回転させておこなう自分の商売に危機感を抱いたようだった。彼は先行きについてすっかり悲観的になったようすで、突然「魚を仕入れて売ろうかと思う」などと言いだした。しかしけっきょく、彼はそのまま通話カードの路上販売を続けた。通話カードに印刷された定価を無視し、ＺＤ建ての通話カードを何枚かまとめて外貨（米ドル）の価格をつけて売った。クリスマスも間近に迫っていたころだったので通話カードの需要は高く、順調に売れた。こうしてババ・タナカはひとまず難を乗り切った。しかし、その年のクリスマスに私も同行して村へ帰るという計画は中止になってしまった。もうひとりの露天商ババ・アネスも、このときの値上がりの速さについていけず、商売に失敗した。

タバコ一本一五〇〇万ZDで売っていたのに、市場へ仕入れに行ったら一本二五〇〇万ZDだったんだ。一昨日はポップコーン二〇袋が四億ZDだったのに、昨日は一袋が一億ZD、二〇袋で二〇億ZDになっていた。そんなの、買えるわけない。(二〇〇八年一二月二〇日)

「〔売値は仕入れ値の〕倍だ、倍だ(*Kawo, kawo*)。ほら、簡単(*Zvakapusa*)」(第5章第3節参照)と言っていたババ・アネスの価格設定方法も、もう通用しなくなっていた。米ドルの闇レートが急騰した一二月半ばのこの時期を境に、通りや町中の露天商たちの数は激減した。ババ・アネスも、クリスマスから年末にかけて路上販売を休止した。

ZDと外貨のはざまで

年が明けて二〇〇九年一月一二日、銀行の現金引き出し制限が大胆に改定された。第6章でも述べたように、それまで皆一律に一定額しか銀行から引き出せなかった現金が、給与明細を窓口で見せれば月給の全額を一括して引き出せるようになったのである。しかし、その噂を事前に耳にしたコリーヌは、喜ぶどころか呆れていた。

「今さら、月給を引き出して何に使うの? ZDで買えるものなんて、もう何もないじゃない」(二〇〇九年一月一一日)

ZDは、たとえ現金だろうと多額だろうと、もはや「使えないお金」として認識されるようになっていた。それまで月給取りたちが預金封鎖にあえぐようすを横目で見ながら、ZDの現金を使って商売をしてきた露天商たちも、ZDを使いつづけるか、外貨へ切り替えるかで揺れていた。たとえば、二〇〇九年一月四日、モヨ家が住むハイフィールドを訪ねると、路上販売ではトマトが三個まとめて一米ドル、マンゴーは六個一米ドルまたは一個一〇億ZD、青菜は一束二〇億で売られていた（二〇〇九年一月四日）。

年末にいったん路上販売を休止していたババ・アネスは、年明けに再開し、しばらくはZDで商売を続けていた。しかし、彼自身も確信を得られないようすだった。ZDで商売することも、米ドルで商売することも、彼にはしっくりこないようだった。

今ある商品の在庫が終わったら、路上販売は落ち着くまでブレーキだ。だって同じ人が毎日買いに来るのに、タバコの値段が毎日変わったらおかしいだろ？　だからと言って米ドルで売ると言ったって、今じゃスーパーマーケットで米ドルを払えば、トマトでも何でも買えるだろ？　それじゃ、誰も路上で買わないよ。（二〇〇九年一月三日）

ババ・アネスの奥さんは、もっと深刻な問題に頭を悩ませていた。一月から公立小学校の学費が、正式に外貨で徴収されることになったのだ。家政婦や路上販売をしている自分たちに、どうやって外貨を用意しろというのか。彼女は困惑していた。

アネスの小学校の学費には、一学期で三五〇米ドルと一〇〇リットルのガソリンのクーポンが要るの。ねぇ誰か仕事をくれる人がいたら教えて。家政婦の仕事をするから。お金をためて南アフリカに行くの。向こうにわたしの姉さんが住んでいて、お金を貯めてこちらにおいでって言ってくれてるの。一五〇米ドル貯めてバスの運転手に払ったら、〔パスポートがなくても〕国境を越えさせてもらえるからって。〔私が怖くないのか、と聞くと〕怖くないわよ、バスで国境を越えるのは。怖いのは、繁みの中を通って川を渡るやり方よ。

そりゃ、アネスと離れるのは、さびしいわよ。でも、仕方ないわよ。それしかできないもの。子どもを学校に行かせなきゃ。私よりあの子の方がきっと寂しがると思うわ。あぁもう、一月は災難よ。（二〇〇九年一月二九日）

2　複数通貨制へ

路上の外貨化

二〇〇九年一月末、複数通貨制が開始され、国内経済のすべてが公式に外貨化された。露天商の商売から公務員の給料まで、すべての取引が外貨でおこなわれることになったのだ。

しかし、それまでZDを使って商売を続けてきた露天商たちにとっては、たとえ合法であっても外貨化はひとつの挑戦だった。理由のひとつは、お釣り不足の問題だった。露天商たちがあつかう商品価格と外貨の額面とのあいだに大きな乖離があった。露天商の商品はトマト一個や飴玉一個などの小さな商品が多く、それらの価格のほとんどは外貨換算すると一米ドルに満たなかった。ところが外貨の流通量はまだまだ不十分で、とりわけ一米ドル未満の額面の硬貨はごくわずかしか流通していなかった。米ドルを露天商が商売で使うには、たとえ一米ドル札でも額面単位が高額すぎた。複数通貨制のもとでは、米ドルと並行して南アフリカのランドなども使われていたが、とくにハラレの場合には、南アフリカからの距離が比較的離れているため、ランドの硬貨もまだそれほど流通していなかった。

そこでトマトや玉ネギ、アボカドなど、それまで路上販売の定番としてバラ売りされていた商品は、いくつかまとめて一山単位でまとめ売られるようになった。「ネクタイ二本、一米ドル」、「靴下二足、一米ドル」、「ビスケット二パック、一米ドル」など、それまで路上販売では見かけなかった珍しい商品も路上で売られはじめた。

ババ・アネスの奥さんも、路上販売の外貨化に挑戦した。彼女は町なかで中国製のビーチ・サンダルを二足一米ドル五〇セントで仕入れ、それを家の近所で一足三米ドルか四米ドルで売った。「けっこう売れるから、毎日、仕入れに行ってるの」。ババ・アネスの奥さんは嬉しそうに言った（二〇〇九年二月一〇日）。様変わりした彼女の商売のようすを見て、ババ・タナカはおどけながら言った。「ほら、もうここには路上販売（*musika*）はないよ。今日は、フリー・マーケットだよ」。通りの脇に布を敷き、カラフルなビーチ・サンダルが並べて売られるようすは、ブロックと段ボール、新聞紙で作った簡素な台に野菜や駄菓子などのありきたりの商品を並べるそれまでの路上販売とは、何か格が違うように見えたのだ。

ババ・タナカの苦闘

ババ・タナカの商売が外貨化されたのは、複数通貨制が始まる一カ月前のことだった。「はじめに」でも述べたが、二〇〇九年一月から、ジンバブエの携帯通信会社の通話料金が外貨化され、米ドル建ての通話カードが発行されるようになった。それにともない、ババ・タナカの商売も外貨化したのである。

通話カードが外貨化されると、ババ・タナカは多くの困難に直面した。第一に、資本が少なく、十分な在庫を保有することができなかった。外貨化以前、通話カードの単価は通常一枚当たり一米ドルにも満たない金額だった。一方、外貨化以降は、通話カードは、おもに五米ドルと一〇米ドルの金額のものが発行された。たまに一米ドルの通話カードが発行されたが、発売と同時に売り場に長蛇の行列ができ、すぐに売り切れた。そのため、ババ・タナカが売る通話カードも、五米ドルあるいは一〇米ドルのものに限られた。前月にZDが大暴落したことで、ババ・タナカの資本金は、一〇米ドルにまで減っていた。ババ・タナカはその資本で、一〇米ドルの通話カード一枚を購入し、その一枚の在庫が売れるたびに、また一枚の通話カードを仕入れに行くということを繰り返した。

第二に、通話カードの外貨化直後しばらく、ババ・タナカは通話カードを卸値価格で仕入れることができなかった。外貨建ての通話カードの販売は当初、携帯通信会社の営業所と大手スーパーマーケットに限られていた。これは、当時の外貨化が、政府からの許可を受けておこなうライセンス制外貨化だったことと関係している。外貨建ての商品を売ることができるのは、政府からライセンスを取得した店舗のみに限られていた。そのため、通話カードの卸先は、ライセンスをもつフォーマル・セクターの小売店だけに制限されたのだ。ライセンスをもたない露天商たちは、これまでのように卸値の通話カードを買うことができなくなった。仕方なく、ババ・タナカは、携帯通信会社の営業所やスーパーマーケットで定価（正規小売価格）の通話カードを購入し、その価格に自分の利益を上乗せして客に販売した。たとえば、五米ドルと一〇米ドルの通話カードを、六米ドルと一一米ドルといった価格で売ったのである。お客は減少した。

第三に、このような価格でカードを販売するために、十分なお釣りが用意できなかった。とくに、六米ドル、一一米ドルなどという中途半端な金額で通話カードを販売するには、お釣りに一米ドル札が何枚も必要となる。しかし、当時、市場に流通する一米ドルの数はまだまだ少なく、簡単に手に入るものではなかった。

ババ・タナカは、なんとかしてこれらの困難を乗り切ろうとした。その方法はシンプルだった。まず、彼の常連客が、たとえば二〇米ドル札などを持って通話カードを買いに来る。ババ・タナカは客に対して正直に、正規価格より高い値段であることと、今すぐに渡せるお釣りがないと言う。それを聞くと、別のところへ買いに行く客も多いが、近所に住む常連客などはお釣りは後でよいと言ってくれることがある。ババ・タナカは、客が彼に預けてくれた二〇米ドル全額を使って、通話カードの在庫を仕入れる。そうやって、彼は客から一時的に預かっているお金を使いながら、なんとか手元に在庫を六〇米ドル分持つにいたるまで増やした。

二〇〇九年一月末、複数通貨制が開始されると、卸売り価格の通話カードが広く売られるようになり、ババ・タナカも卸売り価格の通話カードを仕入れることができるようになった。卸売価格は、一米ドルの通話カードが九二米セント、五米ドルの通話カードが四・六米ドルだった。この利益率は、つい先日まで「バコシ」の通話カードをディーラーから仕入れていたババ・タナカにとっては、低く思えた。

ババ・タナカは、外貨化に失望していた。ハイパー・インフレのころの方がよかったとまで言いだした。

「外貨化はだめだ。去年のほうがよかった」

「どうして？　インフレがなくなったのに」

「インフレがあっても、去年のほうがよかった」

「去年は、奥さんに鍋だの布だの、たくさんモノを買ってたでしょ？　今は買えないの？」

「今でも買えるよ。五米ドルで鍋とか、布とか。でも、その五米ドルを手に入れるのが難しい。たとえば、食用油は昔〔＝去年〕、〔闇市で〕七米ドルだった。あのときは、その七米ドルを簡単に入手することができた。今は、食用油は二・五米ドル。でもその二・五米ドルを稼ぐのが難しい。五米ドルの通話カードを一枚売って四〇セントの儲け。利益が少ない」

「通話カードもあまり売れない？」

「そうそう。今は、会社とか政府機関とかで働いているサラリーマンの方がいいね。月給をもらう方が、いいんだ」（二〇〇九年二月二四日）

ババ・タナカが言うように複数通貨制は、非公式な経済活動が主流な位置づけを占めていた、ハイパー・インフレ下の「キヤキヤ経済」（第1章参照）を終わらせたようだった。以前は、ババ・タナカのような露天商が、ひたすらZDと通話カードを回転させ、稼いだZDで簡単に外貨を買い、羽振りよく闇市で高い値段のついた生活必需品を買っていた。一般の公務員や月給取りたちはそのようすをうらやましげに眺めながら、昼食代わりに路上でポップコーンや果物を買って空腹をしのいでいた。銀行のATMの前には長蛇の列ができ、人とモノが闇市に集まり、町中の路上や店の外は妙な活気があふれていた。スーパーマーケットの店内にはモノがなく、企業のオフィスは閑散としていた。そんな奇妙な経済秩序が終焉を迎え、複数通貨制をきっかけに新たな経済構造へと序列化されようとしていた。その序列は、露天商を底辺あるいは圏外に位置づけた。

3　秩序と周辺の再生

二〇〇九年三月、私はジンバブエでの長期調査を終え日本に帰国した。それから約半年後の二〇〇九年八月、ふたたびジンバブエを訪れた。スーパーマーケットには食用油、石けん、パン、牛乳、トウモロコシ粉、米、豆、ビスケット、紅茶……なんでも当然のように売られている。価格はもちろんすべて米ドル建てだった。南アフリカとくらべると価格はやや高いものの、ハイパー・インフレと物資不足だった二〇〇八年頃に闇市で売られていた価格とは比べられないほど安くなっていた。そして、その価格は、当たり前のように毎日、変わることがなかった。人びとは、物価が安定したその生活にすっかり慣れていたようだった。

コリーヌは、スーパーマーケットなどで、一米ドル以上するパンをためらいなく買っていた。「もう家でパンを焼く必要はなくなったのよ」と言う。週に何度も小麦粉をこね、家でパンを焼くことが当たり前の習慣になっていた私は、パンを外貨で買うことになかなか慣れなかった。「外貨でパンを買うなんて」と言いながら、意地になって家でパンを焼きつづける私を、コリーヌは気の毒そうに眺めていた。

露天商ババ・アネスと彼の奥さんは、ハイパー・インフレのころのように毎日は路上販売をしなくなった。彼らの収入の柱は、路上販売ではなく本業である庭師と家政婦の月給に移っていた。アネスの小学校の学費は、今後奥さんの雇い主が支払うと約束してくれた。彼らは、ポップコーンやビスケット、飴やスナックなどの駄菓子を、路上で不定期に売るだけになった。ハイパー・インフレのころにはよく売っていた、トマトや青菜などの青果は、あつかうのをやめていた（初めて外貨で商売をしたときに売った中国製のビーチ・サンダルも、それほど売れつづけるものではなく、すぐにやめてしまっていた）。彼らの路上販売の商品の価格はどれも一米ドル未満で、お釣りや小額紙幣の支払いが問題になっていたが、流通量が少しずつ増えはじめていた南アフリカの硬貨を使ってなんとか商売を回していた。

私が、ある日の昼ごろに角で露天商たちと話をしていると、向かいにある小学校で教師をしている男性が挨拶をしにやってきた。久しぶりの再会を喜んで、私はその男性と会話を交わした。しかし、その男性は私との会話を終えると、ババ・タナカやババ・アネスと目を合わせることもなく、すぐにすっと学校の方へ戻って行ってしまった。

「あの人、あまりしゃべらなくなったね。以前は、ずっとこの角でおしゃべりをしていたのに」そう私が指摘すると、ババ・タナカは次のように説明した。

「それは、あのとき〔＝ハイパー・インフレのころ〕、は状況が悪かったからだよ。あのときは、あの人、僕たち露天商からお金を借りたりしてたんだよ。ほんとは、あんな立派な人が、路上販売でポップコーンを買ってお腹をふくらませるなんて、恥ずかしいことなんだ。今はもう、彼らも給料を外貨でもらえるようになったから、こんなところでモノを買ったり、僕らと話をしたりしないんだ」

その日の夕方、ワイシャツ姿の青年が路上販売の角の前を通り過ぎた。ハイパー・インフレのころ、彼は違法に国境を越えてモザンビークへ行き、生活必需品などを仕入れてジンバブエで売っていた。そのころはいつも古びたTシャツを着て、夕方になるとババ・アネスのいる角に現れてはお酒を飲んだりタバコを吸ったりして、時間をつぶしていた。その彼が今は勤め先を見つけ、定時に会社に勤務するサラリーマンになっていた。（二〇〇九年一〇月一六日）

給料を引き出せない小学校の教師、乗合タクシーに乗ろうとする通行人、生活必需品を闇販売する青年、副業として路上販売をする庭師、通話カードをZDで売る露天商、外貨を持っている日本人。ハイパー・インフレのころは、いろいろな立場の人たちが、情報を求めて角で足を止め、えんえんと立ち話をしていた。トウモロコシ粉を売ってくれる人はどこにいるか、米ドルの闇両替レートはいくらか、今日のパンの値段はいくらか。そんな話題をもちかければ、誰とでも会話を弾ませることができた。今ではそんな情報を、もう誰も必要としないのだ。大学に勤務する者は大学の建物の中で机に向かって働き、生活必需品はスーパーマーケットの棚に整然と並んで売られている。牛乳だってパンだって、米ドルを支払いさえすれば、手に入れることができる。明日も明後日も、それらの値段は当分変わらない。

4　外貨流通を支えるもの

複数通貨制以降、ジンバブエは落ち着きを取り戻し、ハイパー・インフレ期には「不適切」な位置に置かれていたものが、すべて本来の位置に戻ったかのようである。しかし、それは、米ドルによって「近代貨幣」システムや「貨幣の論理」ですべてが動くようになったことを意味するわけではない。

ZDが事実上廃貨となったジンバブエでは現在、自国通貨を鋳造することができない。国内を流通するはずの外貨は、圧倒的に供給不足である。こうした不備を補っているもののひとつが、「信用」である。当初は外貨による商売に苦戦していたババ・タナカの説明を見てみよう。

〔複数通貨制が始まった二〇〇九年二月ごろには〕もうこの商売を辞めようかとも思った。一日三米ドル稼ぐのさえ難しく、その三米ドルというのも交通費で消えてしまうような額だったから。

事態が変わったのは、ある携帯電話通信会社がSIMカードを約一〇〇万枚販売したときからだ。[2] そのおかげで、はじめてSIMカードを手にしたお客を中心に、通話カードを買い求める人の数が増えた。

「資本」も問題だった。でも、資本については、SIMカードが大量発売されたころにディーラー〔卸売り商人〕たちのあいだで競合が生じていたので、助かった。ディーラーは自分のような露天商の売場にまでやってきて、通話カードを提供してくれた。さらに、通話カードの支払いは後でいいと言って、掛けで買わせてくれたんだ。ただし、ディーラーが掛けの取引を許すのは、よく知っていて信用できる相手に対してだけだ。その点も自分はラッキーだった。ディーラーに信用してもらえたから。[3] それは、僕がもう五年以上もずっと通話カードの露天商をしているからだ。

稼ぎが良くなって、家賃や二人の子供の学費を払うことができるようになった。そのうえパンを毎日のように買えるようになった。毎日、毎日同じ場所に立って通話カードを売っているし、お得意客の扱いも上手い。それは、同じ客がいつも自分のところで買ってくれるのを見ればわかることだ。ディーラーには感謝している。もし、ディーラーたちが〔掛けでなく〕その日のうちに通話カード代を支払えなんて言ってきたら、露天商はみんないなくなってしまう。外貨を稼ぐのは大変なんだ。

たくさん通話カードを売れば、たくさん金を稼げる。稼いだ金は使う〔＝ハイパー・インフレのころのように、節約してつねに資本を増大させる必要はない〕。資本を増やすのは難しい。一米ドルのカードを一〇〇枚売ると八米ドル儲けることができる。調子の良い日には二〇〇枚くらい売って、子供が学校に行くのに二米ドルあげて、奥さんにも二米ドル渡して、自分が仕事をするときに一米ドル使う。だから、通話カードが一〇〇枚しか売れなかったら、その日の稼ぎは一日で使ってしまうから残らない。もし、二〇〇枚売って一六米ドル稼げれば、余裕が出てくる。ただ、そんな日は、月に一〇日ほどしかない。

でも、稼ぎが少なくても、幸せだ。たしかに、去年は、たくさん儲けた。一日二〇米ドル稼いだりもしていた。でも、あのとき二〇米ドルで買えるのは、たとえばトウモロコシ粉〔一〇キログラムほどのたった一袋〕だけだった。でも今は、五米ドルも稼げれば、食用油二リットル、石けん、それにパンまで買える。

だから、生活は良くなってるんだ。（二〇〇九年一〇月一七日）

ババ・タナカは一米ドルの通話カードを九二米セント、五米ドルの通話カードを四・六米ドルで仕入れるが、硬貨が不足しているジンバブエの状況では、これらを一枚単位で仕入れることは難しい。だからディーラーは、一米ドルの通話カードを一〇枚単位で、五米ドルの通話カードを五枚単位でババ・タナカなどの露天商らに「掛け売り」し、露天商たちがまとまった現金を用意できたときに回収する。このことは、資本額の乏しい露天商たちが十分な在庫を保有することで在庫切れによる儲け損ないを防ぐことができるだけでなく、卸売り商人のディーラーにとってもお釣り不足による儲け損ないを防げることになる。

外貨の供給量不足を補うもうひとつのものは、「あいまいな計量」である。第6章で触れたとおり、ハラレの乗合タクシーの運賃は、「五〇米セント」である。このとき問題になるのが一米ドルを支払ったとき、どのようにお釣りを支払われるかである。二〇一〇年半ばごろまで非公式の支払い媒体として使われていた五〇〇億ZD札束を束ねた「三兆ZD」は、現在（二〇一三年時点）はもう流通していない。現在は米セント硬貨の代わりとして、南アフリカランド硬貨がおもに使われる。しかし、乗合タクシーでのお釣りのやり取りには、少し変わったルールがあった。運賃として一米ドルを支払うと、お釣りとして、五ランド（＝五ランド硬貨一枚）、または四ランド（二ランド硬貨と一ランド硬貨の組み合わせ）が手渡される。このように金額にばらつきのあるお釣りの払われ方に対し、乗客たちは誰も文句を言わず、ただ黙って涼しい顔で受け取る。

ハイパー・インフレのころの話をジンバブエの友人たちにすると、みな、「あー」と声を挙げ、「あのとき（*nguva iya iya*）は大変だった。本当に、大変だった」と渋い表情を浮かべながら懐かしむ。けれども、具体的にどのように生活をしていたのか尋ねても、「あのとき」のことを正確に思い出し、説明してくれる人はほとんどいない。私が当時の経験談を話しても、「君は、あのころの冗談をよく覚えているね」などと他人事のように反応されてしまう。

私もそろそろハイパー・インフレのことは忘れ、この国の現在と行くすえをしっかりと見つめた方がいいのかもしれない。[3] ただ、現在のジンバブエで少し奇妙なお釣りや硬貨のやり取りなどを見ていると、私には当時も今も、彼らが自由に寛容に貨幣を使いつづけていることに変わりはないと思えるのだ。

注

はじめに

（1）本書ではこのほか間接的・補足的に、二〇〇五年一〇月から二〇一〇年一一月まで断続的にジンバブエやハラレに滞在し得られた情報ももちいている。
（2）カネッティのインフレ論については、ベルント・ウィディグ（Widdig 2001）が詳しく論じている。

序章　ハイパー・インフレーションの人類学的研究

（1）ケーガンによるハイパー・インフレの定義は、より正確には次のとおりである。「物価上昇が月率五〇％を超えた月を始まりとし、その後月率五〇％未満の状態が一年以上続いたとき、その直前の月を終わりとする」（Cagan 1956 : 25-27）。したがって、インフレ率がいったん月率五〇％を超えたあと、すぐに五〇％未満に回復したとしても、一年未満のあいだにふたたび月率五〇％を超えた場合は、その期間中すべてがハイパー・インフレ期と見なされる。
（2）岩井は自身のハイパー・インフレの定義を、ケーガンの機械的定義に対して機能論的定義だとしている（岩井　一九九八：二二九）。
（3）「互酬」は対等な関係にある両者のあいだで、「再分配」は上下関係（中心と周辺）のある集団のあいだでなされる財の移動である（ポランニー　二〇〇三：三七四）。
（4）ガイヤー（Guyer 1995a）は、植民地化により限定目的貨幣が全目的貨幣に取って替わられてしまったという議論を「貨幣革命論」と呼んでいる。中川（理）（二〇〇六）は、「貨幣が社会に入ってくると、人間関係が破壊されてしまう」という考え方を「お金の決定論」と呼んでいる。中川（理）が貨幣の交換枠組みという文化的側面に焦点を当てるのに対し、ガイヤーは貨幣と国家・市場という政治経済的側面に焦点を当てている（Guyer 1995a : 6）。
（5）ポランニーは、内的市場・外的市場を示す例として古代ギリシャのアテネの事例を挙げている。この議論については、丸山（一九九〇）によくまとまっている。

（6）「限定目的貨幣（special purpose money）」は、訳書（ポランニー　一九八〇ａ：二二五）では「特定目的」貨幣とされているが、本書では「限定目的貨幣」とする。

（7）それぞれ贈与交換もしくは市場交換、儀礼交換、婚姻（姉妹交換婚）がもちいられる。

（8）「運搬（conveyance）」と「転換（conversion）」の和訳は、ポランニー（一九八〇ａ：二二〇―二二一）に従った。

（9）ボハナンは、それまで伝統経済の威信財の領域で交換される真鍮棒（brass rods）が、ある意味でティヴの全目的貨幣だったと指摘している（Bohannan 1959：493）。それは、真鍮棒によってすべての威信財の価値を表すことができたからである（奴隷の価格が牛と真鍮棒で表され、牛の価格が真鍮棒と白い布で表され、呪術の儀礼に対する支払いが白い布と真鍮棒で言い表される）。ただし、真鍮棒が全目的貨幣として流通する範囲は、威信財の交換領域のみである。つまり、ボハナンの主張をまとめると、部分的に流通していた全目的貨幣が、経済領域全域を流通する貨幣に取って替わられることで、ティヴの多元的経済が破壊されたということになる。

（10）通貨の「共約不可能性（incommensurability）」については、一例に過ぎないが、コマロフ夫妻（Comaroff and Comaroff 2005：2006）、竹川（二〇〇七）などを参照。また、マウラーによるレビュー「貨幣の人類学」（Maurer 2006）が参考になる。

（11）たとえば、フィジーの事例を挙げると次のようになる（Toren 1989）。フィジーでは、「伝統」的体系と「近代」的体系が観念的に二分される。伝統的体系に属するモノは贈与交換、近代的体系に属するモノは商品交換で取引されるのが理想である。貨幣は両方の領域を流通する。ただし、伝統領域の貨幣取引は親族間の贈与交換と見なされるように工夫され、商品交換とは明確に区別されている。たとえば、集団や組織が活動をするのに必要な資金を集めるために、土着の飲み物ヤンゴーナを飲み合う集会が開かれる。そこに集まった人びとは、お金と交換に酒を飲む。このお金は決して自分が飲む酒のためではなく、親族が飲む酒のために差し出されるため、ヤンゴ！ナという商品に対する支払いではなく誰かへの贈与と見なされる。

（12）中川（敏）が挙げるインドネシア・エンデの例と同様に、トーレンが論じるフィジーにおいても、商品経済は威信経済の外に位置づけられるという。「商品交換は、［威信経済の］外にある限り、道徳的に中立と見なされる」（Toren 1989：159-160）。

(13) 釘以外の建材はすべて村で調達でき、村人たちは共同作業「ソンガ」(=ゆるやかな互酬性にもとづく、決して等価交換にはならない労働の交換)の応援に駆けつけ、家づくりを仕切る熟練者「ングス」は牛一頭を受け取った。

(14) ただし、夫婦の家づくりには、旧来のやり方と異なる点がひとつあった。それは、一部に「(伝統経済のなかの)市場経済」(=ボウ・ギジ)が採りいれられた点である。本来ならば、家づくりには「(伝統的)市場交換」はもちいられず、すべて「威信経済」の「贈与交換」をとおしておこなわれる。

(15) もともとは贈与交換と物々交換のみが存在していた。しかし、ムブティ社会には、八〇年代に砂金採りが合法化されたことなどにより、現金取引が増加した(市川 一九九一:五二―五九)。

(16) 外的取引か内的取引かについては、実際のところキャッサバ芋やバナナ酒を農耕民からお金で買う人はどういう人たちなのか記されていないので詳細は分からない。また、財の数量的価値の比率については、ここでは労働とバナナ酒の交換を「物々交換」と見なし、各交換体系で財の価値比率が異なるとしたが、何らかの理由でバナナ酒が「貨幣(のようなもの)」と見なされて現金取引の領域に入れられているのかもしれない。たとえば、北カメルーンの農耕民ドゥルを調査した端信行は、モロコシ酒には非日常的意味があり、さまざまなモノが物々交換(モロコシとの交換)されるのに対し、モロコシ酒の交換には必ず貨幣がもちいられると指摘している(端 一九八〇)。

(17) 商品と家畜のあいだの価値体系の共約不可能性については、中村香子の報告もある(中村 二〇〇二)。ケニアの牧畜民サンブルを調査する中村香子は、ひとりの青年がヤギと時計との交換をめぐって葛藤するようすを伝えている。ある日、サンブルの青年が中村に「(日本製の)時計をくれたら、ヤギをやる」と申し出た。中村がさっそく時計を用意し、いざ青年の目の前に差し出すと、青年は自分のどのヤギを手離すべきか決めることができず、結局、時計と交換することができなかった。中村はこのことを、サンブルにとってのヤギの固有性(交換不可能性)に着目しながら解説している。青年が最初に交換を申し出たとき、彼は「ヤギ=七〇〇シリング」という、サンブルでは一般的な相場を漠然と念頭におき「時計はヤギに値する」と考えていた。しかし、実際に自分の愛するヤギを前にして一頭一頭検討すると、彼にとって「ヤギ=七〇〇シリング」ではなくなってしまった。牧畜民サンブルにとって、ヤギを手離すことは痛みであり、ヤギは単純な等価交換ができるようなものではなかった。彼らの言葉で言えば、「時計は時計、ヤギはヤギ」なのである。

しかしながら、このようにヤギの固体性を指摘するだけでは、単にヤギの交換価値がないか、贈与交換の対象にしかならないということになる。だとすれば、青年の「時計とヤギを交換しよう」という申し出そのものが、最初から「誤りだった」ことになる。中村は、この交換が不成立に終わった原因を、自分の態度がこの交換を典型的な商品交換のように仕立ててしまったためだと敏感に記している。そもそも中村が青年に差し出した時計は、一度は別の青年にあげたものを、ヤギとの交換のために無理を言って返してもらったものだった。また、中村は当の青年に時計を差し出すとすぐ「ヤギはどれ？」と迫り、即座の「支払い」を強要した。「私が心からあげたいと思ったときに時計をあげていれば、彼は喜んでヤギをくれたかもしれなかった」（中村 二〇〇二：七一）。中村の主張は、ヤギの交換を贈与の領域に入れるべきだったということではなく、ヤギの交換をより商品交換の文脈から遠ざけるべきだったということである。

（18）「還流しない」とは、この例の場合では、商人が農民に支払ったその通貨が、「箪笥預金」のまま農村に滞留すること。通貨が「還流する」とき、商人が農民に支払った通貨が、いくつかの取引を経て、ふたたび農民のもとに戻るという完全な循環流通が起こる（黒田 二〇〇三：七―一〇）。

（19）植民地通貨に内在的標準化機能がない、それが「近代貨幣」としての機能を十分果たしていないというガイヤーの主張は、パリーとブロックによるボハナンに対する批判と重なる。パリーとブロックは、ティヴの伝統経済を崩壊させたのは、西洋貨幣に内在的に備わる価値標準化機能ではなく、植民地政府や教会の介入、対外貿易による市場の拡大によって、伝統的社会システムが変化したことだったとしている。そのうえで、こうした社会システムの変化が、はたしてどれほどボハナンが言うように「一元化」を達成できたのかは不明であるという（Parry and Bloch 1989：13）。

（20）ガイヤー（Guyer 2007）はこの議論を、ミシェル・カロンによる「経済の遂行性（the performarivity of the markets）」やブルーノ・ラトゥールによる「純化（purification）」と「ハイブリッド（hybrids）」の議論を援用して論じている（Guyer 2007：195-199）。

（21）ある経済用語辞典によると、インフレは進行の程度によって、年率数％程度のクリーピング・インフレ、年率一〇％程度のギャロッピング・インフレ、そしてハイパー・インフレに分けられるとされている（日経ビジネス 二〇〇九：五―六）。

第1章　ジンバブエ「危機」

（1）ジンバブエの「危機」的状況の呼び名は、「危機（crisis）」、「第三次チムレンガ（third *chimurenga*）」、「緊縮・不自由

(constraint)」、「衰退(decline)」などがある。研究者や海外メディアのあいだで、もっともよくもちいられるのは「危機」である。ただしこの言葉は、否定的意味合いが強いため敬遠されることがある。たとえばシャノン・モレイラは、「危機」という語が「危険性や緊急の是正措置を暗示する」という理由で、「緊縮・不自由」や「衰退」という語をもちいている(Morreira 2010 : 352)。モヨとイェロスは、「危機」という言葉をもちいながらも、その内容は「改革的状況(revolutionary situation)」であるととらえている(Moyo and Yeros 2007)。モヨとイェロスと同じくこの問題について民主化的側面を強調する吉國は、「ジンバブウェ問題」と呼んだ(吉國 二〇〇八)。かつてこの国で起きた白人支配に対する初期抵抗や解放闘争になぞらえて、「第三次チムレンガ(チムレンガは、ショナ語で解放闘争の意味)」と表現するのは、おもにジンバブエ政府や与党関係者、ジンバブエ・ヘラルド紙などの政府系メディアである。本書では、やや煩雑になるが、括弧付きでジンバブエ「危機」としている。

(2) ハマーの記述は、正確には次のとおりである。「理屈抜きで「そこに」あるにもかかわらず、まだ定義されていない何かに対して名前を探すのは、産みの苦しみ(creative frustration)をもたらすものである。〔……〕このような産みの苦しみを私は二〇〇〇年代、暴力的危機と強制退去(displacement)が繰り返される南部アフリカ、具体的にはジンバブエに関与するなかで味わった」(Hammar 2014a : 3)。ここではただ「二〇〇〇年代」とだけ書かれているが、彼女の論文集(Hammar 2014b)に収められたジンバブエ関連の論文はすべて二〇〇〇年代後半の経済状況を中心に論じている(ex. Jones 2014)。

(3) ジンバブエの人口は、二〇〇四年の政府統計では一〇八一万人、二〇一二年は約一三〇六万人である(CSO 2004 ; ZIMSTAT 2012)。

(4) KalangaとKarangaは、別の言葉である。Kalangaは南アフリカやボツワナとの国境付近で話される言葉のひとつであり、少なくとも現在ジンバブエで話される主流のショナ語とは異なる。一方、Karangaは、マシンゴ市付近で話されるショナ語の主要方言のひとつである(Bourdillon 1987 : 17-18)。

(5) ゼズル(Zezuru)語はハラレ周辺、カランガ(Karanga)語はジンバブエ第三の都市でグレート・ジンバブエ遺跡のあるマシンゴ(Masvingo)周辺、マニカ(Manyika)語はモザンビーク国境付近の東部、コレコレ(Korekore)語はザンビア国境付近の北部で話される。これらショナ語方言による細かいグループは、ときに政治的対立の説明にもちいられる場合もある（「大統領ロバート・ムガベはゼズル、野党ＭＤＣ党首モーガン・ツァンギライはマニカである」など）。ただし、こうした方言ごとの小グループの区分は本来、流動的で融通の利くものであった。テレンス・レンジャーは、これら小グループの固定化は植民地統治の産物で、とくにこうした区分が日常的にもちいられるようになったのは、一九七五年ジンバブエ解放闘争中にリーダーのハーバート・チテポ（Herbert Chitepo）が暗殺された以降のことであるとしている（Ranger 1991 : 118-150 cited in White 2003 : 46）。これらの小グループが固定的に区分されるのは、何か（政治的）理由があるときだけである（White 2003 : 46）。

本書では、こうした小グループの区分が重要となる場面はあつかわないため、「ショナ」としてひとまとめにしている。また同様に、ショナとンデベレについても古くから集団間の同化や通婚などの歴史があり、両集団の境界もかなり流動的であった（吉國 一九九九：一八七—一九〇）。さらに、今日ショナやンデベレを名乗る人びとのなかには、植民地時代に現在のマラウイやザンビア、南アフリカ、モザンビークから移住してきた人びとも多く含まれる。とくにソールズベリ（植民地時代のハラレの呼称）の「ロケーション」（アフリカ系黒人居住区）は当初、ショナ以外の多彩な人びとが集まる「移民の町」として始まった（Yoshikuni 2007 : 53-54）。

（6）ジンバブエの歴史については、以下の文献をおもに参照している。植民地化以前から独立までの通史として星・林（一九九二）、植民地化以前から現代までの簡潔な略史として北川（二〇〇五）、植民地化以前から現代までの通史としてラフトポウロスとムランボ（Raftopoulos and Mlambo 2009）、植民地化以前のショナ、ンデベレ、マニカの歴史については吉國（一九九九）、一九六〇年代から一九九〇年代の政治史については井上（二〇〇一）、独立後の政治・経済史については吉國（二〇〇八：第2章から第6章）、急進的土地改革に至るまでの経緯については吉國（二〇〇八：第1章、二〇〇九）および平野（二〇〇〇）、ジンバブエ「危機」の解釈に関する論争はジェイコブスとマンディ（Jacobs and Mundy 2009）。

（7）イギリスとアメリカは一人一票制による自由選挙を盛りこんだ新憲法案をローデシア戦線政権に提示した。政権はこの提案には反対したが、国際社会からの圧力を意識し、一九七九年、初の一人一票制にもとづく自由選挙を実施し、黒人穏健派政治組織のリーダーを首相とした国家「ジンバブエ＝ローデシア」を誕生させた。しかし、愛国戦線とイギリス、アメリカ、国連は、この選挙や国家が名目に過ぎないとして認めなかった。

（8）そのほか、穏健派政党が三議席を獲得した。

(9) 解放闘争終結後、解放戦士のうち二万人は軍隊あるいは他の公的機関に配属されたものの、四万五〇〇〇人は土地も仕事もないまま放置された。一九八八年、元解放戦士たちは連帯して組合を結成し(Zimbabwe National Liberation War Veterans Association：ZNLWVA)、政府に対し年金支給と土地分配を要請した。(Mamdani 2009 [2008]：5)。

(10) 約七万人いる元解放戦士たちに対し月五〇〇〇ZDを給付するという手厚いものである(Mlambo 2008：16)。

(11) 白人の土地所有面積の割合は、独立時には国土の四〇%(国内農業適地の七五%、約一五五〇万ヘクタール)、二〇〇〇年には国土の三〇%と、わずかな変化しかなかった(吉國 二〇〇八：八；Scoones et al. 2010：3-5)。

(12) 「一九九六年、メジャー保守党政権は、市場原理に基づく土地買収ならば、資金援助を続ける旨を明らかにしたが、イギリスの資金提供は八〇年代末からストップしたままであった」(吉國 二〇〇八：一九―二〇)。九七年一〇月、「ブレア労働党政権は前保守党政権と異なり、この件〔土地改革〕はもはや植民地問題ではないとし、土地収用の動きに強い懸念を示した。EU、世界銀行、IMFもこれに同調」した(吉國 二〇〇八：一九―二一)。

(13) 収用土地の面積に関する統計には、ばらつきがある(Hammar and Raftopoulos 2003：22；Moore 2004：405-406)。マムダニは、最終的に約四〇〇〇人の白人農家から七五〇万ヘクタールを無償で収用し、七万二〇〇〇戸の黒人商業農家と一二万七〇〇〇戸の黒人小農に分配したとしている(Mamdani 2009 [2008]：7)。スクーンズらは、七〇〇万ヘクタールの土地が収用されたと推定している。(Scoones et al. 2010：3)。

(14) 二〇〇六年までに一人当たりのGDPは一九八〇年の時点よりも四七%悪化した。二〇〇〇年代初めには大規模農場で働いていた人を中心に二〇万人が失業し、人口の六〇%が貧困ライン以下で暮らす状態になった(Mlambo 2008：18-19)。

(15) 国内最大野党のMDCは、二〇〇五年の上院議員選後、モーガン・ツァンギライ率いるMDC(―T)と、アーサー・ムタンバラ率いるMDC(―M)のふたつの派閥に分裂した。二〇〇八年の大統領選挙では、それぞれが異なる候補者を立てた。

(16) この結果が発表されたのは選挙日から一カ月以上経った、二〇〇八年五月二日のことだった。二〇〇八年統一選挙については、壽賀(二〇〇九)を参照。

(17) 被害の規模は、政府の発表によると、二カ月間で九万二四六〇の建造物、三万二五三八の中小規模店舗が取り壊され、一三万三五三四世帯(五七万人)が直接的被害に遭い、二六九五世帯が一時的にホームレスとなったとされている。一方、ティバイジュカによる国連の報告書では、七〇万人が直接的被害に遭い、二四〇万人が間接的被害を受けたとされている（Tibaijuka 2005 cited in Potts 2006）。後者の数字では国内人口一二〇〇万人のうち五分の一が間接的被害を受けたことになるが、この数字はあまりに多すぎるという指摘がある（Potts 2006）。強制撤去以前、国内の都市居住者の人口（二〇〇二年）は約三八七万人、不法居住者の人口（二〇〇三年）は三・一万人だった（Potts 2006 : 283）。

(18) ただし一般には、この政策は、同年三月の議会選挙に与党が勝利した際、支持率の低かった都市部の住民に対する報復的意味合いがあるとも言われている。

(19) 実態はよく分からないが、当時のジンバブエの失業率は八〇％などと言われている（CIA 2007）。ただし、政府統計では、都市部労働力人口のうち被雇用者（常勤・非常勤）は四三％、自営業者（own account workers）は二八％、失業者は二二％となっている（CSO 2004 : 155）。

(20) 一カ月間で七五〇〇人の逮捕者が出た（*Herald*, August 6, 2007）。

(21) チャゴンダ（Chagonda 2011）もほぼ同時期にハラレの労働者たちの生活戦略を調査しており、その報告もひじょうに参考になる。

(22) ムクェデヤは、六七％の世帯が、海外移住した家族二名以上から仕送りを受けており、三三％が一名だけから仕送りを受けている、と説明している（Mukwedeya 2012 : 45）。おそらくこの数字は、国際送金などを受けている世帯の内訳の数字だと考えられる。したがって、ムクェデヤの報告では、国際送金を受けている世帯が全体の何割を占めるのかは不明である。

国際送金を受領する世帯の割合については、調査によって、ばらつきが出るようである。ムクェデヤとほぼ同じ時期にハイデンシティを中心に調査したチャゴンダによれば、二五世帯中六世帯が国際送金を受け取っていたという（Chagonda 2011 : 210-213）。参考までに二〇〇九年三月にハラレ市郊外のハイデンシティ、エプワス（Epworth）で調査をおこなったタウォヅェラ（Tawodzera 2012）の報告では、二〇〇世帯中二四世帯が国際送金を受けていた。ただ、ムクェデヤの報告とは調査時期と調査地が異なるので、どれだけ参考になるかは分からない。余談になるが、タウォヅェラの報告では、食糧確保の戦略のひとつとして「フード・クラブ」というものが紹介されている。これは、女性たちがグループで定期的に外貨を出し合い、メンバーが持ち回りで海外に生活必需品を買いに行き、グループ内で分けるというものである

(Tawodzera 2012 : 307)。別の参考資料として、ブラッキングとサチコニェが二〇〇五～六年にハラレで調査した結果では、約半数（ハイデンシティで四〇％、ロー／ミドルデンシティで五八％）が月に一度の頻度で海外から仕送り（物資送付を含む）を受けていた（Bracking and Sachikonye 2006 : 11）。

(23) 仕送りの手段には、ウエスタンユニオンなどの金融企業の国際送金サービスを利用したフォーマルな手段よりも、国際路線バスの運転手や親族・友人への依頼といったインフォーマルな手段が好まれる。これは、ハラレ市内のウエスタンユニオンなどでは長い行列があり、またお釣りとして必要な小額紙幣が不足しているせいで、お金の受け取りに時間がかかるためである。

(24) ムクェデヤは論文中に「スプーン・ビジネス」とは明確に書いていないが、ムクェデヤのインフォーマントによるインタビューの内容から、私が推察した。

(25) 六月初めから九月まで、政府は国内におけるすべてのＮＧＯの活動を禁止した（*IRIN*, June 13, 2008）。この政策は、大統領選決選投票に向けて、与党が野党支持者に対する弾圧を含む選挙活動（Operation *Makavotera Papi*「誰に投票したか作戦」）をおこなうにあたり国際機関の監視を弱める目的があったのではないかとされている。

(26) 当時、個人的に観察したことを補足すると、石けんや食用油などの必需品の輸入や「スプーン・ビジネス」は、二〇〇八年一〇月を境にしだいに衰退していった。これは、政府が一部の企業に対し外貨営業を許可する「ライセンス制外貨化」を導入したことが関係している。この制度をきっかけに、大手スーパーマーケットなどが生活必需品を外貨で販売しはじめ価格競争が起こり、必需品の価格は国外市場の二倍以上になっていた当初に比べてかなり安く落ち着いた。多くの売り手はこの価格では利益が上げられず、必需品のインフォーマル市場は衰退していった。また、都市部の空き地などで収穫される農作物の量は、私の周囲では二〇〇八年にはかなり少なくなっていた。理由は、種子が手に入らないことと、栽培しても盗られてしまうということだった。

(27) ある商品の価格が店舗間で大きくばらつきがあることについては雑誌『ニュー・アフリカン』二〇〇七年八月号にも掲載されている（この記事によれば五月末にも価格のばらつきが存在したようである）。「［二〇〇七年］五月末、著者は［ジンバブエを］再訪した。店ごとに価格のつけ方が大きく異なり、不当な利益が上乗せされているようだ。ハラレにある高級スーパーでは、ボディ・ローションが一四万ＺＤで売られていた。一方、その店から一〇〇メートルほど歩いたところにある、別のスーパー〔大衆向け〕では、同じ商品が三七万五〇〇〇ZDで売られていた」(Ankomah 2007 : 78)(具体的な店名と商品名は伏せた)。

第2章　首都ハラレ

(1) ハラレは行政上、都市部(Harare Urban)、郊外にあるふたつの居住区エプワス(Epworth)とチトゥングィザ(Chitungwiza)、農村部(Harare Rural)の四つの区域に分けられる。ハラレ都市部の人口は約一四〇万人(CSO 2002b)でハラレ市全体の七五%を占めている。

(2) ハラレ(ソールズベリー)についての研究は、ジニャマら(Zinyama et al. 1993)、ラコディ(Rakodi 1995)、吉國(二〇〇五 : Yoshikuni 2007)、飯田(二〇〇八)を参照。また、ジンバブエの都市社会史研究動向については、北川(二〇〇二)を参照のこと。

(3) ハラレのハイデンシティの歴史と景観については飯田(二〇〇八)に詳しい。

(4) 四女は当時、日本の大学院に留学中だった。もともとは私が所属する大阪大学の研究室の後輩が、この四女のことを私に紹介してくれた。

第3章　現金

(1) 彼女はエプワスで、知的障害のある息子、娘とその子どもと暮らしている。家は建築中で、敷地内に建てた仮設小屋に住んでいる。仮設小屋には電気も水道もない。料理をするときは外で薪をたき、家の敷地内に掘った浅井戸の水を使う。敷地の近くの空き地にトウモロコシや青菜などの野菜を育てて食料の足しにしている。二〇〇七年は空き地で育てた野菜が豊作で、私もたくさんのトウモロコシを分けてもらった。しかし、二〇〇八年にはせっかく育てた野菜が泥棒に盗まれてしまい、ほとんど生活の足しにはならなかった。夫とはずいぶん昔に離婚した。知的障害のある息子のことで夫と意見が合わず、逃げられてしまったのだ。もうひとりの息子が南アフリカのヨハネスブルグに住んでおり、よく国際路線バスの運転手に荷物を預けて生活費や物資を送ってきてくれる。

(2) 彼が仕入れる通話カードには、四種類ある。ジンバブエの携帯通信会社は、Econet(民間会社)とTelecel(民間会社)

とNetOne（準国営企業）の三社であるが、このうちEconetは二種類、そのほかの会社は一種類の通話カードを発行しているので、合計四種類となる。なお、二〇〇八年一一月からは、Econetが通話カードをさらにもう一種類増やしたので、合計五種類となった。

（3）セカイのこのセリフは、返済額について異論をはさまれないようにするための戦略ともとれるかもしれない。けれども、セカイにはそのような意図はなかったと思う。後日私は、このエピソードをワークショップのペーパーに書かせてほしいとセカイにお願いした。話を始めると、彼女は私の説明が終わる前に、「お金はもう、返したじゃないの！」と怒りだした。私は彼女の誤解をといて、ZD減価が問われないことが私には不思議に見えるのだということを説明した。彼女はペーパーでこの事例を紹介することについては快諾してくれたが、減価についてはピンと来ていないようすだった（ショナ語による私の説明が悪かったのかもしれない）。

（4）この二週間で価格がまったく変わらなかったものもある。たとえば、政府系の日刊紙『ヘラルド』の値段は、二〇〇八年二月一日から四月九日までずっと三〇〇万ZDだった。新聞の値段はそのときの情勢に左右されやすく、このときは、三月二九日に大統領選があったため、新聞代の値上げが控えられたと考えられる。

（5）*manguwana* は、基本的に「明日」を意味するが、「今度」あるいは「（近い）将来」という意味でも使われることがある。

（6）私は毎月、月末にそのときの価格で翌月一カ月分の新聞代を計算し、ババ・タナカに前払いしていた。その後値上がりした分はその月の月末に精算し、翌月の新聞代と一緒に支払っていた。そこで、このときはババ・タナカの請求する不足額に翌月（三月）分の新聞代、一億七四〇〇万ZDを加えて、三億二七五〇万ZDを払えばよいところを、四億ZD払っておいた。なお、三月分の新聞代は、ババ・タナカが計算するときに週刊紙一種類を入れ忘れていたため、じつは少し安い金額になっている。

（7）私が日本に一時帰国中（二〇〇八年一月と二月）に実施された新聞代の値上げは基本的に一度だけだった。それぞれの新聞代の値上がりは次のとおりである。政府系日刊紙『ヘラルド』は二月一日に九〇万ZDから三〇〇万ZD、政府系日曜新聞『サンデーメール（*Sunday Mail*）』は二月三日に一二〇万ZDから四〇〇万ZD、その他独立系週刊紙『ジンバブエ・インディペンデント（*Zimbabwe Independent*）』が二月一日に一八〇万ZDから七二〇万ZD、『スタンダード（*Standard*）』は二月三日に一二〇万ZDから六五〇万ZD、『ジンバブエアン（*Zimbabwean*）』は二度値上がりし、一月一七日に三〇万ZDから五〇万ZD、二月一四日に五〇万ZDから三〇〇万ZD、『ファイナンシャル・ガゼット』も二度値上がりし、二月七日に一八〇万ZDから六五〇万ZD、二月一四日に六五〇万ZDから七二〇万ZDとなった。

第4章　預金

（1）　例として二〇〇八年六月の月給は、教師六六〇億ZD、平均労働者賃金二二〇億ZD（*Zimbabue Independent*, June 27, 2008）。ただし、この月給が正確に何日に振り込まれたものなのかは不明である。

（2）　ジムスイッチのデビット・カードでよく見かけたのは、Cabs（Central Africa Building Society）という信用組合のものだった。一方、正確には分からないが、外資系銀行（Stanbic, Standard Chartered, Barclaysなど）や国内大手都市銀行のデビット・カードはＶＩＳＡだったように思う。

（3）　チャゴンダ（Chagonda 2012）は、ジンバブエ「危機」の経験が、職業的背景によってさまざまであることを銀行員と教師とのインタビューをとおして描いている。チャゴンダによると、「銀行員は、一般顧客の上限よりも多くの金額を毎日引き下ろすことができた」（Chagonda 2012 : 92）。また、銀行員たちはその現金を使って「カネを焼き」、外貨を稼ぐことができた。いっぽう公務員である教師は窮状に耐えきれず、南アフリカに移民した。チャゴンダが示す銀行員と教師との対照性は、本章のエリックとコリーヌとの違いと共通する。

（4）　この付近の日の米ドルレートが確認できていないが、おそらく現金レートは一米ドル＝二〇〇〇ZDぐらいだと思う。二〇〇八年九月一七日が一米ドル＝四〇〇ZD、一〇月七日が一米ドル＝三五〇〇ZDだった。九月二九日に、新札一万ZD札、二万ZD札が発行され、銀行の引き出し上限額が一日あたり一〇〇〇ZDから二万ZDに引き上げられたので、その翌日にあたる九月三〇日には、米ドルレートが跳ね上がったはずである。預金レートも不明だが、おそらく現金レートよりも三〇～二〇〇倍高い値と思われる。

（5）　「バコシ（Bacossi）」とは、Basic Commodity Supply Side Interventionの略称で、もともとは二〇〇七年六月の厳しい価格統制後、生活必需品の供給不足を受け、中央銀行が国内製品の供給量を増加させるために製造業に対して一〇月におこなう投資プロジェクトのことだった。その後、政府が「バコシ・プログラム（Bacossi to the People Programme）」と銘打って、国民に生活必需品を格安で提供する支援政策を開始した。「バコシ・プログラム」の物資は、ハラレを含む国内全域で提供されるはずだった。コリーヌも国立病院で購入予定者リストに名前を記入し物資の到来を待った。しかし、じっさいには、物資は都市部の一般住民のもとに届けられず、与党関係者に横流しされたと言われている（*Standard*, August 3, 2008）。けっきょくハラレでは、バコシ・プログラムは実体のない幻の政策として終わり、「バコシ」という名前だけが、「格安商品」という意味のスラングとして人びとのあいだに定着した。

（6）私がじっさいに目にした「バコシ」の商品は、通話カード、サワークリーム、希釈用ジュースだけである。

（7）二〇〇八年七月七日時点の数字。このとき定価五〇億ZDの通話カードの正規卸売価格は四四億ZD、それに対してディーラーが露天商に売るバコシの通話カードは三五億ZDだった。ただし、正規卸売価格は変動的だった。また、二〇〇八年一二月中ごろから二〇〇九年一月までは、通話料がZDから外貨化される移行期間だったため、携帯電話通信会社が正規卸売通話カードを販売しなくなった。二〇〇九年二月の複数通貨制以降は、定価一米ドル、五米ドルの通話カードの正規卸売価格はそれぞれ九二セント、四・六米ドルとなり、定価の九二％に固定された。

（8）この月の家賃は七三五〇億ZDだった。コリーヌの銀行口座には五〇〇〇億ZD入っていたが、二〇〇〇億ZD不足していた。この不足分は、現金レートで約三〇米ドル、預金レートでは半額の約一五米ドルになる。そのことをコリーヌに言ったが、コリーヌは友人に（おそらく）ガソリン二五リットルのクーポンを売って現金二〇〇〇億ZDを工面した（二〇〇八年六月一九日：一米ドル＝七〇億ZD、預金レートは一四〇億ZD）。

（9）ババ・タナカは、「泥棒のお金は汚いお金、働いて得たお金はきれいなお金」と説明したことがある（二〇〇八年八月六日）。

（10）チトゥングィザ（Chitungwiza）にあるロマンカトリックの教会。この地域に住む友人に招かれて、彼らの家に滞在していた。

第5章　外貨

（1）当初は、輸入品のみが外貨販売可能とされていた。

（2）婚資の支払いについては、二〇〇七年に私が見聞きした三件の事例ではすべて外貨はもちいられず、支払いはZDの現金、生活必需品（食用油やジュースなど）、牛によるものだった。いっぽう二〇〇八年に私が聞いた婚資支払いの例は一件のみで、このときは外貨がもちいられていた。

（3） 米ドルの闇両替レートは、基本的には毎日上昇するが、現金が不足しだすと一定のまま動かなくなる。それに対して、モノの価格は、だいたい一週間に二、三回の値上げが通常だった（二〇〇八年七月から一一月ごろの時点）。外貨営業のライセンスがない小売店などで、モノの価格が毎日変わりだしたのは、二〇〇八年一二月ごろだったと思う。

第6章　小額紙幣と高額紙幣

（1） この日、私が耳にした米ドルの闇両替レートは、本文に書いた内容よりも錯綜していた。ここで述べたレートのほか、帰り道に別の新聞売りに聞くと、「一米ドル＝三兆ZD」と言われた。値段が一米ドルに相当すると考えられているパン一斤は、一〇兆ZDだった。また、私が店でCD－RWを買っていたとき、偶然に現れた私の友人は、店員と「一米ドル＝七兆ZD」で両替していたように見えた。その場で友人に確認すればよかったのだが、このとき私は頭が混乱していて、友人に何をどう聞けばよいのか分からなかった。

（2） とつぜん店を手伝うことになった理由は、結局のところ、よく分からない。ただ、この店の店主と私は初対面ではなく、顔見知りだった。この店には何回か両替と買物のために訪れたことがあった。また、ある日曜日の朝、教会に行くために乗合タクシーを待っていたところ、この店主が偶然車で通りかかり、町まで同乗させてもらったこともある。

結章　「意味」の危機

（1） 黒田によれば、小額面通貨が農村部に流通するとき、市場全域で還流せずに農村部に滞留する傾向がある。その理由は、（1）貨幣が流通する市場全域は重層的で非対称的な構造をもち、（2）それぞれの階層において貨幣需要の増減が季節ごとに異なるからである。都市、地方の市場町、農村の定期市というように、市場が中心から地方へ向かうほど取引規模が小さくなる。そのため、各所で流通する通貨は、地方へいくほど小額面になる。一方、地方から都市へと通貨が移動する場合には、高額面通貨が使われやすい。その理由は、中心部では取引規模が大きくなるというばかりでなく、小額面通貨を大量に運搬するのには費用がかかるからである。したがって、小額面通貨が農村部に残留する。さらに、農村部の取引は収穫後に集中し、収穫前にはまれになるという季節性をもつ。そのため、農村部では貨幣が年間通して平均的に流通せず、収穫期に保蔵されがちになる（黒田 二〇〇三：七―一〇）。

（2）ただし、黒田の議論はおもに農村市場を事例としており、ハラレのような都市部の例をこの議論に当てはめてよいのかは、検討の余地がある。

（3）ガイヤーは、西アフリカを流通していた土着通貨は、植民地政府が発行した通貨（＝西洋貨幣）よりもはるかに広い範囲を流通し、多目的に使用されていたという。そのひとつの例として、ガイヤーは、ボハナンが貨幣の「一元化論」を展開したティヴ社会の多元的経済について、ユニークに再解釈している。ガイヤーによれば、ティヴの伝統経済は、ボハナンの言うように共同体内部では完結しておらず、対外交易を通じて外部に開放されていた（Guyer 2004 : 27-31）。

ガイヤーはまず、ボハナンの「交換領域」の議論をとらえなおすために以下の二点を提唱している。（1）「転換（conversion）」を、ボハナンが言うような固い壁で隔てられた交換領域間の移動ではなく、結節（juncture）としてとらえること。（2）ティヴの交換領域を、静態的な構造ではなく、経済的混乱の中で歴史的に構築されたものとしてとらえること（Guyer 2004 : 30）。

このようにガイヤーはティヴの経済を、より広く動態的な経済範囲でとらえ、次のように描きなおしている。まず、ティヴの交換領域内に並置されていた財には、じつはゆるやかな序列があった。たとえば、同じ威信財でも、奴隷は真鍮棒よりも上に位置づけられていた（奴隷と真鍮棒はともに威信財のカテゴリーであるが、ティヴの人がこれらを日常財に転換（＝下方転換 convert down）するとき、奴隷よりも真鍮棒を手離す方がずっと抵抗感が少なかった）。また、転換（conversion）は、上方であれ下方であれ、ボハナンの見解よりもずっと日常的におこなわれていた。たとえば、威信財の白い布は、日常財と交換（＝下方転換 convert down）したり、婚資の支払いにもちいて婚姻を成立させる（＝女性に対する権利を得る：上方転換 convert up）ことも多かった（Guyer 2004 : 28）。

さらにティヴの経済は、共同体内ばかりでなく外部民族との取引にも開かれていた。たとえば、威信財の牛を、北方の牧畜民に婚資として支払えば、ティヴの慣例である姉妹交換婚をせずに婚姻を成立させる（＝女性に対する権利を得る）ことができる。また、南方に住む民族ハウサは、ティヴの白い布と引き換えに、自分たちの持つ牛や真鍮棒を提供してくれる。ハウサの社会では、白い布が貨幣の代わりに使われるが、真鍮棒はあまり重要な貨幣ではないのだ（ハウサは、真鍮棒を独自の交易ネットワークを通じて入手していた）。このように考えると、牛、白い布、真鍮棒は、ある程度一定の方向を保ちながら、ティヴの村内と外部の地域を結びつけるように移動していることが分かる。つまり、牛は南方からティヴの村を経て北方へ、白い布は村内から南方へと移動する。また、真鍮棒は南方からティヴの村へ入る。こうして見ると、ティヴにとって牛と白い布は、どちらかと言えば対外的な貨幣であり、真鍮棒はどちらかと言えば対内的な貨幣と考えられる（Guyer 2004 : 29-30）。

ガイヤーはこのように、貨幣や財がやり取りされる範囲や方向に着目しながら、アフリカ土着通貨のあり方を呈示し、それがときに近代貨幣を超越することを主張するのである。

（4）中川理（二〇一二）は、春日直樹が提示した「〈遅れ〉」、つまり経験に対して認識が〈遅れ〉をとる状況について、ピエール・ブルデューの「ハビトゥス」の議論を読みなおしてとらえなおしている。

（5）しかし私の長期調査中（二〇〇七～二〇〇九年）のジンバブエで、ザンビアを貧困国と見なす発言はほとんど聞かれなかった。むしろザンビアはジンバブエ人のあいだで憧れの国のひとつと見なされていた。たとえば、教会でザンビアの現地通貨ザンビア・クワッチャが寄付されると、他の外国通貨（たとえば、米ドルや南アフリカのランド）の場合と同じように称賛された。国全体の経済指標で見れば、二〇〇〇年以降のザンビアは順調に経済成長を達成しており、ファーガソンが調査を実施した八〇年代後半とは状況が異なる。一方で、ジンバブエは二〇〇〇年以降に著しい経済低迷に直面した。

（6）ある対象を「経済」ないし「生存」の問題から「意味」の問題へ転換するという点では、ファーガソンの提起する問題は独自のものではなく、人類学全体で共有される中心的関心のひとつである（春日 一九八八参照）。ただし、ファーガソンのアプローチは、その意味の秩序が揺さぶられる、不安定な状況をあつかっている。

おわりに

（1）二〇〇八年一二月一三日（土）、ババ・タナカは1米ドル＝九〇〇〇万ZDのレートで二〇米ドルを両替し、通話カードを購入した。一二月一五日（月）彼の「資本」（＝通話カードの在庫金額）は、二一億九〇〇〇万ZD（一二・九米ドル相当、一米ドル＝一億七〇〇〇万ZD）だった。一二月二〇日（土）、彼の「資本」は三四億五〇〇〇万ZD（三・八米ドル相当、一米ドル＝九億ZD）だった。

（2）二〇〇八年は、携帯通信会社が外貨を獲得するために、SIMカードをジンバブエ国内で売らずに、南アフリカで売っていた。南アフリカで売られるそのＳＩＭカードは一枚約三〇米ドルで、ジンバブエ国内では闇市で約一三〇米ドルで売買されていた。二〇〇九年、ＳＩＭカードがジンバブエ国内で販売されるようになったときは、一枚一五米ドルだった。二〇一三年にはＳＩＭカードは一米ドルで購入できるようになった。

（3）ディーラーから通話カードを掛けで買えない露天商たちには、ババ・タナカが自分の通話カードを貸して販売させていた。「ディーラーは彼らを信じなくても、自分は彼らを信じるから」

（4）二〇〇九年二月に発足した国民統一政府は、当初二年の期間限定付きで始動し、その後は新憲法を制定したうえで大統領選挙がおこなわれる予定だった。しかし、その予定は大幅に遅れ、新憲法は二〇一三年五月にようやく制定された。新憲法では、大統領の就任回数に制限が設けられ、任期は五年、再選は一度までと決められた。ただし、この規定は新憲法制定以降の選挙から適応されるものである。二〇一三年七月三一日、大統領選挙がおこなわれ、ＺＡＮＵ－ＰＦのロバート・ムガベが六〇・六四％（ZEC 2013）の得票率で圧勝し、六期目の大統領に再選された。なお、二〇一四年一二月一八日、中央銀行は、市場の小額面通貨不足を補うため、ＺＤ硬貨を発行した（*Herald*, December 18, 2014）。

あとがき

本書を書くにあたり、たくさんの方々のお世話になった。

まず本書のもとになった二〇〇七年二月~二〇〇九年三月まで約二年間にわたるジンバブエでの長期調査では、平和中島財団の日本人留学生奨学金の支援を受けた。そのほか二〇〇五年一〇月から二〇一〇年一一月まで、ジンバブエやハラレにおける計八カ月間の断続的な滞在には、大阪大学二一世紀COEプログラム、日本学術振興会特別研究員奨励費、澁澤民族学振興基金から助成金をいただいた。記して感謝したい。

たどたどしい私のショナ語に耳を傾け、私と会話をしてくださったジンバブエのすべての方々にお礼を述べたい。仮名ではあるが、なかでも同居人コリーヌとその友人たち、モヨ家のみなさん、そしてババ・タナカとババ・アネスをはじめとする「角の人たち」がいなければ、私は当時のジンバブエで調査どころか生活を続けることはできなかった。

ジンバブエ大学留学中は、当時開発学研究所所長だったG・チコウォレ博士、同研究所のD・チマニキレ博士、ジンバブエ大学人的資源研究所所長のF・ジンディ教授をはじめ、多くの教職員の方々のお世話になった。在ジンバブエ日本大使館および在南アフリカ共和国日本大使館の皆様、とりわけ両大使館医務官には、緊急事態を救っていただいた。

大阪大学大学院在籍中は、人間科学研究科の小泉潤二先生（現・大阪大学未来戦略機構）、春日直樹先生（現・一橋大学）、中川敏先生、栗本英世先生、森田敦郎先生に、いつも心温まるご指導とご支援を賜った。大学院退学後は、ひきつづき栗本先生に博士論文の完成まで辛抱強くご指導をいただいた。じつは博士論文のテーマを「ハイパー・インフレ」と決めたのは、長期調査終了から三年以上が経過し、論文提出期限まであと半年という時期だった。このとき栗本先生からのひとつの助言がなければ、私は未だにハイパー・インフレの経験を深い混沌の闇として心に抱えていたことだろう。また、中川先生から博士論文執筆中や提出後にいただいた丁寧なご指摘とエレガントなアドバイスに対しても、お礼を申し上げたい。

大学院時代の先輩方や仲間たちには、いつも感謝している。人一倍うろたえたり落ち込んだりしやすい私が、なんとか大学院生活を送れたのは、親身になって励ましてくれる周りの人たちがいたおかげである。ひとりひとりの御名前は挙げられないが、とくに本書の刊行について助言をしてくださったのは、田沼幸子さんである。心からお礼を述べたい。

前所属先である大阪大学グローバルコラボレーションセンター教職員のみなさんや、メンバーとして関わらせていただいた科学研究費補助金・基盤（A）「フード・セキュリティの人類学的研究」（代表：栗本英世）の関係者の方々にもたいへんお世話になった。

口絵の写真掲載には、ＤＡＤＡ代表の尾関葉子さん、壽賀一仁さん、関係者の方々に、お忙しいなかご協力いただいた。

これまでさまざまな学会や研究会で研究発表をさせていただいた。ここですべての方の御名前を挙げることはできないが、発表の機会を与えてくださった代表者や関係者の方々、そして貴重なコメントやご批判をしてくださった方々に、心からお礼を申し上げる。

博士論文提出後、サントリー文化財団から助成を受け、二〇一四年一月と二〇一五年一月の二度にわたってジンバブエ大学で若手人類学者たちを中心としたワークショップを開くことができた。彼ら若手研究者たちとの出会いは、私が現地調査中の二〇〇八年に南アフリカのウェスタン・ケープ大学で開かれた南部アフリカ人類学会に参加したときにまで遡る。自分のほかにも当時のジンバブエで現地調査をし、博士論文をまとめようとしている人たちがいると知り、勇気づけられた。とくにジェレミー・ジョーンズさんご夫妻はこのとき、ケープ・タウンからハラレまでわざわざ私の食糧や物資を届けてくれた。ワークショップなどでの彼らのコメントをふまえると、自分の研究はまだまだ表面的で、ハイパー・インフレ下のジンバブエの複雑な実態の理解には到底達していないと思い知らされる。

残念ながら私の力不足で、これまでいただいたコメントやご批判を、本書で十分に生かすことができなかった。今後の課題として真摯に取り組んでいきたい。

本書は二〇一二年度に大阪大学に提出した博士論文に大幅に加筆・修正したものである。本書の刊行には、平成二六年度科学研究費補助金・研究成果公開促進費の交付を受けた。出版にあたりお世話になった人文書院の伊藤桃子さんには格別の謝意を申し上げたい。

最後に、いつも見守ってくれている友人たちと親族、とりわけ両親にあらためて心からのお礼を述べたい。

二〇一五年一月

早川真悠

2008年4月	213	650,599	25 million(2,500万), 50 million (5,000万)	4,000万→5,500万→ 8,500万→8,500万	5億→10億	3,000万～ 1億 (*)	1倍		
2008年5月	433	2,233,713	100 million(1億), 250 million(2億5,000万), 500 million(5億), 5 billion(50 億), 25 billion(250億), 50 billion (500億)	2億1,000万→4億→ 4億→4億→4億	10億→50億	2億～ 5億 (*)		・外国為替相場自由化	
2008年6月	839	11,268,759		8億→50億→ 50億→200億	50億→100億→250億	10億～ 200億	2倍	・6/27 大統領選決選投票	・生活必需品・現金不足，預金封鎖 ・「バコシ」,「カネを焼く」流行し始める
2008年7月	2,600	231,150,889	100 billion (1,000億)	700億→1,000億→ 1,500億→5,000億	250億→1,000億	200億～ 900億	5倍		
2008年8月	(3,190)	(96億9,000万)	硬貨：10c, 20c,25c, 50c, 1, 2, 5 紙幣：1, 5, 10, 20, 100, 500,	50(新)→ 100(新) = 1兆(旧)→ 200(新) =2兆(旧)→ 400(新) =4兆(旧)	1,000億(旧)→ 200(新)→300→500	9～120(新)= 900億(旧)～ 1兆2,000億 (旧)	10倍	・8/1 第2回デノミネーション(100億分の1＝ゼロ10個削除)	
2008年9月	(12,400)	(4,710億)	1 thousand(1,000), 10 thousand(1万), 20 thousand (2万)	1,000(新) →4,500	500→1,000→2万	120～(*)	30倍		・スーパーマーケット等で商品価格二重化(預金／現金)
2008年10月	(6億9,000万)	(384京 [＝10^{16}])	50 thousand (5万)	4,500→7,000→ 2万→4万→10万	2万→5万	3,000～ 5万	200倍以上	・10 /3 RTGSシステム停止 ・ライセンス制外貨化	
2008年11月	(796億)	(897垓 [＝10^{20}])	100 thousand(10万), 500 thousand(50万), 1 million (100万)	10万→20万→ 40万→200万	5万→50万	5万～ 180万	30万～100万倍以上		
2008年12月			10 million(1,000万), 50 million(5,000万), 100 million(1億), 200 million(2億), 500 million(5億), 1 billion (10億), 5 billion(50億), 10 billion (100億)	200万→ 5億	1億／週→5億／週→ 給与明細提示で100億の追加引き出し→ 50億／週	180万～ 45億	(*)		・小額紙幣不足(お釣り売られる) ・小売店で1日3度の値上げ，行列に並ぶあいだにパンの価格が2倍 ・インフレ激化。露天商ら，インフレに「食われる」
2009年1月	-2		20 billion(200億), 50 billion(500億), 10 trillion(10兆), 20 trillion(20兆), 50 trillion(50兆), 100 trillion(100兆)	USD 2/ ZD 400億→ZD 7,000億 → ZD 100兆→ZD 500兆	50億／週→ 月給一括引き出し	45億～ 3兆5,000億	(*)	・1/29 複数通貨制	・携帯電話通話料(通話カード)外貨化 ・露天商ら自主的に外貨化開始 ・高額紙幣(10兆ZD札等)捨てられる
2009年2月	-3		1, 5, 10, 20, 50, 100, 500	USD 2/ ZD 500 (新)		4兆～ 5兆	(*)	・2/2 第3回デノミネーション(1兆分の1＝ゼロ12個削除) ・2/12 国民統一政府始動	
2009年3月	-3			USD 2/ ZD 1,000					

注） 2006年8月から2008年7月，2009年1月から3月までは公式インフレ率（小数点以下，四捨五入）。2008年8月から11月は，ケイトー研究所による推算(Hanke and Kwok 2009)。
(*) は，不明・未確認。

ハイパー・インフレと経済状況の推移

	月間インフレ率(%)	年間インフレ率(%)	発行紙幣	週刊紙(『ファイナンシャル・ガゼット』)の価格(ZD)	個人1日あたりの現金引き出し上限額(ZD)	1米ドル闇両替レート(現金レート)	預金レートと現金レートの格差	政治・経済	日常的取引
2006年8月	29	1,204	1c, 5c, 10c, 50c 1, 10, 20, 50, 100, 500, 1 thousand(1,000), 10 thousand(1万), 100 thousand(10万)	(*)	(*)	± 600		・8/1 第1回デノミネーション(1000分の1＝ゼロ3個削除)	・店で「売れ残り品」を見つけ，安い買い物をする
2007年1月	45	1,594				(*)			
2007年2月	38	1,730				5,100			
2007年3月	51	2,200	5 thousand(5,000), 50 thousand(5万)	8,500→8,500→ 8,500→1万		8,400 9,400			・ハイパー・インフレ(月率50%以上)突入
2007年4月	101	3,714		1万5,000→1万5,000→ 1万5,000→2万	50万→150万	(*)			
2007年5月	55	4,530		2万→2万→ 3万→3万→3万		3万～ 5万			・店で「売れ残り品」が見当たらなくなる
2007年6月	86	7,251		3万→4万→ 4万→5万		6万3,000～ 15万		・6/25 厳格な価格統制	
2007年7月	32	7,635		8万→4万→ 4万→4万	150万→1,000万	15万～ 20万			
2007年8月	12	6,593	200 thousand(20万)	4万		19万～ 27万			・店の商品棚から生活必需品が消える
2007年9月	39	7,982		4万→5万5,000→ 5万5,000→5万5,000		27万～ 40万			・商品が店頭に戻り出すが，生活必需品は依然として店頭にない。
2007年10月	136	14,841		5万5,000		50万～ 98万			
2007年11月	131	26,471		25万→60万→ 15万→60万→60万	1,000万→2,000万	98万～ 155万	～2倍		・現金不足
2007年12月	240	66,212	250 thousand(25万), 500 thousand (50万), 750 thousand (75万)	85万	2,000万→5,000万→	200万	2倍		
2008年1月	121	100,580	1 million(100万), 5 million(500万), 10 million (1,000万)	180万	5,000万→5億	(*)	2倍		
2008年2月	126	164,900		650万→720万→ 720万→720万		(*)～ 1,700万	1倍		
2008年3月	281	417,823		1,500万		2,000万～ 3,000万		・3/29 大統領，上・下院，地方議員統一選挙	・選挙前で現金と必需品不足が一時的に緩和

参考文献

Ankomah, B. 2007. Zimbabwe Economy: The Real Story. *New African* 465: 76-78.

Bernholz, P. 2003. *Monetary Regimes and Inflation: History, Economic and Political Relationships*. Cheltenham, UK: Edward Elgar Publishing.

Bohannan, P. 1959. The Impact of Money on an African Subsistence Economy. *The Journal of Economic History* 19(4): 491-503.

Bond, P. 2007. Competing Explanations of Zimbabwe's Long Economic Crisis. *Safundi* 8(2): 149-181.

Bourdillon, M. F. 1987. *The Shona Peoples*. (Revised Edition.) Gweru: Mambo Press.

Bracking, S. and L. Sachikonye. 2006. *Remittances, Poverty Reduction and the Informalisation of Household Wellbeing in Zimbabwe*. GPRG Working Paper 45. Oxford: Global Poverty Research Group.

Cagan, P. 1956. The Monetary Dynamics of Hyperinflation. In M. Friedman (ed.) *Studies in the Quantity Theory of Money*, pp. 25-117. Chicago: The University of Chicago Press.

Cellarius, B. A. 2000. 'You Can Buy Almost Anything with Potatoes': An Examination of Barter during Economic Crisis in Bulgaria. *Ethnology* 39(1): 73-92.

Chagonda, T. 2011. The Response of the Working Class in Harare, Zimbabwe to Hyper-Inflation and the Political Crisis, 1997-2008. Ph.D. diss. University of Johannesburg.

———. 2012. Teachers' and Bank Workers' Responses to Zimbabwe's Crisis: Uneven Effects, Different Strategies. *Journal of Contemporary African Studies* 30(1): 83-97.

Chiumbu, S. and M. Musemwa. 2012. Introduction: Perspectives of the Zimbabwean Crises. In S. Chiumbu and M. Musemwa (eds.) *Crisis! What Crisis?: The Multiple Dimensions of the Zimbabwean Crisis*, pp. ix-xxiii. Cape Town: Human Sciences Research Council.

CIA. 2007. The World Fact Book. <http://www.umsl.edu/services/govdocs/wofact2007/geos/zi.html> Accessed December 27, 2014.

Comaroff, J. and J. L. Comaroff. 1990. Goodly Beasts, Beastly Goods: Cattle and Commodities in a South African Context. *American Ethnologist* 17(2): 195-216.

———. 2005. Beasts, Banknotes and the Colour of Money in Colonial South Africa. *Archaeological Dialogues* 12(2): 107-132.

———. 2006. Figuring Crime: Quantifacts and the Production of the Un/Real. *Public Culture* 18(1): 209-246.

CSO. 2002a. *Census 2002 Zimbabwe Preliminary Report*. Harare: Central Statistical Office.

———. 2002b. *Census 2002 Provincial Profile Harare*. Harare: Central Statistical Office.

———. 2004. *Labour Statistics*. Harare: Central Statistical Office.

De Boeck, F. 1998. Domesticating Diamonds and Dollars: Identity, Expenditure and Sharing in Southwestern Zaire (1984-1997). *Development and Change* 29(4): 777-810.

Dominguez, V. R. 1990. Representing Value and the Value of Representation: A Different Look at Money. *Cultural Anthropology* 5(1): 16–44.

Duri, F. P. T. 2012. Negotiating the Zimbabwe-Mozambique Border: The Pursuit of Survival by Mutare's Poor, 2000–2008. In S. Chiumbu and M. Musemwa (eds.) *Crisis! What Crisis?: The Multiple Dimensions of the Zimbabwean Crisis*, pp. 122–139. Cape Town: Human Sciences Research Council.

Ferguson, J. 1985. The Bovine Mystique: Power, Property and Livestock in Rural Lesotho. *Man* (New Series) 20(4): 647–674.

———. 1999. *Expectations of Modernity: Myths and Meanings of Urban Life on the Zambian Copperbelt*. Berkeley: University of California Press.

Fischer, S., R. Sahay and C. A. Végh. 2002. Modern Hyper- and High Inflations. *Journal of Economic Literature* 40(3): 837–880.

Giovannini, A. and B. Turtelboom. 1994. Currency Substitution. In F. van der Ploeg (ed.) *The Handbook of International Macroeconomics*, pp. 390–436. Oxford: Blackwell.

Gono, G. 2008. *Zimbabwe's Casino Economy: Extraordinary Measures for Extraordinary Challenges*. Harare: ZPH Publishers.

Gukurume, S. 2010. The Politics of Money Burning and Foreign Currency Exchange in Zimbabwe: A Case Study of Mucheke Residents in Masvingo. *Journal of Sustainable Development in Africa* 12(6): 62–73.

Guyer, J. I. 1995a. Introduction. In J. I. Guyer (ed.) *Money Matters: Instability, Values and Social Payments in the Modern History of West African Communities*, pp. 1–33. Portsmouth, NH: Heinemann.

———, ed. 1995b. *Money Matters: Instability, Values and Social Payments in the Modern History of West African Communities*. Portsmouth, NH: Heinemann.

———. 2004. *Marginal Gains: Monetary Transactions in Atlantic Africa*. Chicago: The University of Chicago Press.

———. 2007. Africa Has Never Been "Traditional": So Can We Make a General Case? A Response to the Articles. *African Studies Review* 50(2): 183–202.

Hammar, A. 2014a. Displacement Economies: Paradoxes of Crisis and Creativity in Africa. In A. Hammar (ed.) *Displacement Economies in Africa: Paradoxes of Crisis and Creativity*, pp. 3–32. London: Zed Books.

———, ed. 2014b. *Displacement Economies in Africa: Paradoxes of Crisis and Creativity*. London: Zed Books.

Hammar, A. and B. Raftopoulos. 2003. Zimbabwe's Unfinished Business: Rethinking Land, State and Nation (Introduction). In A. Hammar, B. Raftopoulos and S. Jensen (eds.) *Zimbabwe's Unfinished Business: Rethinking Land, State and Nation in the Context of Crisis*, pp. 1–47. Harare: Weaver Press.

Hanke, S. H. 2008. Kill Central Bank to Fix Inflation in Zimbabwe. The Cato Institute Web site. <http://www.cato.org/publications/commentary/kill-central-bank-fix-inflation-zimbabwe> (Originaly appeared in *The Times*, July 13, 2008.) Accessed December 26,

2014.
Hanke, S. H. and A. K. F. Kwok. 2009. On the Measurement of Zimbabwe's Hyperinflation. *Cato Journal* 29(2): 353–364. <http://object.cato.org/sites/cato.org/files/serials/files/cato-journal/2009/5/cj29n2-8.pdf> Accessed December 27, 2014.
Humphrey, C. and S. Hugh-Jones. 1992. Introduction: Barter, Exchange and Value. In C. Humphrey and S. Hugh-Jones (eds.) *Barter, Exchange, and Value: An Anthropological Approach*, pp. 1–20. Cambridge: Cambridge University Press.
Hutchinson, S. 1992. The Cattle of Money and the Cattle of Girls among the Nuer, 1930–83. *American Ethnologist* 19(2): 294–316.
Jacobs, S. and J. Mundy. 2009. *Reflections on Mahmood Mamdani's 'Lessons of Zimbabwe'*. ACAS Bulletins 82. London: Association of Concerned Africa Scholars.
Jones, J. L. 2010a. Freeze! Movement, Narrative and the Disciplining of Price in Hyperinflationary Zimbabwe. *Social Dynamics* 36(2): 338–351.
———. 2010b. 'Nothing is Straight in Zimbabwe': The Rise of the Kukiya-kiya Economy 2000–2008. *Journal of Southern African Studies* 36(2): 285–299.
———. 2014. 'No Move to Make': The Zimbabwe Crisis, Displacement-in-place and the Erosion of 'Proper Places'. In A. Hammar (ed.) *Displacement Economies in Africa: Paradoxes of Crisis and Creativity*, pp. 206–229. London: Zed Books.
Kurimoto, E., ed. 2001. *Rewriting Africa: Toward a Renaissance or Collapse?* JCAS Symposium Series 14. Osaka: National Museum of Ethnology.
Lan, D. 1985. *Guns & Rain: Guerrillas & Spirit Mediums in Zimbabwe*. Berkeley: University of California Press.
Lemon, A. 1998. 'Your Eyes are Green Like Dollars': Counterfeit Cash, National Substance, and Currency Apartheid in 1990s Russia. *Cultural Anthropology* 13(1): 22–55.
MacGaffey, J. 1991. *The Real Economy of Zaire: The Contribution of Smuggling and Other Unofficial Activities to National Wealth*. London: James Currey.
Mamdani, M. 2009[2008]. Lessons of Zimbabwe: Mugabe in Context. In S. Jacobs and J. Mundy (eds.) *Reflections on Mahmood Mamdani's 'Lessons of Zimbabwe'*, pp. 3–13. ACAS Bulletins 82. London: Association of Concerned Africa Scholars. (Reprinted from M. Mamdani. 2008. Lessons of Zimbabwe. *London Review of Books* 30(23): 17–21.)
Maurer, B. 2006. The Anthropology of Money. *Annual Review of Anthropology* 35: 15–36.
Mawowa, S. and A. Matongo. 2010. Inside Zimbabwe's Roadside Currency Trade: The 'World Bank' of Bulawayo. *Journal of Southern African Studies* 36(2): 319–337.
McMichael, P. 1998. Development and Structural Adjustment. In J. Carrier and D. Miller (eds.) *Virtualism: A New Political Economy*, pp. 95–116. Oxford: Berg.
Mlambo, A. 2008. Historical Antecedents to Operation Murambatvsina. In M. Vambe (ed.) The Hidden Dimensions of Operation Murambatsvina in Zimbabwe, pp. 9–24. Harare: Weaver Press.
Moore, D. 2004. Marxism and Marxist Intellectuals in Schizophrenic Zimbabwe: How Many Rights for Zimbabwe's Left? A Comment. *Historical Materialism* 12(4); 405-425.

Morreira, S. 2010. Living with Uncertainty: Disappearing Modernities and Polluted Urbanity in Post-2000 Harare, Zimbabwe. *Social Dynamics* 36(2): 352–365.

Moyo, P. 2010. *Urban Food Insecurity and Coping Strategies in Bulawayo, Zimbabwe.* Norderstedt: Lambert Academic Publishing.

Moyo, S. and P. Yeros. 2005. Land Occupations and Land Reform in Zimbabwe: Towards the National Democratic Revolution. In S. Moyo and P. Yeros (eds.) *Reclaiming the Land: The Resurgence of Rural Movements in Africa, Asia and Latin America*, 165–208. London: Zed Books.

———. 2007 The Radicalised State: Zimbabwe's Interrupted Revolution. *Review of African Political Economy* 34(111): 103–121.

Mukwedeya, T. 2012. Enduring the Crisis: Remittances and Household Livelihood Strategies in Glen Norah, Harare. In S. Chiumbu and M. Musemwa (eds.) *Crisis! What Crisis?: The Multiple Dimensions of the Zimbabwean Crisis*, pp. 42–61. Cape Town: Human Sciences Research Council.

Musemwa, M. 2012. Perpetuating Colonial Legacies: the Post-Colonial State, Water Crises and the Outbreak of Disease in Harare, Zimbabwe, 1980–2009. In S. Chiumbu and M. Musemwa (eds.) *Crisis! What Crisis?: The Multiple Dimensions of the Zimbabwean Crisis*, pp. 3–41. Cape Town: Human Sciences Research Council.

Musoni, F. 2010. Operation Murambatsvina and the Politics of Street Vendors in Zimbabwe. *Journal of Southern African Studies* 36(2): 301–317.

Mutami, C. and B. Chazovachii. 2012. Effective Livelihood Strategies in Distressed Environments: The Case of Mudzi District of Zimbabwe. *Current Research Journal of Social Sciences* 4(5): 362–371.

Muzvidziwa, V. 2001. Zimbabwe's Cross-Border Women Traders: Multiple Identities and Responses to New Challenges. *Journal of Contemporary African Studies* 19(1): 67–80.

Parry, J. and M. Bloch. 1985. Introduction: Money and the Morality of Exchange. In J. Parry and M. Bloch (eds.) *Money and the Morality of Exchange*, pp. 1–32. Cambridge: Cambridge University Press.

Polanyi, K. 1992 [1957]. The Economy as Instituted Process. In M. Granovetter and Richard Swedberg (eds.) *The Sociology of Economic Life*, pp. 29–51. Boulder: Westview Press. (Reprinted from K. Polanyi, C. M. Arensberg and H. W. Pearson (eds.) 1957. *Trade Market in the Early Empires*. New York: The Free Press.)

Potts, D. 2006. 'Restoring Order'? Operation Murambatsvina and the Urban Crisis in Zimbabwe. *Journal of Southern African Studies* 32(2): 273–291.

Power, S. 2003. How to Kill a Country. Turning a Breadbasket into a Basket Case in Ten Easy Steps: The Robert Mugabe Way. *Atlantic Monthly* 292(5): 86–100.

Raftopoulos, B. 2009. The Crisis in Zimbabwe, 1998–2008. In B. Raftopoulos and A. Mlambo (eds.) *Becoming Zimbabwe: A History from the Pre-Colonial Period to 2008*, pp. 201–232. Harare: Weaver Press.

Raftopoulos, B. and A. Mlambo. 2009. *Becoming Zimbabwe*. Harare: Weaver Press.

Rakodi, C. 1995. *Harare Inheriting a Settler Colonial City: Change or Continuity?* Chichester: John Wiley & Sons.

Ranger, T. O. 1967. *Revolt in Southern Rhodesia, 1896–1897. A Study in African Resistance.* London: Heinemann.

RBZ. 2008. *Exchange Control Press Statement: Launch of Foreign Exchange Licenced Warehouses and Retail Shops (FOLIWARS) Foreign Exchange Licence Oil Companies (FELOCS) and Foreign Exchange Licenced Outlets for Petrol and Diesel (FELOPADS).* Harare: Reserve Bank of Zimbabwe.

———. 2009. *Monetary Policy Statement.* Harare: Reserve Bank of Zimbabwe.

Rogers, D. 2005. Moonshine, Money, and the Politics of Liquidity in Rural Russia. *American Ethnologist* 32(1): 63–81.

Scoones, I., N. Marongwe, B. Mavedzenge, J. Mahenehene, F. Murimbarimba and C. Sukume. 2010. *Zimbabwe's Land Reform: Myths & Realities.* Woodbridge, Suffolk: James Currey.

Shipton, P. M. 1989. *Bitter Money: Cultural Economy and Some African Meanings of Forbidden Commodities.* American Ethnological Society Monograph Series No.1. Washington, D. C. : American Anthropological Association.

Tawodzera, G. 2012. Urban Household Survival and Resilience to Food Insecurity in Crisis Conditions: The Case of Epworth in Harare, Zimbabwe. *Journal of Hunger and Environmental Nutrition* 7: 293–320.

Toren, C. 1989. Drinking Cash: The Purification of Money through Ceremonial Exchange in Fiji. In J. Parry and M. Bloch (eds.) *Money and the Morality of Exchange*, pp.142–164. Cambridge: Cambridge University Press.

Trefon, T., ed. 2004. *Reinventing Order in the Congo: How People Respond to State Failure in Kinshasa.* London: Zed Books.

White, L. 2003. *The Assassination of Herbert Chitepo: Texts and Politics in Zimbabwe.* Bloomington: Indiana University Press.

Widdig, B. 2001. *Culture and Inflation in Weimar Germany.* Berkeley University of California Press.

Yoshikuni, T. 2007. *African Urban Experiences in Colonial Zimbabwe: A Social History of Harare before 1925.* Harare: Weaver Press.

ZEC. 2013. *National Presidential Results.* <http://www.zec.gov.zw/election-notice-board/election-results/2013-election-results?download=615:2013-national-presidential-results> Accessed October 20, 2014.

ZIMSTAT. 2012. *Census 2012 National Report.* Harare: Zimbabwe National Statistics Agency.

———. 2013. *Final Gross Domestic Product.* Harare: Zimbabwe National Statistics Agency. <http://www.zimstat.co.zw/dmdocuments/Accounts/2013GDP.pdf> Accessed December 26, 2014.

Zinyama, L. M., D. S. Tevera and S. D. Cumming, eds. 1993. *Harare: The Growth and Problems of the City.* Harare: University of Zimbabwe Publications.

Zvikomborero, M. E. and P. Chigora. 2010. An Analysis of the Coping Strategies Arising out of Food Shortages in Zimbabwe: A Case of Chitse and Kamutsedzere Wards of Mt. Darwin District from 2007-2008. *Journal of Sustainable Development in Africa* 12(2): 1-34.

飯田雅史　二〇〇八　「ジンバブウェ共和国ハラレ市にみるポストコロニアルアフリカの都市景観」『都市地理学』三：四九―五五。
市川光雄　一九九一　「ザイール・イトゥリ地方における物々交換と現金取引――交換体系の不齐合をめぐって」，谷泰編『文化を読む――フィールドとテクキストのあいだ』四八―七七頁，人文書院。
井上一明　二〇〇一　『ジンバブウェの政治力学』慶應義塾大學法學研究會。
岩井克人　一九九八　『貨幣論』（ちくま学芸文庫）筑摩書房。
―――　二〇〇六　『二十一世紀の資本主義論』（ちくま学芸文庫）筑摩書房。
太田至　二〇〇二　「家畜と貨幣――牧畜民トゥルカナ社会における家畜交換」，佐藤俊編『遊牧民の世界』二二三―二六六頁，京都大学出版会。
小川さやか　二〇一一　『都市を生きぬくための狡知――タンザニアの零細商人マチンガの民族誌』世界思想社。
貝塚啓明・中嶋敬雄・古川哲夫（編）　二〇〇二　『国際金融用語辞典　第５版』BSIエデュケーション銀行研修社。
春日直樹　一九八八　『経済人類学の危機――現代社会の「生存」をふりかえって』世界書院叢書。
―――　二〇〇七　「序――-貨幣と資源」，春日直樹編『資源人類学　第５巻　貨幣と資源』一三―二六頁，弘文堂。
カネッティ，エリアス　一九七一　『群衆と権力　上』（叢書ウニベルシタス23）岩田行一訳，法政大学出版局。
ギアーツ，クリフォード　一九八七　『文化の解釈学Ｉ』吉田禎吾ほか訳，岩波書店。
北川勝彦　二〇〇五　「解題――ジンバブウェ社会史研究における吉國恒雄氏の著作」，吉國恒雄『アフリカ人都市経験の史的考察――初期植民地期ジンバブウェ・ハラレの社会史』二〇九―二四二頁，インパクト出版会。
北川勝彦　二〇〇二　「ジンバブエ社会史研究の動向」『関西大学経済論集』五一（四）：四九三―五一二。
クルーグマン，ポール　一九九八　『クルーグマン教授の経済入門』山形浩生訳，メディアワークス。
黒田明伸　二〇〇三　『貨幣システムの世界史――〈非対称性〉をよむ』岩波書店。
湖中真哉　二〇〇六　『牧畜二重経済の人類学――ケニア・サンブルの民族誌的研究』世界思想社。
小馬徹　二〇〇二ａ　「カネの論理とさまざまな人生の形」，小馬徹（編）『くらしの文化人類学５　カネと人生』三―二二頁，雄山閣。
―――　二〇〇二ｂ　「あとがき」，小馬徹編『くらしの文化人類学５　カネと人生』二八一―二八三頁，雄山閣。
酒井良清　一九九五　「なぜロシア経済においてルーブルが消滅しないか？――超インフレ通

貨の非消滅性」『三田学会誌』八八（二）：二四六—二六二。
ジンメル，ゲオルグ　一九九四　『ジンメル著作集２（新装復刊）　貨幣の哲学（分析篇）』元浜清海晴美・居安正・向井守訳，白水社。
壽賀一仁　二〇〇一　「ジンバブウェ総選挙その後——与野党の攻防と政局の行方」『アフリカレポート』三二：一三—一六。
———　二〇〇九　「2008年統一選挙後のジンバブウェ——中部農村に見る暮らしの実相」『アフリカレポート』四八：四〇—四五。
関根康正　二〇〇九　「ケガレから都市の歩道へ」，関根康正編『ストリートの人類学　上』（国立民族学博物館調査報告80）一九—二六頁，国立民族学博物館。
ダグラス，メアリ　二〇〇九　『汚穢と禁忌』（ちくま学芸文庫）塚本利明訳，筑摩書房。
竹川大介　二〇〇七　「外在化された記憶表象としての原始貨幣——貨幣にとって美とはなにか」，春日直樹編　『資源人類学　第５巻　貨幣と資源』一八九—二二七頁，弘文堂。
チャナイワ，D　一九八八　「南部アフリカにおけるアフリカ人の主体性と抵抗」砂野幸稔訳，A・A・ボアヘン編，宮本正興責任編集『ユネスコ・アフリカの歴史７』二七九—三二〇頁，同朋舎出版。
ツヴァイク，シュテファン　一九九九　『昨日の世界　Ⅱ』原田義人訳，みすず書房。
中川理　二〇〇六　「経済人類学における「交換の枠組み」概念」『大阪大学大学院人間科学研究科紀要』三二：七五—九二。
———　二〇一二　「〈遅れ〉を書く」，富山一郎・田沼幸子編『コンフリクトから問う　その方法論的検討』（叢書コンフリクトの人文学１）一二五—一四一頁，大阪大学出版会。
中川敏　二〇〇七　「エンデで家を建てる方法——資源としての貨幣と資源でない貨幣」，春日直樹編『資源人類学　第５巻　貨幣と資源』二三一—二五九頁，弘文堂。
中川敏　二〇一二　「豚と発動機——開発の中の信用と信頼」，富山一郎・田沼幸子編『コンフリクトから問う　その方法論的検討』（叢書コンフリクトの人文学１）三一一六頁，大阪大学出版会。
中野麻衣子・深田淳太郎　二〇一〇　「まえがき」，中野麻衣子・深田淳太郎編『人＝間の人類学』三—六頁，はる書房。
中村香子　二〇〇二　「おカネはミルク，おカネは水——牧畜民サンブルのレトリック」，小馬徹編『くらしの文化人類学５　カネと人生』二四—四六頁，雄山閣。
日経ビジネス（編）　二〇〇九　『経済・経営用語辞典』日経BP社。
野元美佐　二〇〇五　『アフリカ都市の民族誌——カメルーンの「商人」バミレケのカネと故郷』明石書店。
———　二〇〇七　「貨幣の区別と使用——カメルーン都市の同郷会とその役割」，春日直樹編『資源人類学　第５巻　貨幣と資源』二九—五八頁，弘文堂。
端信行　一九八〇　「北カメルーン，ドゥル族社会における貨幣経済化について——労働交換とモロコシ酒をめぐって」『アフリカ研究』一九（三）：一—二〇。
早川真悠　二〇一二　「ジンバブエ問題の解釈におけるコンフリクト——マフムード・マムダニの「ジンバブエの教訓」とそれをめぐる論争」『コンフリクトの人文学』五：六九—八九。
原田泰・神田慶司　二〇〇八　『物価迷走——インフレーションとは何か』（角川Oneテーマ

21）角川書店。
平野克己　二〇〇〇「ジンバブウェ二〇〇〇年総選挙——破滅か再生か」『アフリカレポート』三一：二—六。
ファーガソン，アダム　二〇一一『ハイパーインフレの悪夢——ドイツ「国家破綻の歴史」は警告する』黒輪篤嗣・桐谷知未訳，新潮社。
深田淳太郎　二〇〇六「パプアニューギニア・トーライ社会における自生通貨と法定通貨の共存の様態」『文化人類学』七一（三）：三九一—四〇四。
———　二〇一〇「トーライ社会における貨幣の数え方と払い方」，中野麻衣子・深田淳太郎編『人＝間の人類学』一六七—一八七頁，はる書房。
フリードマン，ミルトン　一九九三『貨幣の悪戯』斎藤精一郎訳，三田出版会。
星昭・林晃史　一九九二『アフリカ現代史I　総説・南部アフリカ　第２版』山川出版社。
ポランニー，カール　一九八〇ａ『人間の経済Ｉ　市場交換の虚構性』（岩波現代選書）玉野井芳郎・栗本信一郎訳，岩波書店。
———　一九八〇ｂ『人間の経済Ⅱ　交易・貨幣および市場の出現』（岩波現代選書）玉野井芳郎・中野忠訳，岩波書店。
———　二〇〇三『経済の文明史』（ちくま学芸文庫）玉野井芳郎・平野健一郎編訳，筑摩書房。
松田素二　一九九六『都市を飼い慣らす——アフリカの都市人類学』河出書房新社。
丸山真人　一九九〇「地域通貨論の再検討」『国際学研究』六（『明治学院論叢』四六四）：四三—五三。
森義信　二〇一二「ハイパーインフレーションとノートゲルト：1920年代初頭のドイツ社会史点描」『大妻女子大学紀要紀』二一：七五—一〇五。
吉國恒雄　一九九九『グレートジンバブウェ——東南アフリカの歴史世界』（講談社現代新書）講談社。
———　二〇〇五『アフリカ人都市経験の史的考察——初期植民地期ジンバブウェ・ハラレの社会史』インパクト出版会。
———　二〇〇八『燃えるジンバブウェ——南部アフリカにおける「コロニアル」・「ポストコロニアル」経験』晃洋書房。
———　二〇〇九「「ジンバブウェ問題」とは何か——土地闘争と民主化」，永原陽子編『「植民地責任」論——脱植民地化の比較史』二四九—二七七頁，青木書店。

新聞記事

Herald, January 31, 2007. “994 Illegal Gold Dealers Arrested.” <http://allafrica.com/stories/200701310521.html> Accessed December 27, 2014.
———, August 6, 2007. “Blitz Nets 7,500.” <http://allafrica.com/stories/200708060444.html> Accessed December 27, 2014.
———, June 26, 2007. “State Orders Price Slash.” <http://allafrica.com/stories/200706260005.html> Accessed December 27, 2014.
———, September 13, 2008. “‘Bacossi’ – Dealers’ Source of a Quick Buck.” <http://allafrica.com/stories/200809130133.html> Accessed December 27, 2014.

———, December 9, 2008. "Cash Scam – Nine Bank Officials Nabbed." <http://allafrica.com/stories/200812090182.html> Accessed December 27, 2014.

———, January 30, 2009. "US$1.9 Billion Budget Unveiled."

———, April 29, 2009. "$50 Billion Note Defies Odds." <http://allafrica.com/stories/200904290290.html> Accessed December 27, 2014.

———, December 18, 2014. "Bond Coins Start Circulating Today as RBZ Allays Fears of Zimdollar Return." <http://www.herald.co.zw/bond-coins-start-circulating-today-%E2%80%A2move-to-ease-small-change-woes-%E2%80%A2rbz-allays-fears-of-zimdollar-return/> Accessed December 27, 2014.

IRIN, August 4, 2008. "Banks Run Out of Money." <http://www.irinnews.org/Report/79617/ZIMBABWE-Banks-run-out-of-money> Accessed December 27, 2014.

———, June 13, 2008. "ZIMBABWE: AIDS Service NGOs Allowed to Resume Operations." <http://www.irinnews.org/report/78746/zimbabwe-aids-service-ngos-allowed-to-resume-operations> Accessed December 27, 2014.

Kwayedza, December 12, 2008. "N'anga Dzodawo Kuripwa nemaUS$."

Standard, August 3, 2008. "BACOSSI: Only For the Zanu PF Connected." <http://allafrica.com/stories/200808040664.html> Accessed December 27, 2014.

———, July 6, 2008. "Signs of the Time."

Sunday Lite, October 5, 2008. "Bacossi at Night."

Zimbabwe Independent, June 27, 2008. "Inflation Gallops Ahead – 9,000,000 Percent." <http://www.theindependent.co.zw/2008/06/27/inflation-gallops-ahead/> Accessed December 27, 2014.

朝日新聞　二〇〇八年一二月三一日朝刊 「ジンバブエ インフレ2億3,100万%」国際面。

著者略歴

早川真悠（はやかわ・まゆ）
1976年大阪府生まれ。2009年，大阪大学大学院人間科学研究科単位取得退学。人間科学博士（大阪大学）。2010年7月から2012年9月まで，大阪大学グローバルコラボレーションセンター特任研究員。2012年11月から2014年3月まで同センター招へい研究員。2009年から久米田看護専門学校非常勤講師。

主な業績
「音楽が政治的だと語られるとき――チムレンガ・ミュージックに関する先行研究の一考察」（『年報人間科学』26，2005），「ジンバブエ問題の解釈におけるコンフリクト――マフムード・マムダニの「ジンバブエの教訓」とそれをめぐる論争」（『コンフリクトの人文学』5，2012）など，翻訳にN・デヤーヘル「南アフリカにおけるジンバブエ人移民の流入」（佐藤誠編『越境するケア労働――日本・アジア・アフリカ』日本経済評論社，2010）がある。

ハイパー・インフレの人類学
ジンバブエ「危機」下の多元的貨幣経済

2015年2月20日　初版第1刷印刷
2015年2月28日　初版第1刷発行

著　者　早川真悠

発行者　渡辺博史

発行所　人文書院
〒612-8447　京都市伏見区竹田西内畑町9
電話 075-603-1344　　振替 01000-8-1103

装　幀　田端 恵　㈱META

印刷所　モリモト印刷㈱

落丁・乱丁本は小社送料負担にてお取り替えいたします

ISBN 978-4-409-53049-8 C3036